河合隼雄著作集

子どもと教育

7

岩波書店

序説　臨床教育学への道

教師の体験

京都大学の数学科に在学中、数学の才能がないことが明らかになったので、それではいったい何になろうか、ということになった。共に京大理学部に通っていた兄の雅雄が相談相手になってくれて何度も話合った。京大のどの学部でも入学して卒業するくらいは出来るが、どこに行っても一流にはなれないだろうというのが、われわれの結論であった。そのとき、こういう類の人間が一流になれる世界があると思った。それは高校の教師であった。アルバイトに数学の家庭教師などをしたが、われながら才能があると思った。根っから人に教えるのが好きなところがある。

高校と中学が併設されている私立校の数学の教師になったときは、ほんとうに嬉しかった。文字どおり寸暇を惜しんで教育に没頭した。新聞を読む暇がなかった。よき教師であるためにと思って、京大の大学院で臨床心理学を学ぶこともしていたので、そちらの勉強もしなくてはならない。夜、書物を読んでいるうちに服を着たまま眠ってしまうようなこともよくあった。

三年後には大学に移ることになったが、この三年間、教師としての体験をしたことは、私のその後の人生に実に大きい意義があった。私の勤めた学校は熱心で面白い教師が多かったので、まったくのびのびと自分のやりたいままに仕事をさせてもらったと言っていいが、それでも管理と教育との葛藤や、教師が熱意のからまわりをさせてみても効果があがらないことや、それに、生徒ひとりひとりの人生というものがいかに異なっており、各人が悩みをかかえていること、それがそう簡単に解決しないことなども、身にしみてよくわかった。青年期のセンチメンタリズムが作用して、私は若さのエネルギーで走りまわったが、そんなことですぐ何かが変るようなことはあまりないのだ。しかし、このようなことを実際に身をもって経験したのはよかったと思う。

数学というのは、極端に嫌いになる生徒がある。あるいは、他の学科はよくできるのに数学だけまったく駄目という生徒がいる。数学はできる者にとっては簡単明瞭で、できない者のことを理解するのが難しい。そこで、いろいろ質問紙を作って調査したり、数学のできない生徒に特別に補習をしたりした。それと、数学の試験というのはどうしても0点が出るものだが、できる限り、0点が出ない試験問題を作るように心掛けたりした。これらのことで特別に効果があがったとも思えないが、少しは数学嫌いを解消するのに役立ったようである。

高校の教師は僅か三年だったが、いささか敵前逃亡のような気持で大学に移った。大学では心理学を教えることになった。しかし、それ以後現在に至るまで、私は教育の現場と相当密接な関係をもってきたと思っている。幼稚園から高等学校までの先生方と、話合いを重ねてきた。そのほとんどは、教師にとっていわゆる「問題児」と思われる子どもに対する接し方が話題となるが、それは相当につっこんだ長時間の話合いとなる。「大学の先生」がよくやるように、何らかの講演をして終り、という形の研修ではなく、実際に一人の子どもをめぐって、どうするかを考えるのだ。

最近は年老いたのと忙しくなったのとで、しなくなったが、先生方とよく合宿研修をしたものである。長いときは一週間近くしたこともある。夏の合宿はもちろん冷房などないので、ランニングにステテコという服装で、時には寝ころんだり、徹夜に近い時間話込んだりした。こうなると生半可の理論など全然通用しないし、アカデミズムがどうのこうのと言っておられない。ともかく現実に生きている一人の子どもを中心にして考えるということは迫力のあることだ。実際に役立つこと、意味のあることを言わないと話にならない。私はこのような現場の迫力が大好きである。もともと「大学の先生のようなアホなものにはならん」と言っていたくらいだから、私はこれらの先生方と同志的連帯を感じ、力を注いだ。はじめの頃はあまりにもエネルギーを費したので、合宿から帰ってくると一週間ほど何もできないくらいのときがあった。

その後も何らかの形で現場の先生方と話合う場をもち、それは今も続いている。私はこれらの先生との話合いを通じてどれほど多くのことを学んだか測り知れないものがある、と思っている。「教育の荒廃」などという言葉が手軽に使われるが、私が知合っている多くの先生方はそれぞれが個性的な方法で熱心に教育を行なっておられる。こんな人たちの居る限り、日本の教育はそれほど簡単に「荒廃」したりはしないと思っている。

学校教育相談

教育といえば実に広い分野であるが、そのなかで私がまず関係をもったのは、「生徒指導」とか「教育相談」「カウンセリング」などと言われる領域である。現場の教師にとって、いわゆる「問題児」と呼ばれる子どもたちにどのように接してゆくかを考えるので、極めて実際的な課題である。このために前述したような合宿の研修会などをしたわけである。

問題児とか非行少年というと、それらの子どもをどのように指導し制御するか、あるいは矯正するか、ということになるのだが、私としてはそのようなことに焦る前に、それらの子どもをどう理解するのか、そのような行動の意味についてまず考えようと言いたいのである。と言っても、それを理想論としてではなく、個々の例に実際的に行い、その効果を知るというのでなくてはならない。

ところで、日本へはアメリカの影響で学校カウンセリングというのが終戦後に導入されてきた。その上、それを支える理論として最初のうちはC・A・ロージャズの「非指示的カウンセリング」の考えが日本中に広がったので、極めて日本的な特殊事情が発生した。日本人は何事でも修得するときには「型」を学ぶことを考える。「型」を一所懸命になって修得すると誰でもできると考えるのだ。そこで、カウンセリングでも「非指示的な型」を身につけることに努力する。そうすると誰でもカウンセリングができると考えた。

これは徹底的に指示を与えない方法で、今から思うとナンセンスな点も多々あるが、ともかく「教育」というと教師が指導したり説教したり、あるいは叱責したりするもの、と思い込んでいた人たちにはインパクトを与えるところがあり、それはそれなりの効果もあげた。しかし、そんなことですべてがうまくゆくはずがない。そこに、以前から学校にある「補導」と「カウンセリング」との対立ということが持ちあがってきた。

簡単に言ってしまうと、補導の先生方はカウンセリングのような「甘い」ことを言っても話にならない。子どもには厳しく接することが必要だと主張するし、カウンセリング好きの先生は、補導は怖いばかりで子どもを押しつけているのだ、もっと子どもの心を理解しなくてはならないと言う。このような対立のなかで、私は理論的なことに固執するよりも、「ほんとうに、この子どもに役立つのはどんなことか」を考え、その子どもに対してどのように接するとどのような結果が生じるかを具体的に詳細に見てゆこうとした。そうすると単純な理論で教育の問題が割切れないことが皆に実感されてくる。「理解する」などと一言で言っても、それにはいかに浅い深いの差があり、理解するためには、まず教師の子どもに接する姿勢が大切であり、ひいては、教師が自分自身をどれほど理解しているかが問題であることもわかってくるのだ。

このように言って、私は理論は不要だなどと言ってはいない。実際と遊離したものや、単純すぎるものは困ると言っているのだ。私が心理療法家として、さらにユング派の分析家として学んできた理論は、学校教育相談においても十分に役立っている。ただ、個々の具体的な状況を常に勘案しないと駄目なのである。生きた子どもを中心において実際的に考える方法をとると、「補導」と「カウンセリング」などという対立は徐々に解消してゆく。要は真剣に子どものことを考えようとする人は、そんなことを超えて、はじめに補導をしていたかカウンセリングをしていたかなどということを離れ、必要に応じて自分の態度を変えられるようになるのだ。

ひと頃、カウンセリングをしている教師は補導はできないとか、やってはいけないなどと言われたこともあったが、私は大学で補導委員長はやるし、学生相談もやっていた。人間はそんな単純な存在ではないし、そんな単純なものの考え方をする人が、他人の相談を受けようとするのもどうかしている。

それにしても、多くの例に接しながら思ったことは、人間の――特に子どもの――潜在的な可能性ということの偉大さであった。誰から見ても駄目と言われたり、処置なしなどと言われている子どもに対して、教師がその子の可能性の発展に信頼を置く姿勢で接してゆくと、思いがけないことが生じるのだ。本書にもその一端を示しているが、感動的な報告を聞いて、われわれは泣いたり笑ったり、心を洗われるような体験をした。もちろん、その過程は容易ではなく、子どもたちに裏切られたように感じたり、親からの強い抵抗があったり、余計に悪くなってゆくように感じられたりするときもあったが、その度にその「意味」を深く探究することによって、新しい道を探し出すことができた。今では教頭や校長になったり退職したりされた方もあるが、これらの「同志」の人たちのことは忘れ難い。

子どもと社会

学校教育相談に取り組んで、一人の子どもに全力をつくしているうちに、このような子どもを取り巻く状況にも目が向きはじめた。大人たちの見すごしてしまう子どもの姿を、もう一度しっかりと提示し、子どもを理解するためのよすがとして欲しい、という願いをこめて本書の第Ⅱ部に収められているようなエッセイを書いた。大人は自分の子どもの頃を忘れてしまって、子どもをすぐに非難する。しかし、本文に書いているように、問題児と言うのは大人の解くべき「問題」を提示している子どもなのだ、と私は言いたい。そんな点で言うと、「問題児」たちは、日本の学校教育の在り方に対して「問題」を提起しているのだ、とも考えられる。

このような発想で、子どもたちから教えられたことを基にして、私は家庭教育や学校教育に対しても発言を繰り返してきた。ただここで注意しなくてはならないのは、「意味」を考えるとか、子どもたちの「問題提起」を受けとめるとかと、子どもに対して「甘く」なることは別のことである、という事実である。盗みに深い意味があることがわかっても、それは盗みを許容することにはつながらない。「君のしていることの意味はわかった、それをしっかり受けとめよう」ということと、「君のしていることは絶対に悪い」という一見矛盾するようなことを、自分のなかでちゃんと共存させていなくては教育はできない。

そうでないと、教師が非行を奨励するような態度になったり、親はともかく叱らないのがよいと考えたりするようになる。ところがそれを批判して厳しくやろうとする教師は、子どもの存在そのものを否定したり、自分自身を厳しく見ることを怠ってしまったり、ということになる。

このような反省を少し拡大して、「能力主義と平等主義」の評論を書いた。これを発表したのは一九七五年だが、当時はこのような発言は「危険思想」視される傾向があった。日本人の「平等信仰」は非常に強く、それが「民主主義」ということと結びついて――実は欧米では考えられない「民主主義」なのだが――金科玉条のように思われていたため、これほどのことを言うのに多少の勇気を必要とした。発表すると思いの外に抵抗がなく、教育関係の人たちにも広く読まれたようである。人間の能力を平等と考えるのはいいことのようにも思えるが、この考えを単純に信じると、勉強の出来ない子どもは「怠けている」とか「努力が足りない」ということになって、子どもに無用な苦痛や劣等感を与えることになる。

さりとて、能力差を認めると歪んだエリート意識につながってくるし、この問題はよほどしっかりと心のなかで整理をしていないと混乱を起こしてくる。そこで、一九九二年に『子どもと学校』を上梓したときは、その最初に父性原理と母性原理の説明をすることにした。この二つの原理の差を知り、それを対立的ではなく相補的なものとして捉えることによって、教育に対する展望が相当に広がると思ったのである。さもなければ、単純な価値観の衝突による不毛な議論が続いて、子どもはその外に棄てておかれることになってしまう。

現在は知識を多く蓄え、効果的に使うという点に重点が傾き過ぎ、日本が経済的に急成長したため、親の歪んだ願望を満足させるための教育の機会が多くなって、苦労するのは子どもたち、という状況が出現してきた。「自然に」育てばうまくゆく筈の子どもが「人工的」なよい子に仕立てあげられ、思春期から青年期にかけて、いろいろな問題――実は自然の回復力の発露――を示し、結局は親も苦労する。しかも、問題の本質がわからない親は、自分は子どもたちに努力を重ねてきたのに「悪い」子ができたと嘆く。こんなのを見ていると、少しは「予防」ができないかという気持にもなって、依頼されるままに、教育についてのエッセイをよく書いた(この著作集には収録しなかった短いものも大分ある）。このため私の肩書は「臨床心理学者」よりも「教育学者」と書かれることが多くあった。もともと、心理学者と教育学者とはソリの合わないようなところがあったが、私の場合はそのどちらでもあるような、ないような存在へとなっていったように思う。後に述べる「臨床教育学」への道がおのずから開かれてきたと思われる。

臨床教育学

現場の先生方と話合いを続けていると、話は「生徒指導」の枠を越えてしまうことも多い。カウンセリングをしている教師と担任教師との関係の問題も出てくる。校長や教頭の役割は何か、ＰＴＡとの関係、親の教育をどうするか、管理と子どもの自由、子どもたちの個性を引き出す教育とは何か、などなどと止まるところを知らない。あるいは、学校行事が話題になるときもある。修学旅行は何のためにあるのか、どのようにするべきか。あるいは、卒業式の在り方はどうか。ともかく教師が悩みとしていることを自由に話をしてもらって話合うのだから、話題の範囲はどんどん広がる。しかも共に合宿して語り合うのだから、長時間にわたって白熱の論議が続くわけである。

教育全般に関することへと関心が広がってきたときに、稲垣忠彦、佐藤学の二人の教育学者が企画された「授業」の研究グループに参加させていただいたことは、私にとって非常に有難いことであった。このお二人は既にいろいろ授業研究をされており、そのアイデアの根本に授業の研究を行うのに「事例研究」としてすると主張しておられるのを知り、大いに賛成して参加した。

「事例研究」は、われわれ臨床心理学の研究者がその中核にある、と考えるものである。この点については本著作集第三巻に詳しく論じているので繰り返さないが、その根本には「個を追究することによって普遍に至る」という姿勢がある。一人の人間を深く掘り下げてゆくことによって、人間に共通の普遍的なことが見出せる。これと同様に、ひとつの授業を大切にする。授業のなかの、ひとりの子どもの動きを大切にする。このことが授業について、教育についての普遍的な考えを見出すことにつながってくるのだ。

この会には、現場の先生方と教育学、心理学の学者、それに詩人の谷川俊太郎、劇の演出家の竹内敏晴の両氏も参加されて、いろいろな授業をビデオに撮ったのを見て自由に討論をしたので、実に得るところの多い研究会であった。もともと教師になりたくてたまらず、高校の教師もしていた私なので、授業の様子を具体的に見ると、自分も実際に教壇に立ちたくて、うずうずしてくるほどであった。しかし、もし自分がするとなると、と具体的に考えはじめると、授業というものの難しさがひしひしと実感されるのであった。現場の教師と学者とは一般に実に距離が遠いものだが、これほど一体となって話合うのは珍しいと思われた。これらの結果は岩波書店より『シリーズ 授業』全十巻・別巻一、として出版された。

この『シリーズ 授業』に寄稿した評論が「障害児と「共にいる」こと」以下の数篇として本書に収録されている。ただ、そのなかの「「発見する」授業」はこれらの体験より生じてきたことを要約した形で、一九九三年に『世界』に寄稿したものである。

「「発見する」授業」は、教師が安易に「——式授業法」というような考えをハウ・ツー式に理解し、それを画一的に適用して子どもたちの個性を殺してしまう傾向に対して、教師のひとりひとりがもっと工夫し、発見してゆく態度をもって欲しいという願いをもって書いた。このような考えの具体例として、雑誌『飛ぶ教室』において、現場で新しい工夫をこらして教育を行なっているユニークな先生方との連載対談を一九九一年春より企画した。これによって私は素晴らしい先生方に会うことが出来て嬉しく思った。教師の個性が生徒の個性を伸ばすのに役立っているのを実感することができた。

臨床心理学の仕事から出発して、教育の分野に実際的にかかわることが深くなるにつれて、私は「臨床教育学」という新しい学問領域を確立する必要を痛感するようになった。これまでは現場の教育と教育学者との間にギャップがあり過ぎたのではなかろうか。それに対して、「臨床教育学」では、何と言っても現場と直接にかかわり、現場の教師にとっても意味のある研究をすることが使命となっている。しかし、それは単に個別的な事柄をどう処理してゆくか、ということを目標にしているのではなく、個々の具体例を通して、人間の心理について、教育について、できる限り普遍的な原理や方法を見出そうとする努力によって裏づけられていなければならない。

たとえば、不登校の問題を論じるにしろ、臨床教育学者は、実際に不登校の子どもたちにじっくりと何年も会い、その両親にも会い続けてきた体験を基にしているところが強みである。さりとて、「現場」ということを強調し過ぎるあまり、個々の実際的対応にまぎれてしまって、普遍性とのつながりを忘れてしまっては駄目である。ただはっきりと言えることは、これは文献学だけでもないし、質問紙を配って統計を取る調査研究だけでもないことである。そのようなことは、個々の実際例より普遍に至る過程において必要になってくることもあるが、あくまで、まず子どもたちに接触し、教師や親と話合い、そこに意味あることを生み出すことができなくてはならない。幸いにも私が京都大学教育学部在職中、一九八七年に臨床教育学講座が新設され、現在もその研究が継承されている。私も今後とも臨床教育学の発展のため努力するつもりであるし、現場との接触は今も保っている。

河合隼雄著作集第7巻　子どもと教育　目次

I

子どもと学校

第一章　教育の価値を見直す

1　教育における「価値」

誰かを教育する、という場合、教育しようとすることに何らかの価値があるということは、その必要条件と言っていいだろう。しかし、実際に教育を行おうとすると、価値の問題は困難な状況をひき起こしてくる。たとえば、ある幼稚園が自由にのびのびと子どもを育てることに価値をおいていても、その親たちは、他の幼稚園では英語を教えていることを例に出して、ここの幼稚園では何も教えてくれないから駄目だと批判するかもしれない。

あるいは、「よい高校」として有名な高校に必死の受験勉強をして入学した高校生が、受験勉強などまったくつまらない、と言って学校へ行かなくなることもある。親や教師が説得しても、「よい大学に入学することが、価値あることとは思えない」と主張する。

ここに二つの例をあげたが、これに類することはいくらでもある。価値観、人生観の差によって、随分と違う意見がでてくるのである。このことが、現在のわが国の教育を非常に難しい状況に追いこんでいると思われる。そこで、まず最初に教育における価値の問題について考えてみることにする。

価値の一様性

価値の多様性ということが、最近よく言われるようになった。生き方が多様になっただけ、価値観の方も多様になってきた、というのであるが、果してそうだろうか。

教育の「実状」を考えてみると、日本人すべてが、「勉強のできる子はえらい」という、一様な価値観に染まってしまっている、と言えないだろうか。親は子どもの点数のみ、序列のみを評価の対象にする。少しでもよい点をとってきて、少しでも上位に位する子は「よい子」なのである。教師も親ほどではないにしても、それに近いであろう。

このような考えの根本には、「よい大学」を卒業し、「よいところ」に就職すると幸福になる、という考えがある。しかも困ったことに、「よい大学」というのが、ほとんど一様にランクづけされている、という事実がある。子どもの個性に従って大学を選ぶのではなく、その成績によって適当なところを選ぶ、という考え方である。

なぜこのような一様性が生じるかについては後に論じるが、このことがどれほど子どもたちの「幸福」を奪っているかについて、よく考えてみる必要がある。親は子どもの幸福を願うと言いつつ、それを壊すことを平気でしているのだ。教師も多くそれに加担している。

某一流大学の医学部を卒業し、医師になってすぐに自殺未遂をした人があった。その人は小さい頃から家庭教師を——多いときには五人も——つけられ、常によい成績をとり続け、「最高」と思われる大学を卒業した。しかし、医師として仕事をはじめてみると、対患者、対看護婦、などの関係がまったくうまくゆかず、悲観してしまって死のうと思ったと言う。このような例に接すると、子どもの幸福を願う親の気持が、一様な価値観に縛られているために、カラまわりをしてしまっていると感じられるのである。

また、勉強勉強と言わないにしても、日本人にほとんど一様と言っていいほどの価値観として、「素直なよい子」という理想像がある。これは、簡単に言ってしまえば、親や教師など目上の人の言うままに、それに従うことを意味している。そのようにして「よい子」の模範のようにされてきた子どもが、大学に入ったとたんに、「自主的判断」をもって研究をせよ、などと言われてもできるはずがない。優等生だった子どもが、大学に入学してすぐ挫折したりするのには、このような例がある。これも、一様な価値観の犠牲者と言っていいだろう。

日本人にとって、多様性ということは、いったいどう理解されているのだろうか。

多発する問題

困難な状態に陥った子どもの例をあげたが、学校において多発してくる問題について、もう少し詳しく考えてみたい。学校における問題は、ジャーナリズムの取りあげる事件によって一般の関心が動く傾向がある。この原稿を書いている時点で言えば、不登校児を集めて指導している「風の子学園」で、二人の子どもが猛暑の中、長時間水も食物も与えられずに放置され死亡した事件によって、不登校の問題に関心が向けられている。だが、これまでを少し振り返ってみても、神戸の高校で遅刻してきた女生徒が、教師によってしめられた校門の扉にはさまれて死亡するといった校門圧死事件があったし、いじめは相変わらずの問題であるし、問題はつぎつぎと起こっている。

校内暴力の問題は一時ほどではないが、それもなくなったわけではない。子どもたちの暴力のために、教師の方がノイローゼになってしまう例もある。教師の暴力もやはり存在している。このことに関しては、親がむしろ肯定的な意見を主張したりする。校門圧死事件の背後にも、教師の暴力を暗に肯定するような考え方がはたらているとも考えられる。

また、子どもの心身症が増えている。小学生にも胃潰瘍が発症する。アトピー性皮膚炎に悩む子も多い。子どもたちはストレスにさらされているのだ。心身症というのは、それほど簡単には「原因」が見つからないものである。身体か心か、どちらかに原因がすぐ見出せるのだったら、わざわざ心身症と呼ぶこともない。子どもたちの問題の深さをそれは示している、と思われる。

家庭にも問題はいろいろと生じている。家庭内暴力は、今も大きい問題である。子どもが父親や母親をなぐる。時には命を失うことさえあるのは周知のとおりである。最初に、「よい子」の問題について少し触れたが、このような家庭内暴力をふるう子に、それまでは「よい子」だったことが多いのも、よく指摘されることである。

家庭で、子どもをどのように「しつけ」ていいのかわからない、という親もある。何を、どの程度にしつければいいのか、わからないのである。学校に来て校長先生に、「勉強の方は家で十分にやらせますので、学校ではしつけをお願いします」と真剣に頼む親があって、家と学校とが逆転してしまったと、校長先生もあきれたという話がある。しかし、このように言いたい親が多いのではなかろうか。数えたててゆくと、子どもに関する問題は、ますます増えこそすれ減ることはないであろう。

「問題」の受けとめ方

これらは確かに「問題」である。しかし、考えてみると、「問題」というものは、解決を求めて提示されるものであり、それを解くことによって得るところも大きいのである。もし、人生に「問題」がなかったら、それは生き甲斐のない人生ということにならないだろうか。人間は自分で「問題」をつくりあげたり、探しだしたりまでして、その解決に意味を見出しているとも言えるのである。

問題児というのは、われわれに「問題」を提出してくれているのだ、と私はかつて言ったことがある。学校へ行かなくなった子は、大きい「問題」を親や教師に提示しているのである。それは「学校のあり方は今のままでいいのか?」、「お父さん、お母さんは結婚ということをどう思っているのか?」、「現在の社会はどこかひずんでいないのか?」というような疑問にさえつながってくる。彼らは、われわれにその「解答」を迫っているのだ。生徒に「問題」を提出して、生徒が解けなかったら叱るのに、生徒が提示した「問題」を解こうとしないばかりか、生徒を非難したりするのは、大人の側がちょっと身勝手なのではなかろうか。親も教師も、もっと「問題」を解く姿勢をもつことが必要と思われる。そして、それは単にどんな「対策」によるかなどというのではなく、後にも述べるように、自分自身の生き方について深く考え直すことにも通じてくるのである。

2 「臨床」の視座

学校や家庭内でいわゆる「問題児」と言われる子どもたちに、私たち臨床心理家はたくさん会ってきた。そして、その子どもたちを「普通の子」にする、つまり、マイナスをゼロにするなどということではなく、そこから多くのプラスのことが引き出されてくることを経験した。前節に述べたように、「問題」を解決することによって、本人もその周囲の人も得るところがある。そこには、何か新しい建設が行われるのである。

臨床心理学とか心理療法とかいうと、病気の人間を普通の状態に戻す、というイメージをもつ人が多いが、そうではない。このような、マイナスを通してプラスが生まれる過程は、本来的「教育」そのものと言っていいのではないだろうか。そこで、教育ということを「臨床」という視座から見てはどうだろう、と思うのである。

盗み

ある母親が相談に来た。彼女は家に帰ると必ず郵便箱を開けてみる癖があったが、開けてみるとピストルがはいっていて仰天する。よく見るとそれは玩具であることがわかって、ほっとしたものの、なぜそれが郵便箱に入れてあるのかわけがわからない。小学三年生の息子に訊くと、はじめは渋っていたが、近所の子のもっているのを盗んで、そこに隠しておいたのだと言う。

すぐに子どもと一緒に返却に行き、あやまってきたが、子どもがあまりにも大それたことをしたこと、それに「隠しておく」にしては、すぐに見つかるところに入れておくのも不可解だし、ということで来談した、と言う。私はそれが「郵便箱」のなかに入れてあることに注目した。「それがもし、子どもからお母さんへの手紙だとしたら、子どもはどんなことが伝えたかったと思われますか」と尋ねてみた。

しばらく思案していた母親は、なかなかわかりのいい人だったのだろう。自分は「平和」ということの大切さを考えすぎて、子どもにピストルなどの武器の玩具を絶対に買ってやらなかった。子どももおとなしい素直な子と他から言われてきたが、仲間の男の子がするような遊びをしたくなったのかもしれない。考えてみると、自分は姉がいるだけなので、男の子というものがどんなふうに育ってゆくものか、実感がわかない。子どものおとなしいのをよいことに、男の子として育ってゆくことをおさえていたのかもしれない、と語った。

子どもが少なくなったことや、核家族になったために、このようなことが生じることがある。母親が兄弟をもたなかったために、男の子の育ってくることについての実感がないので、うまくゆかないのである。

見方をかえる

母親は自分の子育ての姿勢を反省するうちに、「私があまり与えてやらないので、あの子も人様のものを盗《と》らざるを得なかったのですね」と言う。この発言は、ギリシャ神話のプロメテウスの姿を想い起こさせる。神々が人間に火を与えないので、とうとう英雄プロメテウスは、ゼウスのもっていた火を盗んでくるのである。彼はそのために厳しく罰せられるが、人間はそれによって新しい文化を築くことになる。

盗みは悪い。これは動かしがたい。この母親がしたように、子どもを叱り、返却してあやまることはさせねばならない。しかし、盗みの行為を罰するだけでは、十分ではない。その行為を否定しつつ、その行為に内包されている「心」の方を生かすことが必要なのである。子どもが盗んでまで、わがものにしようとしたものは何か、ということを考える必要がある。

この母親は大変に理解力のある人だったので、子どもの望んでいるものを悟り、子どもの遊びに対する許容度を高くするようにした。子どもの交友関係も変わり、動作もきびきびとしてきたのである。「平和」を知るためには、武器を使っての遊びの体験が必要なのである。自由な遊びを通じて、子どもは実に多くのことを自ら学んでゆくのである。この例が示すように、盗みというマイナスのことが、親の子に対する理解を深め、子どもの活動性が高まる、というプラスのことを生み出したのである。

「臨床」ということ

臨床心理学というのは、clinical psychology の訳語である。クリニックと言う語の語源はギリシャ語のクリニコスであり、「床《ベッド》」を意味している。そして、もともと「臨床」というのは、死の床に臨むことであり、宗教的な用語であった。死んでゆく人のベッドの傍にあって、その人のたましいの世話をすることが、「臨床」であったのである。それは言うなれば、死という悲しい事実のなかに、それを超えた光を見出す仕事だったのである。

もともとの「臨床」という用語を少し拡大して、教育の場にそれを適用してみてはどうであろう。われわれが床につくのは、死のときだけではない。その他にも病気、休息などがある。そして、一般的には病気よりは健康が、休息よりは仕事が価値あるものとされているときに、病気や休息(それを広義に解釈して、遊び)の方に光を見出すような価値観をもって、教育を見直すことはできないであろうか。

死、病い、遊びなどに光を見出すと言っているが、そちらの方が価値が高いなどと言うのではない。健康や仕事に価値があるのは当然である。そのことを認めたうえで、だからと言って、死、病い、遊びなどを全否定するのではなく、そのなかに光を見出すようなダイナミックな価値観をもって、教育を見直そうというのである。そのような視座をもつことによって、教育に関する異なった風景が見えてくるのである。

誤解のないように再度強調しておくが、これは価値観をまったく転倒させようとするものではない。健康や仕事や生きることの価値を認めたうえで、一様化の押しつけによる生命力の涸渇を防ぐために、それを活性化し、逆からの視座をもって見てゆく態度も持とう、と言うのである。そのダイナミズムをよく把握していないと、たちまち足もとをすくわれてしまうことになろう。

病いの意味

病いには意味がある。もちろん、病いより健康の方がいい。しかし、病いによって深い意味のある体験ができることがある。人間が成長してゆくためには、外的な世界とのかかわりをもち、そこで活躍するとともに、内的な世界をも豊かにしてゆかねばならない。病いは、外的な活動を止めさせる代わりに、内的な世界の存在に気をつかせてくれたり、内的な成熟を促進してくれたり、するのである。

子どもたちも、時に立ち止まって内面を見たり、あるいは内的成熟の進行中は、じっと立ち止まっていたりすることが必要である。このようなことは成長の節目に起こることが多く、案外そのようなときに病気になって、「よかった」と思ったりする。子どもの場合は、心と体との境界が大人ほど明確ではないので、そのような意味での休息が、体、心、心身症などの、どの病いとしてあらわれるかわからないほどである。

これは暴論かもしれないが、以前は適当に子どもが病気をして、内面化の機会を与えられていたが、最近は医学が発達して、簡単に病気になれないので、「不登校」などということによって調整をしているのか、とさえ思われるのである。この点については後に論じるが、不登校の子どもに、「必要な引きこもり」の感じをもつことがよくある。それは広義において、非常に健康な反応なのかもしれないのである。

児童文学の傑作のなかには、子どもの病気が契機になって、深い内面的体験が生じることが描かれている作品が多くある。そのなかで一冊だけをあげておくと、キャサリン・ストー『マリアンヌの夢』(冨山房)という作品がある。他に詳しく論じたので、そちらを参照していただくとありがたいが(『ファンタジーを読む』楡出版。本著作集第四巻所収)、マリアンヌという少女が病気の間に、夢のなかで冒険を繰り返し、少女としてふさわしい内面的な成長をとげてゆく物語で、彼女にとって、病気はほんとうに意味あるものとなったのである。

遊びの重要性

学校を意味するラテン語エコールは、もともと「暇」という意味をもっていた。学問というものは暇なときにするものだ、というよりは、暇こそが真の学問を生み出す、と考えるといいだろう。

深層心理学には、「創造の病い」(creative illness)とか、「創造的退行」(creative regression)という考えがある。病いの意味についてはすでに述べたが、病いによる内的体験が創造活動に結びつくという事実によっている。創造的退行とは、創造活動に従事している人が、ときに幼児的になったり空想にふけったり、ぼんやりとしたりしているときに、すばらしい着想や考えをもつ事実を指している。

エジソンが子どもの頃に「怠け者」と思われていたことなどは、こうしたことを端的に示しているだろう。子どもの頃から、彼は「創造の遊び」の世界にはいり、それは外から見ると「お勉強」ではないという意味で、「怠け者」と判断されたのである。

遊戯療法という心理療法は、その中核に自由な遊びがある。いろいろな問題をもった子どもが遊戯療法によってよくなっていったとき、「先生はどのような指導をして下さったのですか」とか「何を言いきかせて下さったのですか」と言われることがよくある。大人たち(特に教育者と言われる人たち)は、指導したり、言いきかせたりすることが好き過ぎる。自由な遊びのなかに、子どもの創造活動が現われ、それを通じて子どもたちは自ら癒され、自ら育ってゆくのである。

遊びによって子ども時代に養われたイマジネーションのはたらきは、成人してからも創造活動をするときに、そのベースとなっている。「お勉強」で固められ、遊びの少ない人間は、成人してから創造的な仕事を達成できないのである。

死からの展望

人生を、生きる側からだけではなく、死の側から見てみることも必要である。本書のはじめの方に、自殺未遂をした医者の例をあげた。この母親にとっては、自分の息子がいつも一番で、先へ先へと進み、出世してゆく姿のみが目に浮かび、それを「死」の側から見ることなど思いも及ばなかったのではなかろうか。もし、この人が自殺して死んでしまったとしたら、この母親は、「あれほど勉強勉強とばかり言うのではなかった」とか「もっと好きなことをさせてやればよかった」とか、思うことだろう。

人間は必ず死ぬ。しかし、このことを案外忘れているのだ。もちろん、四六時中、死のことを思っているのもたまらないが、ときに、死んでゆくものとして自分を見、子どもたちを見てみる。このことによって、子どもの教育に対する大人の態度が少し変わるはずである。ともかく、ガツガツ、イライラした態度は、少し緩和されるのではなかろうか。

子どもたちは、大人の思っているよりはるかに、死について思っている。ただ、大人に言ってもはじまらないことを知っているので、黙っているだけである。現在、子どもたちの間で、「霊」に対する関心が非常に高くなっているのを御存知だろうか。特に女子中学生や高校生の間では、このような話題でもちきりである。これは大人たちが死の問題を考えるのを怠けていることに対する反動として、受けとめられるように思う。

教師としての自分も死に、やがて子どもたちも死ぬ。死後の世界で再会したときに、先生の教えは役に立っていますとか、ありがたいとか言ってもらえるような教育とは何だろう、などと空想してみるのもいいかもしれない。共通一次試験に代わって実施された大学入試センター試験の点を少しでもあげるために、教師も努力しなくてはならないだろうけれど、それだけではなく前記のようなイマジネーションをふくらませることによって、教育に味わいがでてくる、と思われるのである。

価値の多様化

教育にゆとりをもたせ、生徒たちのほんとうの幸福を願うのなら、親も教師も、もっと多様な価値観をもつべきではなかろうか。学校では「勉強」、社会では「お金」という、数字によって一様に序列づけられるもので、その価値を測るのではなく、もっといろいろな尺度をもって、子どもたちを測ることを考えてはどうであろう。そんな際に、「臨床」の視座としてあげておいたことは、少しは役に立つのではなかろうか。子どもたちの多様で豊かな姿が見えてくるし、その評価も変わってくる、と思うのである。豊かな可能性をもった子どもたちが、大人の一様な価値観に災いされて、みすみすそれを壊されてゆくのは、見るに忍びない感じがするのである。

臨床の視座として述べたことについて、われわれはそれを深める努力をしなくてはならない。勉強も大事だが遊びも大事ですよ、というような安易な並列では意味がない。遊びとは何か、遊びの本質とは何かという問いかけを、自らに課す姿勢が必要である。このように考えると、遊びの哲学、死の哲学、そして、病いの哲学をも必要とされると思われるのである。事実、オランダのホイジンハやフランスのカイヨワなどの遊びに関する省察は、われわれの視座を深めることに役立ってくれる。そのような助けをかりたりして、臨床の目を鍛えてゆくことが、教育をより豊かにしてゆくために必要なことと思われるのである。

3　教育のなかの二つの原理

父性原理と母性原理

人間のことを考えるのには、いろいろな原理がある。ひとつの原理によって説明することは、単純でわかりやすいが、それはともするると実状に合わなくなるのではなかろうか。一党独裁が危険であることは、最近の世界の情勢がよく知らせてくれたことである。すでに述べたように、生と死、健康と病気、仕事と遊び、などの対極的な見方の、どちらか一方に片寄らず、ものごとを見てゆくことは、教育にとっても大切である。

ここにもうひとつ特に取りあげたいのは、私が父性原理、母性原理と呼んでいる、対立するものの考え方である。この呼び名はわが国では、ときに誤解されるのだが、欧米の人たちに言うとよく通じるようだ。それは、ここに言う父性原理は、後でも言うように西洋に発達してきたものなので、そもそも日本人にはわかりにくいのである。これらの原理はどちらが正しいとか誤りである、というのではなく、まさに一長一短であると私は考えている。ともかく、それがどのようなことかを次に述べる。

原理の混乱

高等学校で、ある生徒が校則を破る。その程度がひどいときは、処罰が職員会議で論じられる。片方は、悪をはたらいた限り処罰は教育的に考えても当然という。他方は、そのような悪い生徒だからこそ、教師がかばってやるべきで処罰などせずに、皆で包みこんでやるのこそ教育的だという意見が出される。

前者は善と悪とを明確に区別してゆく原理に立っているのに対して、後者は善悪の区別よりも、全員が包まれて一体となってゆくことを原理としている。私はそのどちらが正しいなどとは、簡単には言えないと思っている。父性原理、母性原理と私が呼んでいるものは、端的に言うと、父性は「切る」、母性は「包む」機能を主としている。父性は善と悪、できる者とできない者、固いものと柔かいもの、何でも明確に区別してゆく。それに対して、母性はすべてを全体として包みこんでゆく。この原理のどちらが正しいというのではないが、片方の原理が正しいと思うと相手を攻撃したくなってくる。

先ほどの例であれば、処罰派は片方の教師を「甘い」とか、姿勢があいまいだと言って攻撃するし、それとは逆の立場に立つと、相手を冷たいとか排除的だなどと責めることになる。時には、相手を教育的ではないとか熱意に欠けるなどと言ったりするが、実際はそんなことではなく、考え方の基礎が異なるのである。よって立つ原理が異なるとわかれば、妥協の道などが見出されようが、相手を非教育的とか、考えがまちがっていると決めつけると、対話が成立しないのである。このような議論の混乱が、教育のことを論じる際に多いように思う。

以上のようなことは、すでに他書に論じてきたことであるが、今後の議論を整理する意味で、ここに少し整理して示すことにする。

割り切って言えば、日本は欧米に比して母性原理が強い国であったが、国際交流が活発で、かつ欧米の文化を輸入している間に、父性原理の方も大分輸入しつつある。そして、頭で考えるときは——特にインテリは——父性原理に近いのだが、実際行動や感情的な面では、まだまだ母性原理によって生きている、というところである。

表を見ていただくだけで相当よくわかると思うので、ごく簡単に述べる。父性原理は、「切る」ことによる分

表

	父性原理	母性原理
機能	切る	包む
目標	個人の確立	場への所属(おまかせ)
	個人の成長	場の平衡状態の維持
人間観	個人差(能力差)の肯定	絶対的平等感
序列	機能的序列	一様序列性
人間関係	契約関係	一体感(共生感)
コミュニケーション	言語的	非言語的
変化	進歩による変化	再生による変化
責任	個人の責任	場の責任
長	指導者	調整役
時間	直線的	円環的

割の最小単位のひとつとして、人間の「個」ということを重視する。個を確立し、その成長を願うことが目標となる。これに対して、母性原理ではすべてが包まれたひとつの「場」――これは、きわめてあいまいであるが――の平衡状態を維持することが大切である。このため、個人が自己主張を強くしたりせず、全体のバランスを常に考えていなくてはならない。これは「全体主義」とまちがわれることがあるが、それとは異なる。個人が全体に奉仕するなどというのではなく、場の方がまず個よりも先行しているのである。

父性原理では個人差つまり能力差を認めるので、競争ということが大切だ。しかし、母性原理では絶対的と言っていいほどの平等感がある。ところが次が大切な点なのだが、全体が平等であることを前提として、そこに何らかの組織をつくろうとすると、一様に順番をつけるより仕方なくなる。これは能力に関係なく、昔は「長幼序あり」という考えによっていた。しかし、ここに現代の日本のように、父性原理による能力差の考えが混入してくると、すでに論じたような、途方もない一様序列が、成績によってつけられることになってしまう。

何によって教育を考えるか

二つの原理は簡単には両立しない。そしてこのような考えの差によって、教育のなかでどれほど多くの「論戦」が生じているかがよくわかるであろう。

1から5までの評価をつけるのは駄目だ、全員3にしろと主張する人は、強い母性原理によっている。入試によってよい学生を選別し、鍛えあげないと、国際競争に負けてしまうと強調する人は、父性原理によっている。確かにどちらも一理はある。しかし、競争原理と母性原理による一様序列の考えとが、知らぬ間に結合し、それが小学校まで及んでくると、すでに論じたように弊害は目にあまるものになってくる。

西洋化していると言っても、日本はまだまだ基本的に母性原理で動いている。そのよい方を述べると、全体としての一体感のようなものに支えられ、欧米人の味わうような凄まじい孤独感を体験することが少ないことや、能力が低くても全体によって支えられている傾向があるので、犯罪や非行が欧米先進国に比して、きわめて低いということであろう。家庭内暴力などと言っても、日本とアメリカではその烈しさが全然異なっている。

母性原理が強いなかで、西洋流の個の確立を意図する者は、大変な困難に会う。あるいは、創造的な活動をしようとする人にとっても、「足を引っぱる」人が多いために苦労しなくてはならない。ともかく、人々と異なることをするのが極端に難しいのである。このようなことは、母性原理の短所と言っていいであろう。創造性の高い人が「海外流出」したりするのもこのためである。

これ以上あげることはしないが、父性原理と母性原理は一長一短であって、優劣を論じることはできない。ここにこの問題の難しさがある。

父性の本質

論を先にすすめる前に、父性原理についてもう少しつけ加えたい。この点について誤解する人が多いからである。わが国において、父性が弱いという認識がだんだんとできてきたのはいいが、「父性復権」などと唱える人がでてきて、軍国主義時代の父親をさも強い父性をそなえた人物であるかのように誤解して、それを推しすすめようとする。これはここに述べた父性原理をまったく誤解している。

子どもの言うなりになって、子どもが勝手な行動をし非行を重ねるのに、何も対応のできない父親が、実は戦争中に金鵄勲章《きんしくんしょう》などというのをもらっている「勇者」だったという例があった。この男性は「号令」が上から下される限り命をかけて突撃する強さをもっているが、息子と一対一で対決し、自分の個人の意見を言うという強さは全然もっていない。私が強調したい父性原理というのは、後者のような点を指して言っている。

何事につけ、自分の意見をもち、それを明確に表明する強さと、皆がする限り命も棄てるという強さとは異なるものである。後者のような行動は母性原理の体現者としての強さであり、父性原理的にはきわめて弱い行為と言わねばならない。

このことがわかっていないと、父性復権のつもりで、生徒に細かい校則を押しつけ、そのためには暴力をも使用する、などということになる。日本には父性原理の復活などということはない。それはもともとなかったものなのだから、もしそれを必要と感じるならば、父性の新たなる獲得として意識されねばならないのである。原理の弱さを腕力でカバーするのは、まったく馬鹿げたことである。

原理を深める

二つの原理があって、それが簡単には相いれないとすれば、どうするといいのであろうか。これに対しては、あるひとつの原理を正しいとしてそれを強化することを考えるのではなく、原理を深めるということを考えるべきだ、と思っている。

ひとつの例をあげよう。少し以前のことだが、ある中学校で修学旅行は東京旅行ときまっていたところ、急にある学級の生徒が絶対反対と言いはじめた。自分たちのする旅行を上から押しつけられてはたまらない。東京などまったく面白くない。小遣いの制限があるのはけしからん……などというわけである。

すでに述べたように日本の多くのことは、相当に母性原理によって行われている。これに対して、若い人が強い反発を感じ、強い父性原理的な主張をしたくなるのも当然と言えば当然である。と言っても、それは突発的に生じてくるので、父性原理の伝統のなかに育ってきたのとは違って、個人の責任、他の人間との人間関係のもち方などの点で鍛えられていないので、暴発気味となる。しかし、この学級の担任は、君たちがそこまで考えはじめるなら、ひとつ徹底的に考えなさい、先生は傍にいて聞かせてもらう、と言った。

中学生の意見だから、時には暴走しかける。それでも担任が黙っていると、生徒のなかから、「もう少し学校全体のことを考えては」などという意見が出される。なかには、校長先生に直接談判に行こうというものもでてきた。詳しい経過は省略するが、この際は、校長先生も担任の考えに協力し、もっともよい時に、校長と生徒が会うことを了承してくれた。

このようにして、生徒たちは父性原理を主張するにしても、それを貫徹するためには、自分たちに大きい責任のかかることを認識するし、学校側も無意識的に母性原理によりかかって、「皆いっしょ」にすればよい、と安易に考えていたことを反省する。このようにして、新しい修学旅行のあり方を紆余曲折を経ながらつくりあげていったのである。

原理を深めるとは、自分のよって立つ原理に対立する原理にも意味があることを認め、その葛藤のなかに身を置いて、右に左に、それを繰り返しながら、自分のよって立つ原理をできる限り他と関連せしめることによって、ものの見方を豊かにしてゆくことである。言うなれば、二つの原理を梯子の両側の柱のようにして、その間を一歩一歩と下ってゆくのである。そのようにして深めてゆくとき、足が地に着いて、ここを基盤にと感じるところ、そこに、その人の個性が存在していると思われる。

学級の一人ひとりが、議論を重ね、あちこちに揺れながら決定した旅行プラン。そこに学級の個性というものが見出せるはずであるし、学級の個性のなかに、学級の担任および生徒の個性が反映されているのを感じることであろう。

教育の創造性

わが国の母性原理の強さに起因する一様序列性の害は、いくら強調しても足りないほどのものである。一人ひとりが個性をもち異なる存在であることをほんとうに自覚できたなら、全員が一様に順序づけられることなど考えられるはずがない。しかし、日本人の場合、自分がそのような場の序列のどこにいるのか、部長か課長か、課長でも一番目か二番目か、ということによって自分のアイデンティティを保っている人が多いのではなかろうか。

もし、生徒たちに対して、ほんとうに個性の伸長などということを期待するのなら、教師や教育委員会の人たち、そして文部省の役人が、一様序列的アイデンティティ以外の個性に基づくアイデンティティをもつべきであろう。そのような努力なしでは、掛声のみ大にしても無意味なことであろう。

父性原理と母性原理ということだけで話をすすめてきたが、人生のことを考えるのには、もっと多くの対立する原理があるはずである。ただ、父性・母性原理のときに述べたように、ひとつの原理、ひとつのイデオロギーで、すべてを説明しようとするのは通用しないと思われる。たとえ、自分の「好きな」原理があるにしろ、対立原理との葛藤のなかで、それを深める経験をすることが必要と思われる。

このように考えると、教育の場は、既成の価値によって運営されるというのではなく、新しい価値を創造してゆく場としての意味をもつと思われるのである。

第二章　大人が子どもにかかわること

1　「教える」と「育つ」

教育とは何か

教育という字は、「教」と「育」に分けることができる。そして、興味深いことは、育という語は、育てる、育つ、と他動詞にも自動詞にも用いられることである。

教育ということには、教育する側と、教育される側とがあり、教育する方から考えると、やはり自分が「教える」という行為に重点がおかれ、その後で、「育てる」ということが考えられるが、「育つ」となると、これはその本人の自発的なはたらきであるから、教育とは関係がない、あるいは考慮の外にある、ということになりがちである。

しかし、教育ということを深く考えるならば、そのベースに、教育される側に潜在している自ら「育つ」力ということを無視することはできないのではなかろうか。「教育」ということは、これまではどうしても、教育する側の視点から発言されることが多かったので、何を、いかに教えるかに重点がおかれがちで、「育つ」はおろか、「育てる」ことの方さえ、軽視される傾向が強かったのではなかろうか。

教育を教育される側から見る、ということは困難なことである。これまでの教育論を見ると、教師が生徒に何をするべきか、何をしてやれるか、いかにするべきか、などと常に教師から生徒への一方向のはたらきかけの姿勢が目立つのである。しかし、すでに一九四六年に木村素衛氏が「教育とは、精神の自覚的自己発展が、他人の助力の下に遂げられるという根本的に矛盾した概念である」(木村素衛『国家に於ける文化と教育』岩波書店)と述べているのは、注目に値する。

「精神の自覚的自己発展」という彼の哲学的表現は、今日、臨床心理家が好んで使う「自己実現傾向」などという用語と、相当に似通ったものとして受けとめられないだろうか。そして、また彼が「根本的に矛盾した概念」として教育をとらえていることは、私が心理療法には常に二律背反が存することをすでに他に論じてきたが、それとも通じる感じを与えるのである。木村氏の考える「教育」は、心理臨床の側から見る教育への通路をひらいてくれていると感じられる。

現代社会の一員として生きてゆくためには、人間は実に多くのことを身につけねばならない。膨大な知識、そして、社会人として暮らしてゆくのに必要な規範、対人関係を維持する能力などを身につけねばならない。それを思うと、大人としては子どもに「教える」ことに熱心にならざるを得ない。教育において、教えることが中心になるのも当然とも言えるだろう。

しかし、ここで反省しなくてはならないのが、一般的な「教え」に乗ってこない、あるいは、乗れない子どもたちがいるということである。それと、あまりにもわれわれ大人が既成の知識体系を注入することに熱心になりすぎて、子どもが個々にもっている個性を壊すことになっていないか、ということである。そして、この両者は案外関係しているのである。極言すると、個性の強い子どもの方が、既成の知識を注入する「教え」には乗りがたいと言えるからである。

そこで、教育における「育てる」、「育つ」側面の重要性が浮かびあがってくる。知識を注入するのではなく、自らの力で知識を獲得できるように「育てる」ことを考えよう。あるいは、自らの力で「育つ」ことを援助できないかを考える。

しかし、この際、木村素衛氏のいう「矛盾」の存在も忘れないようにしよう。このような教育に対する考えに、心理臨床の実際が大きくかかわってくるのである。

心理臨床の場合、どうしても一般的な「教える」システムからはみ出した子どもに接することが多い。最初の頃は、そのような子どもに対しても、「なすべきこと」を教えようと試みたりもしたのだが、失敗を繰り返しているうちに、われわれは「教える」ことを焦るよりも、根本的には、「育つ」のを待つ方が、はるかに効果的であることを知らされたのであった。そして、それは単に効果的であるということをこえて、教育全般に対しても、「育つ」ことの重要性をもっと認識すべきであるという反省へとつながってきたのである。

「個性」は何を必要とするか

誰もが知っておくべき知識の注入に力を入れすぎると、子どもの個性が壊されることを指摘した。このことは、今後われわれ教育にたずさわるものが常に心がけておかねばならないことである。知識だけではない、社会的規範として、われわれが疑っていないことでも、本当のところはそれが絶対に正しいなどとは言えないこともあるはずである。

最近、ソビエトや東欧において大きい変革が生じたが、これらの国においては、何が「正しい」かという規範は急激に変化しているのではなかろうか。他国のことを言わなくとも、日本も戦前から戦後へと急激な価値の変換を体験してきている。これらのことを考えると、子どもの個性に必要な教育とはどのようなことかについて、深く考える必要性を痛感させられる。

ひとつの典型的な例をあげよう。私はかつて、現代においていろいろな分野で活躍している個性豊かな方々とお会いして、その子ども時代について語っていただいたことがある(『あなたが子どもだったころ』光村図書)。京都大学教授の生物学者、日高敏隆さんにお会いしたとき、個性を伸ばすという点で参考になる、小学校の先生についての話をきくことができた。

小学三年生のときに日高少年は、今でいう不登校症になる。当時の極端な軍国主義教育に対して、強い反発を感じたからである。少年は昆虫が好きだったが、当時のことだから「昆虫学で飯が食えるか」ということで親は問題にしない。八方ふさがりの状態で、少年は自殺を考えてナイフまで買ってくる。

ところが、ある日、担任教師が家庭訪問に来るなり、「お前は自殺しようと思っているだろう」と親の前で指摘して、驚いている両親に対して、「敏隆君に昆虫学をやらせて下さい」と言う。両親はあわてふためいて、「はい、やらせます」ということになる。昆虫学ができることになって喜んでいる少年に対して担任の先生は、昆虫学をするためには国語も必要、算数も必要と説明して登校をすすめ、次に、「今の学校はお前に合わない。すぐに転校しなさい」と言って、日高少年に適切な学校名をあげた。というのは、少年が通っていた学校が極端に軍国主義的な校長の方針で、馬鹿げた教育をやっていた(このために、文部大臣賞を獲得している!)ので、それほどでもない近くの小学校を見つけてくれていたのである。

そこで日高少年はすぐに転校して登校し、彼の昆虫学への興味はますます開花してゆく。それが、どれほど個性の発展につながっていったかは、日高教授の現在の活躍ぶりが証明しているが、その重大なきっかけとなった、この担任教師の行為の意味について考えてみたい。

教師の判断

何よりも、彼が日高少年の自殺したいという気持を察していたところがすばらしいと思うが、それを起爆剤として、昆虫学という、少年の「好きなこと」をやらせるように両親を説得しているのが、なかなかのものである。子どもの好きと思うことをやらせてやる、そこから個性は開花してくるのだ。

次に感心したのは、自分の学校で教えることは不適切と判断し、少年に適切な学校を見つけていることである。言うなれば、担任教師は、自ら「教える」ことは放棄している。それは、自分のいる学校は、少年の個性を「育てる」ことができないどころか、それを破壊してしまうことをよく認識しているからである。これはなかなかできないことだ。おそらく担任教師は日高少年の個性の豊かさを見抜いていただろうから、そうなると余計に自分が「教えて」やりたくなるのが教師根性というものではなかろうか。

念のためにつけ加えるが、この担任教師の行為は、高校などで非行少年などを自分が教えるのが嫌だから、安易に他校への転校をすすめたりするのとは話の本質が異なることである。

ところで、この教師のとった方法を見て、そんな方法は「カウンセリング」ではない、カウンセリングとは、本人と一対一で時間と場所をきめて話し合い、本人の力で自発的に伸びてゆくのを見守ることだから、こんな方法は教師が中心になって動きすぎていて駄目である、と言う人がいる場合、これに対してどう答えればよいのだろう。

ここで一番大切なことは、教師のしたことがカウンセリングであるかないか、などということではなく、それが、子どもの個性を伸ばすことにどれほど役立ったか、ということである。この当時、優秀なカウンセラーがいたとして、日高少年に会っていても、結局は、少年の個性を伸ばしてゆくという点で、もちろん紆余曲折があったり、カウンセラーが頼まなくとも、少年自身が親を説得したりしたかもしれないが、同じような展開をしたことだろう。あるいは、カウンセラーも、少年の自殺企図を知り、その緊急性を悟ったとき、家庭訪問をして親と直接に話し合うこともあり得るだろう。

私もカウンセラーとして、時と場合によっては、家庭を訪問したり、時間と場所の制限を破って行動することもある。しかし、何を基準としてそうした方がよいと判断を下すのか、と聞かれると、そのようなときに適切な判断を下すためには、教育する側も相当に訓練されていなくてはならない、と思うのである。子どもの個性を伸ばす教育をするためには、教師自身が画一的な方法にしがみついていたのでは駄目であることを自覚しなくてはならない。

臨床教育学の成立

子どもの個性ということを考えはじめると、教育する側は非常に難しくなってくる。教育ということを考える際のよりどころとも言うべき、教育基本法の第一条を引用してみよう。

「教育は人格の完成をめざし、平和的な国家及び社会の形成者として、真理と正義を愛し、個人の価値をたっとび、勤労と責任を重んじ、自主的精神に充ちた心身ともに健康な国民の育成を期して行われなければならない。」

これを読んで反対する人はまずないであろう。立派なものである。ところで、先に述べた日高教授をはじめ個性豊かで、現代それぞれの分野の第一線で活躍中の方々、十名にお会いし、その子ども時代をふり返っていただいたのであるが、その結果はどうであろうか。学校へ行かない子、うそをつく子、自殺未遂をした子、学校をサボって映画ばかり見ている子、盗みをする子、と書いてゆけばきりがないが、これはすべて、この方々が語られた子ども時代のことであり、どう考えても、教育基本法の第一条には当てはまりがたい感じを受けるのである。教育基本法にはいいことが書いてあるが、それはそのような人間の「育成を期して」教育が行われるのであり、ここに登場した人たちは、子どものときこそ問題があったが、基本法にあるようなことを目指しての「育成を期した」教育を受けたから、今日のようになったのだ、などと言えるだろうか。

それよりも、個性を豊かにするためには、教育基本法の第一条をあらためて、「心身ともに不健康な国民の育成を期して」とでもするべきであろうか。木村素衛氏の指摘している、教育における「根本的矛盾」というものは、実に根が深いのである。

教育は方向性をもち、目標や理想をかかげねばならない。そのために、人間の行為が正の価値をもったもの、負の価値をもったものに分けられる。

しかし、そこで正の価値を追求することだけに焦ってしまうと、とんでもない失敗を犯すことになる。一見、負の価値のように見えるものが、実は個性を伸ばすうえで、大きい価値をもっていることもあるのだ。このパラドックスを大切にしなかったら、真の教育はなし遂げることができない。

心理臨床の実際においても、初期の頃はこのような過ちを犯していたと言えるし、今もなおその傾向を引きずっているとも言えるであろう。

学校へ行かない子が学校へ行けるように、盗みをする子が盗みをしないように、うそをつく子がうそをつかないように、なることはいいことである。しかし、そのことのみを目標として、その目標達成に焦るならば、それはとんでもない失敗につながることを、われわれは経験してきた。負の行為を正の行為に変えるための「臨床」なのではなく、そもそもその価値観そのものについて考え直し、それらの間のダイナミズムやパラドックスについても考え直してみる。このようなことを行なってゆくためには、教育学も、臨床心理学も、もう一度、その根底から考え直し、何よりも子どもの実際の行為や、教師の実際のあり方を基にして、現実に即した考えを展開してゆく必要があるのではなかろうか。

以上のような反省をもとにして、京都大学教育学部において、「臨床教育学」という講座を新しく開くことになった。それは一九八七年のことで、開講以来まだ短い期間しか経ていないが、このことによって、教育においても、臨床心理においても、新しい領域がひらけるとともに、その意味を深化させることができてくるのではないかと考えている。

2 「教育」はいま

現代における教育の課題

いま、「教育」ということが、大きく重い課題であるとの認識は、わが国の大多数の人が持っていることであろう。このためにこそ、臨時教育審議会というものが――その成果の是非は問わぬにしろ――必要であったと言えるであろう。これは何も日本のみのことではなく、先進国であるか発展途上国であるかを問わず、その課題の内容には差があるにしても、「教育」をきわめて重要とする認識は、全世界に共通に存在していると言っても過言ではない。

問題をわが国のことにのみ限って考えてみよう。何から取りあげてよいかと思うくらい、現代における教育の課題は山積している感じであるが、一般にもよく言われている、国際化、個性の伸長、生涯教育、の三点に絞って考えてみたい。

国際化ということが強調されているが、現在のように他国との関係が緊密になってくると、これは当然のことであろう。それに、最近の日米の構造協議に示されているように、他国のものの考え方と正面から向き合って対決してゆかねばならないようなことが増えるとすると、ますます国際化の教育の必要性が痛感されるのである。

しかし、教育における国際化の問題は予想外の難しさをもっている。これは、「外国のことをよく学びましょう」とか、「他の国の人たちと仲良くしましょう」などという類のことではなく、日本の教育のあり方について——というよりは日本人の生き方そのものについて——根本的な反省を必要とすることであるとさえ言えるのである。文化の異なる人たちを本当に理解し、本当につき合うということは大変なことである。

この問題を端的に知らせてくれるものに、いわゆる帰国子女の問題がある。後の論議にも関連することなので、『たったひとつの青い空——海外帰国子女は現代の棄て児か——』(大沢周子、文藝春秋)より例をあげて、考えてみることにしよう。

アキラはアメリカで五歳から十五歳まですごしたが、中学三年のとき日本に帰国してきた。社会科の時間に先生が、日本の製品がたくさんアメリカに輸出されていることを語る。アキラはアメリカの社会科の授業のときの調子で、授業に「貢献」するために、「アメリカにどんなに日本のものがあふれているか、クラスメイツに話しましょう」と言う。そのときいっせいに「ガクッ」という声がクラスのなかにあがった。それでもともかくアキラは一所懸命に話をした。すると、先生は「アメリカの話はいつか別の時にしてもらおう。授業に戻って」と話を続ける。これにはアキラはびっくりする。アキラの話していることは、アメリカでは授業の一環であり、その「貢献」は先生に評価される。ところが、日本の先生は、それが「授業」と関係ないことを明言する。

アキラはその後、授業中に何かと発言するたびに、「ガクッ」の反応を受け、たまりかねて、いったいそれは何かと訊く。すると、「はずれてるってことさ」、「大はずれなんだよ」という答が返ってくる。アキラはたまりかねて、「だれでも自分の意見を述べる権利を持っている」、「だれでも教室で安全に勉強する権利を持っている」と主張する。これに対して担任の先生は、「おまえ、独立宣言をやったそうだな。そんなことをいってるうちは、日本の学校の生徒にはなれんぞ」と言う。実際、アキラはその後、同級生たちの暴力に遭うことになる。

これは明らかに「文化戦争」である。これも、先に述べた父性原理と母性原理の対立と考えることもできるであろう。文化の異なるものであっても、表面的に、あるいは儀礼的につき合うのなら、「仲良く」もできるであろう。しかし、アキラとその同級生のように、実際に生きる場において、その生き方をぶつかり合わせるなら、それはきれいごとですますことはできない。これからの「国際化」ということは、このような次元でのぶつかり合いをも含むものとなるであろう。そのようなことまで考えたうえでの教育における国際化となると、これは相当に重いものと言わざるを得ない。

次に「個性の伸長」ということだが、これも実に大変なことだ。このことは、先に述べた事実とも関連してくると思うが、日本の教育が、個性や創造性を伸ばす点において他の先進国に劣るものであることは、つとに指摘されているところである。この問題は「教育」と言うよりも、日本人の意識のあり方、行動様式などという根本的な問題であると言っていいだろう。しかも、問題の解決をいっそう困難にするのは、日本人のあり方が間違っていて、欧米を模範として変更すべきだなどと、単純に言えないことである。

教育の面について言っても、子どもの個性を伸ばすためには教育の「自由化」を必要とすると言いたいところだが、これに対して、他国こそ日本を模範にすべきだとか、日本が「自由化」を取り入れると、教育水準の低下をきたすだろう、と忠告する人たちもある(たとえば、David Howel, "There's No Reason to Rush with Educational Reform," Japan Times, 61(1986). 3, 17)。日本の子どもたちの数学や理科などの学力が他国に比べて高いことは周知のことであるが、これは日本の現在の教育方法から生じていることであり、それをうっかり欧米型に変えると、失敗してしまう、と言うのである。これは、日本の教育を考えるうえで、見逃しがたい点である。

次に、生涯教育について述べたい。生涯教育が望ましいことは、誰しも異論がないであろう。しかし、どんなに年をとっても常に新しい知識を吸収し、進歩し続けるということはすばらしいことであるが、それだけを善しとする生涯教育を考えると、問題が生じてくると思われる。老人になっても進歩すると言えば聞こえがいいが、老人になると多くの能力が失われてゆき、そして最後は死に至るのが実状ではなかろうか。前よりも少しでも進歩することのみを単純に善しとする教育観には、「死」を入れ込むことができない。

端的に表現すれば、生涯教育の視座に「死」が入っているのでなければ、時にそれは有害なものにさえなるだろう。下手をすると、老人のなかに――現在の子どもたちと同じく――「落ちこぼれ」をつくることにもなりかねない。知識や技能がどれだけ増加したか、という観点だけでなく、人間の成熟とは何か、ということが考慮されなかったら、生涯教育は危ういものになる。言うなれば、「いかに生きるか」だけではなく、「いかに死ぬか」

ということについても考えてこそ、生涯教育と言えるのではなかろうか。そして、「いかに死ぬか」という課題は、実のところ、人間の誕生以来つきまとっているものなのである。

教育を考え直す

教育という語は、「教」と「育」から成っている。このことについてはすでに述べたので繰り返さないが、教育を「育」の方から見ることの重要性については、何度言ってもよいと思うほどのものがある。

これにはいろいろな要因が考えられるので、それらについて順次述べてゆくことにする。

まず、現代においては、社会人として一人立ちするまでに吸収すべき知識が非常に多くなってきている。そのうえ、他人よりも少しでも有利な地位や、上の地位につきたいと思うと、学習しなくてはならないことが非常に多い。しかも、親が自分の子どもの幸福について考えるとき、どうしても、自分の子どもが社会的に優位な地位につくことがそれに直結するという考えに傾くので、子どもに知識のつめ込みを強いることになる。つまり、子どもは、うっかりすると相当に早くから、このような知識のつめ込みにさらされてゆく。実際、幼稚園の段階から、英語などを「教える」ところが親に大いにもてることは、驚くべきものがある。

このような状態は、端的に言えば、子どもを育てるうえでの「自然破壊」なのである。子どもが「自然に育つ」過程に対する干渉が、あまりにも多すぎるのである。子どもの数が少なくなったこと、経済的に豊かになったことが、この傾向に拍車をかけている。小学生が塾や習い事のために、ほとんど毎日放課後の時間を拘束されていて遊ぶ時間がないとか、一人の中学生に家庭教師が五人もついていたりする状況がある。

個性を尊重するためには、個人のもつ可能性が顕在化してくるのを待たねばならない。ところが、できるだけ多くの知識を効果的に吸収させせようとすると、それはむしろ個性を破壊することになる。しかも、評価を「客観的」にするという大義名分のために、「正答」がきまっている問題をできるだけ早く解く訓練をすることは、ますます個性を失わせることにつながる危険性をもつ。

これらのことによって、「自然」の成長を歪まされている子どもたちに対して、もう一度根本にかえって、自ら「育つ」ことのよさを体験してもらうことが、現代の教育においては必要となってきているのである。考えてみると、「自然」なのだから、何も工夫はいらないようなのだが、その点について考えたり、工夫したりしなくてはならないところに、現代の教育の難しさがあると言っていいだろう。

教育ということを「研究」するときに、どうしても「科学的」に研究することが望ましいと考えられる。人間が学習を行なってゆく過程や、成長発達してゆく過程は、ある程度客観的に捉えられ、それを研究することができる。これを基にして、効果的な教授法が考え出されたり、発達の段階が設定されたりすることは、子どもを全体として捉え、それにいかに教えるかを考えるうえで、相当に有効である。しかし、これをもってすべてであるとは考えないことが大切だ。

集団として人間を見れば、それがある程度の法則に従って行動しているとしても、個々の人間に注目するとき、それはきわめて多様である。個々の人間の考えや感情にまで注目すると、このことはますます重要になってくる。このことを忘れて、全体的法則――と言っても、それはきわめて大まかなものだ――を、個々の人間に「適用」しようとすることは、その人の個性を奪うことになりかねないので、くれぐれも気をつけねばならない。

エジソンが怠け者と断定されて、劣等生扱いされていたことは先にも述べたが、多くの創造的な人が学校教育に適応できないという事実は、教師がいかに生徒たちを「画一的」に取り扱うのが好きか、ということを示している。このとき、その画一的な方法を「科学的研究」を拠り所として主張されると、非常に恐ろしい状況になるのである。教育の科学的研究は、もちろん大切であるが、それを実際場面にいかに生かすかについては、慎重に考えねばならない。

放任の害

子どもが自ら「育つ」ことを強調するあまり、まったく放任しておけばよいと考えるのも誤りである。このことは、特に家庭教育を考えるときに大切である。子どもが自然に育つことを期待して、自由放任にしている、という場合、多くの親は親としての責任を回避するための弁解として言っていることが多く、子どもたちは、それをすぐに見抜いてしまう。こんなときに、子どもは非行を重ねたり、親に無理難題と思われるような要求をつきつけてきたりする。そして、ある少女が私に言ったように、「こんなにしても、怒ってもくれない」という嘆きは深くなり、ますます問題行動がエスカレートする。

このようなときでも、親は「子どもの自由」を尊重しているかのようなふりをして、責任回避を続けるので、破局的なことになってしまう。子どもが自然に育つと言っても、その傍にそれをちゃんと見守っている大人が必要なのである。子どもが育つのを本当に「見守る」ということは、何やかやと「教える」(結局は干渉していることなのだが)よりも、よほどエネルギーのいるものなのである。

育つことの重要性を指摘したが、考えてみると、教育における「教える」と「育つ」ということは、子どもがまったく自分で「育つ」のならば、「教える」必要はないとも言えるわけで、このような矛盾を内包しているところに、教育の特徴があると言うこともできる。つまり、「育つ」ことが大切と言いつつ、やはり「教える」必要性を認めているわけであるし、「教える」ことが大切と言うときも、教えることが可能になるように「育っ」てきていることの必要性を認めねばならないのである。この関係をよくわきまえていないと、教育論が一面的なものになってしまうのだ。ただ、「教育」というと教えることに重点がおかれがちなので、ここに育つことの意義を強調したのである。

学ぶ側の視点から

「教える」に対して「育つ」という観点から、教育を見直すべきことを述べたが、次に「学ぶ」という観点から述べてみたい。教育ということを、学ぶ側からの視点で見直すことが必要である。このことは、生涯教育のことを考える際に特に大切になってくる。生涯教育の重要性は、最近つとに指摘されるようになり、そのために「講座」が開かれる機会も増えてきた。しかし、そのような「講座」が、どうしても教える側からの企画が多く、学ぶ側を中心として考える姿勢が弱いのではないかと思われる。

いわゆる「市民講座」、「生涯教育講座」のようなものが企画されるとき、悪い言い方をすれば学者の余技、あるいは、おこぼれを提供されているような感じを与える場合が多いのではなかろうか。確かに、社会に出てから、あるいは会社を定年退職した後にも、何か新しいことを教えてもらうということは意義のあることである。そこで、「××講座」として提供されるもののなかから、自分の好みのものを選んで学習すればよい、ということになるが、これではあまりにも受身である。

生涯教育という場合、そのようなことだけではなく、もっと積極的に「学ぶ」ことが必要ではなかろうか。単に新しい知識を得るなどということではなく、学ぶことによって新しい領域を切り拓いてゆくことが望ましい。

たとえば中学校の教師をしていて、生徒の指導に困難を感じる。そこで、他人から生徒指導の方法を教えてもらうなどというのではなく、現代の中学生の悩みについても、切実にその実態を知っているものとして、その解決法を自ら見出してゆこうとするならば、それは既存の知識を身につけるなどということではなく、学びつつ自ら新しい方法を発見してゆき、それを実行しつつ、その有効性を確かめてゆくことをしなくてはならない。そうなると、一週間とか一か月の「講座」を聴くなどではなくて、自らが学びつつ、その方向性や方法を見出してゆく、という意味で、「大学院生」として「研究」をするということになる。

ここにひとつの例のみをあげたが、たとえば脳死のことに関心をもった医者が、法律を学ぶ必要を感じることもあろうし、文学を研究している人が、コンピュータについて深く研究したいと思うこともあるだろう。それは知識の獲得ではなく、新しい「研究」に結びつくのである。したがって、誰かが「教える」ことではなく、本人が学びとってゆくことになる。

大学を社会に「開く」という場合、今までのところ、一般教養的な「講座」を市民に開放するというくらいのことが多いのではなかろうか。その次元をもっとこえて、大学での「研究」に門戸を開くこと、したがって、大学院というものをもっと開放すべきではないか。夜間大学院をつくることをもっともっと真剣に考えるべきではなかろうか。主体的に学ぶ人を外部から受けいれてこそ、本当に大学の開放になる。このことは、日本の教育における大きい課題になると思われる。

手前味噌になって申しわけないが、私の属する京都大学教育学部では一九八七年から、社会人の大学院入学を受け入れている。教育の現場での実際経験と大学内での研究は不即不離の関係にあり、このような門戸の開放によって大学内の研究も大いに進むものと考えている。

わが国の教育を他の先進国と比較するとき、初・中等教育に比して、大学、大学院の教育が見劣りすることを指摘する人は多い。文部省の予算から考えても、高等教育の充実はもっと推進すべきであると思われる。この際、自分も大学人の一人として考えることは、大学自治の原則はきわめて重要であり、守り抜く価値のあるものと思うが、それでは「自治」を誇るにふさわしいだけの努力をしているかについては、相当な反省を必要とすべきだと感じるのである。

大学の自治というと、これまでの歴史のなかで、外からの圧力に抗して学問の自由を守ってきたことを評価すべきであるが、ややもすると「守り」の姿勢が強く、自ら打って出ることに対して、大学自治は関心が低いのではなかろうか。このため、学問の進歩の最先端にいることを自負しつつ、体質的には保守的になってゆく傾向をもっているのではないかと反省させられるのである。社会の変化が著しく早い今日において、その変化に対応する改変をなしとげてゆくうえで、大学自治のあり方を考え直すことも必要と思われる。

個性と教育

個性の尊重という点について、教育のことを考える人であれば、その重要性をすべての人が指摘するであろう。しかし、これはわが国の教育を考えてみると、相当に困難な問題なのである。

ひとつの例として大学入試を取りあげてみよう。教育の「見直し」などというと、多くの人が大学入試の見直しを連想するだろうと思うほど、入試の制度は何度も「見直し」をされ、その度にジャーナリズムを含め各方面から何かと批判されている。

確かに今の受験制度はあまりにも苛酷である。しかし、これはどのように制度を変えてみても、現在のように多くの人が大学を受験し、しかも、自分の住んでいる地方からどこへでも出てゆくので、いわゆる一流大学の定員が一挙に二倍や三倍にならないとすると、受験地獄は避けられない。ここで非常に大きい問題となるのは、制度そのものよりも、日本中の人が大学や学部などについて、細かに順序づけを行い、少しでも序列の高いところに入学しようとしていることである。

大学にある程度の差があることは、欧米においても避けられないことだろう。しかし、わが国のように細かい順序づけがなされているところはない。これは、大学人としては、各大学が大学としての個性をもっていないことをまず反省すべきだろう。各大学が多様な個性をもてば、それを一様に順序づけることができないし、受験生は大学の個性と自分の個性とのからみで大学の選択をするので、すべての人が特定のひとつの大学へ行きたがるなどということがなくなって、少しは受験競争も緩和されるであろう。

しかし、ここで大学側からの弁解を多少言わせていただくと、大学側が少しくらいの個性の差を示しても、そんなものは問題にしないほど、日本人の一様序列性を好む傾向は強いのである。

日本人と個性

ここで「日本人論」を展開するのもどうかと思うが、「個性」のことを考えはじめると、どうしても日本人の特性について考えざるを得なくなってくる。簡単に言ってしまえば、欧米人の近代合理主義に支えられた自我の確立ということを、日本人がいまだ十分に成し遂げていないということである。

欧米の「個人主義」ということが、わが国では受けいれられていない。そこに一八頁に述べたような、わが国特有の序列性がはたらき、欧米の能力差の考えが混入してくると、個人的な能力の多様性、個別性を認めるのではなくて、能力の一様な順序をつけることになってしまうのである。

親が子どもに対する場合も、子どもの個性に応じて進路を考えるというのではなく、ただ、受験する学校が一様序列のどの段階に存在するかを問題にし、できれば少しでも高い序列のところにいれたいと願うので、受験競争はますます激しくなる。高校の教師もこの考えにとらわれ、「君のこの成績だと、教育学部なんかにゆくのはもったいない。医学部にしなさい」などという進学指導をすることになる。つまり、本人の個性や希望などは無視して、可能な限り高い序列――と一般に考えられているところ――に入れこもうとする。

一昔前は経済的な条件のため、自宅から通える範囲内の大学にしか行けない人も多かったので、優秀な学生がある程度分散されたが、現在はそのような傾向も少なくなって、日本全体としての大学のランクづけが著しくすすみ、現状のように問題点が大きくなってきたのである。日本人のこのような傾向がもう少し変化しない限り、制度の改変によって大学受験の受験地獄を緩和することはきわめて困難であると思われる。

個人主義が発展していないわが国の教育事情を非難しようとすれば、いくらでも言えるであろう。しかし、最近のわが国の経済的発展を踏まえて、日本礼讃の論が一方で生じてくるように、日本の教育を一方的に非難ばかりもしていられない。日本人の自我意識のあり方が、すでに述べたように母性原理の優位によっているので、屹立した自我を形成するよりも、常に他に開かれた形でつくりあげられてゆくのである。これはまさに一長一短で、にわかにいずれがよいとは断定できない。

先にあげたアメリカから帰国した中学生の例について考えてみよう。この中学生は、「自分の考え」を発表しようとする。それだけで全員の「ガクッ」という反応を引き起こすのである。それはつまり、彼が自分の姿を屹立させて、全体から切れてしまう、それを同級生たちは「はずれている」と表現しているのだが、そのために彼の発言は押さえられるのである。

ここで、まず誰しも考えることは、日本人のこのような体質は、「個性」の発展を著しく阻害するということである。個々の人間がそれぞれの「自分の意見」を発表できるからこそ、個性が伸ばされるのではないか。そのうちに、「自分の意見」など消え失せて、他人のことばかり気にするようになってしまったら、「個性」などはなくなってしまうだろう。

このような考えを強く主張する人は、日本人は個性が弱いとか、創造性が低いとか、言いたてることになる。確かに先進国のなかでは、ノーベル賞受賞者の少ない事実などとも結びつけて、日本人の創造性の低さということはよく言われる。しかし、果してそうであろうか、よく考えてみる必要がある。

「個性的」であること

アメリカ人は確かに、自分の意見をはっきりと主張する。アメリカの学校に行くと、大学生でもどんどん発言するし、質問もよくするのに感心させられる。しかし、それをすぐに「個性的」と言えるだろうか。個人主義が発達しているために、個人(individual)の発言はよく行われるにしても、それはひとつひとつユニークなものである、とすぐ言えるだろうか。

個人個人が同じような意見を言う、同調性(conformity)が案外と高く、結局は同じようなことを言っているとすると、個人の確立がすぐに個性の発展に結びつくとも言えないと思われるのである。実際に、アメリカ人の生き方を見ていると、個人の意見を明確に表明することは、もちろん日本人よりすぐれているが、それによってすぐに、彼らの方が日本人より個性的であるとは言えないように思われる。

おそらく、自我意識のあり方がどうであれ、日本人は日本人、アメリカ人はアメリカ人なりに、個性的であることや、創造的であることは難しいのであろう。このことを教育との関連で言えば、集団の一般的傾向と異なる生き方をすることは、どこの社会でもなかなか難しいことで、教育者が、被教育者の個性的表現を許容したり、促進したりする態度をもつことがいかに難しいか、ということになるだろう。

このように考えてくると、試験の問題に対して、「正しい」答をできる限り早く見出すことを訓練することは、それが「正しい」ことであっても、個性の発展を妨害することがあるのに気づくのである。問題を解く際に、いろいろと模索し、間違ってみることのなかに、案外個性の発芽が認められるかもしれない。せっかちに正答を見つけるのではなく、そのような誤答のなかに価値を見出すことも必要である。

大学入試センター試験は、多数の受験生より選抜を能率的に行う点で有力なものであるが、この型式が高校生の普段の学習様式を決定する方向で力をふるいすぎると、生徒の個性的な生き方や考え方を阻害することになってくる。その点、各大学がその大学の個性を反映する入学試験問題や方法を探ろうと努力しはじめていることは、好ましいことである。

話を、欧米と日本との個性の問題に戻すことにしよう。おそらく、個性や創造性という点においては、両国民にそれほど差はないであろう。しかし、創造性といっても、それは自然科学の領域のみならず、芸術や宗教など文化のいろいろな領域において発揮されるものであるから、日本文化のこれまでの発展を見ても、日本人の創造性は大いに発揮されていると言うべきである。ただ、自然科学について言えば、それがそもそも西洋近代の自我の確立を基礎として発展してきたものだけに、日本人がにわかにそこで創造性を開花させるのは、まだ無理であったと言えるかもしれない。

自然科学の発展の基礎となるような近代自我を、子どものときに確立することが、日本人のなかではどんなに困難であるかは、先に示した帰国子女の例が示している。この点に注目する人は、日本人で創造性の高い人は海外に流出してゆく、と主張する。実際に、日本の「学会」というものが日本的集団構造を強くもっているときは、そのなかで若い人が自由に発言できない、あるいは、能力のある人の足をひっぱる人が多い、などの現象が生じる。

わが国では、すでに述べたように、母性原理による絶対平等感が強いので、特定の能力のある人が、たとえそれにふさわしいだけの待遇を受けていたとしても、それは「民主的でない」ということばで表現される、日本固有の論理によって反対されてしまったりする。このために、創造的な個人がのびのびと活躍する場が奪われてしまうのである。このことは、今後、日本の教育や研究のあり方を考えてゆくうえで、大いに反省しなくてはならない点であろう。

しかし、問題は簡単ではない。近代自我はそろそろ行きづまりを見せ、人間の自我意識のあり方においても、まさに転換期に来ていることを自覚させられるからである。わが国の教育が、したがって、西洋に追いつこうとして、近代自我を確立するような教育にそのあり方を変えたとしても、それはたちまち時代おくれとなってしまうであろう。近代自我を超えたあり方を、われわれは探索しなくてはならない。わが国の教育のあり方は、欧米をモデルにするわけにもゆかず、日本の従来の方法をよしとするわけにもゆかず、「個性」を見出してゆくのには、いったいどのようにすべきか、強いジレンマに悩まされるのである。

自然科学の分野において考えても、これまでの自然科学のあり方を超える方向を見出すことが課題となってくると考えられ、そうなると、西洋的な自我のあり方のみならず、東洋的な意識も意味をもってくるのである。ひとつの例をあげると、今西錦司氏をはじめとするわが国の霊長類研究グループの仕事は、その点で、日本人のよさを見事に生かしている研究であると考えられる(拙著『宗教と科学の接点』岩波書店、参照。本著作集第十一巻所収)。

このグループの特徴を、ある人が冗談まじりに、「人情紙より薄く、団結鉄より固し」と言ったことがある。確かにこのグループの団結力は強く、その信頼感の上に立って、グループによる研究活動が成果をあげたのであるが、「人情紙より薄く」と表現されているのは、グループの成員が、今西錦司氏というリーダーも含めて、お互いの批判を情け容赦なく行うことを指している。これは私的なグループ内だけのことではなく、活字によって公的に表現するときでも、まったく遠慮することなく正面から論戦している。このことは、このグループの活力のひとつの源泉であり、これが、一般の日本的母性集団と異なるところである。

自分たちの集団がよい集団であることを示すために、「家族的」という表現が使われることがよくある。ある学級は全員が家族のようである、などと言う。これは全員の親しさを表わすためのことばと思うが、「家族的」ということによって、集団の成員が自分の本当に言いたいことを圧殺していることを意味するなら、それは大きい問題である。「家族的集団」であることを、そのリーダー格の人が誇りとしているとき、メンバーの多くが表現の不自由さを不満に感じていることは、わが国ではよく生じているのではなかろうか。

この点、今西グループが「人情紙より薄し」という場合、前に述べたような意味における日本的集団の欠点を克服していることを示している。しかし、このことはグループのメンバーがすべて西洋的であることを意味していない。その方法論についてみると、ここには詳しく述べないが、むしろ、日本人の特性を生かして、その研究が行われていると言っていいだろう。このように、単純にグループの特色を日本的、西洋的などとは言えず、したがって、先に紹介したような冗談まじりの表現が生じてくるような、一筋縄でとらえられない特性をもち、そのダイナミズムが創造活動の源泉ともなっているのである。

単純なモデルや模範を示して、それによって教育を行えるような時代は去りつつあると思われる。ここに現在の教育の困難さがある。あるひとつの原理やイデオロギーによって裁断するなら、現在の教育のあり方を、はっきりと判定したり、非難したりできるであろう。しかし、そのような立場にしても、他の立場からすれば批判の対象となろう。そのときに、自分の立場は「科学的であるから」絶対に正しいなどということは、すでに時代遅れである。常に唯一の真理があるという単純な確信を棄て去らねばならない。

考える道徳

このような点にうすうす気づいている人は、教育に対してニヒリスティックになったり、自信を喪失したりする。このことが教育の現場においてもっとも端的に出ているのが、道徳教育である。きまりきった唯一の道徳などは存在しないとか、道徳を押しつけても仕方がないなどと考える人は、どうしても道徳教育に不熱心になったり、否定的になったりする。しかし、果してそれでいいのだろうか。その一方で教師たちが道徳教育を怠けるので、現代の「頽廃」が生じると考え、道徳教育を復活せよなどと主張する人は、多くの場合、古い体制の維持のみを考えている人であり、その体制内であぐらをかいてすごしている人である。

そのような道徳ではなく、人間いかに生きるべきかを考えるための道徳は、現在においても――というより、現在においてこそ――必要である。しかし、絶対的規範がはっきりしないとすれば、道徳をどのように教えればいいのだろうか。

この点について、ある高校の先生から次のような参考になる話を聞いた。この先生は、帰国子女の問題について私が論じているのを読んで、すでに紹介した帰国子女に関する書物のことを知り、そのなかの例を読みあげてクラス内で討論をさせた。すると高校生たちは、自分と同年輩の生徒の生《なま》の体験を聞かされるので、非常によく理解し、自分たちは十分に西洋化されていると思っているのに、そうでもなかったことに気づき、その驚きを表明したり、「誰でも自分の意見を述べる権利がある」ことなど当然と思っていたが、自分だって知らず知らずそれを妨害する行為をしているのだと気づいたり、実に活発な討論になったという。

この際、単純に帰国子女が正しいか、日本の子どもが正しいかなどという議論ではなく、当然のことのように思っていた自分たちの生き方が、少し異なる観点からは、まったく違って見えること、「自分の意見を述べる権利」などのように、自分ではよくわかっているつもりだったことが、本当にわかっていたのだろうかと反省すること、これらのなかで、何をなすべきかを自ら考える力を身につけることが大切であり、そのような授業こそ、道徳の授業と言えるのではなかろうか。

たとえば「誰にも自分の意見を述べる権利があります」、「はい、わかりました」ということで終わってしまうのではなく、このようなことでも本当に実行するとなると大変なのだ、そして、自分自身も容易に他人の意見を圧殺する側にまわるかもしれないと自覚すること、などが実感としてわかることが大切なのである。

道徳の授業においては、単にきまりきったことを学ぶのではなく、そこで自ら悩み自ら考える、ということが課題となる。そこで、一人ひとりの子どもは異なった意見を述べるかもしれない。それらについてまた考えを深めることが必要になる。このような授業をするためには、教師も常に新しいことを考えてゆかねばならない。つまり、教育の場が、教師にとっても生徒にとっても創造活動の場となってくるのである。

創造活動の意義

道徳のように、いろいろと考えて多様な道を探求するのではなく、たとえば漢字を教えるとか、算数の計算などのように、答が明確にきまっているときも、創造的な教育ができるだろうか。答がきまりきっている場合の例として、映画監督の羽仁進さんが興味深い体験談を述べている(羽仁進『2たす2は4じゃない』筑摩書房)。

幼稚園の入園のテストを羽仁進さんが受験したときの思い出話であるが、そのとき、面接する人が大きいキューピーと小さいキューピーを出して、どう違うのかと質問した。答は片方が大きい(小さい)と言えばいいのだが、羽仁さんは、大人がわざわざ聞くのだから何か深いわけがあるのだろうと考える。結局は外見は同じでも内部に差があるのだろうと考え、キューピーを解体しないと差がわからないと答える。このような調子で、知能検査の結果、結局、羽仁さんは知恵おくれと判定され、幼稚園に入園できなくなるのである。

「きまった答」があるとき、子どもの答を正誤だけで判定していては、非常に大切なものを見おとすことになる。誤りの答のなかに、羽仁さんの例が示すように、多様な面白さが隠されている。そこに目をつけてゆくと、答がきまりきっていることを教える際にも、創造的な教育活動ができるであろう。

生徒の個性を伸ばし、創造的な教育を行うためには、クラスの生徒数が少ない方がいいことは、誰も認めるところであろう。他の先進国と比較して、日本は一クラスの生徒数が多すぎる。最近は以前より少しよくなって、一クラス四十名となっているが、これはもっと少なくして、せめて、一クラス三十名にはすべきである。これから子どもの数が減少する傾向にあるので、この好機をとらえてぜひ実行してほしい。それにマンモス小学校や中学校も、もっと分割すべきである。校長が全校生徒の名前を覚えられるくらいが理想である。最大限で全校生五百名くらいだろう。それ以上になると、校長は管理者としてのみ存在することになる。これでは本当の教育活動はできるはずがない。

個性を伸ばす、創造活動をする、という場合、危険性が生じてくることも考慮すべきである。たとえば修学旅行といっても、できる限り教師の監督しやすいということに重点をおくか、できるだけ生徒の自由を尊重するか、というとき、後者を大切にすると、ある程度の危険性が生じてくるのも当然である。

危険なことがおきても仕方がないという態度ではもちろん困るけれども、教師ができる限り生徒の個性を伸ばす方向へと努力していて、そこにもし事故などが生じたとき、教育行政の任にある人は、その教師をできるだけ守り、また一般に対しても理解のいく説明をしなくてはならない。ところが、どうしても行政の任に当たるものは、危険性を最小限に食いとめることに気を使いすぎて、そのための管理を強化していないだろうか。教育行政は、教育が創造活動であるように、できるだけそれを守る努力をするべきであるのに、創造活動を阻害する方向の努力をしていないか、大いに反省する必要がある。

創造活動というのは、おきまりのことを許さないという意味で、何かにつけてコストのかかることである。しかし、将来のことを考えると、何と言っても教育にコストをかけることは必要なことではなかろうか。文化遺産として多くの「もの」を残すことも大切だが、何と言っても「人」が大切である。このことを考えて、経済大国というのなら、それにふさわしい予算を教育のために使うことを、もっと真剣に考えるべきである。

3 「女性の目」、「男性の目」

教育現場において

幼児教育の問題について、臨床心理学の立場から考えてみたい。幼稚園において、あるいは、保育園において、教師や保母が幼児に接する場合について、具体例をあげて考えてみよう。実際の教育現場においては、日々いろいろな問題が生じるものである。

たとえば、現場においてよく問題となる緘黙症《かんもくしょう》の例について考えてみよう。子どもたちがはじめて入園してきたとき、必ずと言っていいくらい、一言ものを言わない子どもが二、三人はいるものである。しかし、それほど焦らずにゆったりと接していると、子どもも園になれるに従って、口を開きはじめる。それで、最初のうちは誰もそれほど心配しないものだが、二、三か月たっても何も言わないとなると、教師の方でも心配になってくる。家庭に連絡すると、家ではよく話をしているのに不思議だと言う。一般に緘黙症といっても、場面緘黙が多く、家庭では話をしていても、家庭外ではまったく口を開かないとか、幼稚園などでは、ものを言わないということになる。

ここで、先生がこの子のことをもっと「科学的」に知りたいと思い、何かのテストを施行した場合を考えてみよう。口がきけなくても、動作性のテストならできる。そこで発達検査をしてみると、意外に結果は低く、発達指数が六〇そこそこという値が出た。先生はこの数字を見て、がっかりしてしまった。単に緘黙ということだけではなく、発達遅滞が重なっている。そこで先生は、この子に無理強いをせずに少し様子をみることにした。ものを言わない子に皆の前で無理にものを言わせようとして、心を傷つけてはいけない。そこで、子どもたちに順番に何かを言わせるときも、この子をとばして当てないことにした。

先生は子どもをうまく取り扱うためには、子どもをよく観察することが大切だということを知っていた。だから、遊び時間などには、特にこのものを言わない子の行動を観察することにした。そうすると、この子は皆からはずれて、ボーッとして一人でいることが多いこともわかってきた。このように仲間とつき合う力もなく、発達の遅れもあるとすると、おそらく、この一年間のうちに口を開くことはあるまい、と予想された。そして、その子は、事実、先生の予想どおり一言ものを言わないままに、年長組にはいることになった。

客観的観察の問題点

自然科学は、自然現象を観察することからはじまった。自然現象をよく観察していると、そこに一定の法則があることがわかり、ある原因からは、その法則に従って一定の結果が生じることが明らかになってきた。ある物体に対して力を加えるとき、その物体がどのような状況のなかで運動するか、たとえば、空気のなかをとんでゆくということがわかっていると、その物体の運動を確実に予測することができる。このようにして、物理学の体系ができあがってきたのであるが、問題はそのような考えが、そのまま人間にあてはまるだろうか、ということである。

先に示した例について考えてみよう。先生は子どもをよく観察し、テストまでやってみた。その結果、仲間との交友はきわめて困難であるし、発達遅滞ということも明らかになった。先生はそのような条件から判断して、これは一年以内に話をしないだろうと予想し、しかも、一年後には先生の判断の正しかったことは立証された。これがもし、対象が「物」であるならば、先生の態度は正しかったと言える。しかし、ここでわれわれが、対象が生きた人間であり、それに対して先生も生きた人間であることを思い起こすならば、これは簡単に正しいと言い切れぬことであることがわかるであろう。

それはなぜか。一番大切なことは、先生自身の態度や「判断」そのものが、その後の子どもの行動に影響を与えている、ということなのである。先生が「観察」しようとするとき、先生のあまりにも客観的で冷たい目を感じとった子どもは、もっと自由に動きたくとも、身がすくむ思いがして動けなくなったのではなかろうか。あるいは、発達テストにしても、先生のあまりに厳しい態度に押されてしまって、この子は平素の力を十分に出せなかったのではなかろうか。そして、先生がこの子に無理強いをしないと決めたことは悪いことでなかったにしろ、結局のところ、それは先生がこの子を放棄してしまったことになり、先生が自分を「見棄てた」と、この子が感じたとしたら、その後の結果がよくなかったのも当然である。

つまり、先生は「科学的」に予測を下し、それは正しかったと思っているが、その「科学的」ということを疑ってみる必要があるのではなかろうか。

創造過程としての子ども

物を対象とする場合と、人間を対象とする場合は異なると述べた。どのようにそれは異なるのか。まず第一に、対象が一定不変ではなく、子ども自身が創造の過程そのものである、ということである。まず、この子にテストをするにしても、臨床心理の専門家ならもう少し慎重にするであろう。園にも慣れていないときに先生が直接にテストをすることが、今後に悪い影響を与えないかどうかについて考えてみることだろう。これはテストは「常に」悪いと言っているのではない。

事実、緘黙症の子がテストのときにはじめて口を開いた例を、私は知っている。しかし、そのときは、先生がこの子を調べてやろうという態度ではなく、何か手がかりがつかめないだろうか、少しでもよいことを発見できないだろうか、という態度でされたときであった。このようなときは、そのような先生の態度に支えられ、そして発達テストという課題が与えられたため、その子は思いきって発言できたのだ。

あるいは、動作性のテストをしても、その結果として出てきた指数のみに頼るのではなく、その子がどのような態度でテストに臨んだのか、あるいは、テスト中に特に関心をもったことはなかったか、などについてよく知ることが必要である。確かに観察は常に必要である。しかし、その観察の目が冷たいものであってはならないのだ。

子どもは創造過程そのものだ。大人が子どもに対する期待をもち、むやみな干渉を行わないかぎり創造過程が進行する。このことの例として、ある先生から聞いた緘黙症の子どもの感動的な話を、すでに発表したことだが、述べてみよう(拙著『子どもの宇宙』岩波書店。本著作集第六巻所収)。

緘黙の子を先生がよく「観察」しているうちに、先生はその子が小動物を好きなことがわかった。暖かい観察の目は、何らかの創造の芽も見逃さないものである。先生は園のなかに水槽を入れ、いろいろな魚などを飼い、特に一匹の小亀の飼育をその子の担当にした。先生がこの子に無理強いをしてものを言わせようとしなかったことは、先の例と同じである。しかし、この先生は子どもを見棄てていない、この子にできる仕事を見出しているのだ。

子どもは小亀を大切にした。先生の気持が他の子どもたちにも感得されたのであろう。皆はこの亀を園のマスコットのように扱った。ところが、ある日、亀がいなくなってしまった。先生も子どもも園をあげての探索がなされた。しかし、とうとう亀は出て来なかった。そのとき、その子は先生に抱きついて泣きながら、「私の亀いなくなってしまった」と大声で叫んだ。先生も子どもたちもともに悲しんだが、これが、この子が皆と話をするきっかけとなったのである。

これは誰も予測しないことであった。創造的過程には常に予測しがたいことが生じる。そして、それはそれを生かすような状態が準備されているときにのみ創造的となる。この場合でも、先生をはじめ他の園児の暖かい支えがなかったとしたら、亀の消え失せたことは、むしろ悲劇を生んだことであろう。もうひとつ蛇足ながら、この場合に亀を失った悲しみがあったように、創造過程には何かの獲得とともに、何かの喪失や断念の悲しみがつきまとうようにも思われる。

それはともかく、ここに強調したいのは、子どもに対するわれわれ自身が生きているものとして、われわれの態度そのものがその後の現象に影響を与え、われわれ自身が現象のなかに組み込まれてしまう、という事実である。この際、このことを体験された先生自身も、自分が教師として成長したことを感じられたのではなかろうか。創造過程は相互的に生じるものなのである。

子どもを暖かい目で見るといっても、ただ、子どもの成長を信じて努力するだけでは、うまくゆかないときがあることもつけ加えておかねばならない。たとえば、緘黙の子にものを言わせようと無理強いして、かえって状態を悪くしてしまうこともある。先生が、この子は小動物が好きだ、と気づくところ、適切な時が自然に来るまで待ったところ、などは先生の的確な観察力や判断力が役に立っているのである。熱意とか愛情などといっても、それがただむやみに示されるときは、かえって害を与えることを、われわれは多くの経験から知っている。

「女性の目」、「男性の目」

すでにあげた例によって、子どもの創造過程などといって喜んでいるとき、「そんなのは単なる偶然だ」と言われたとしたら、どうすればいいだろうか。あるいは、そのときは亀を飼って成功しただけであって、緘黙の子に対しては、いつも亀を飼うと成功するわけではないのだから、そんなのを聞いても何の参考にもならないと言われたとしたら、われわれはどう返答すればいいのだろうか。これはきわめて大切な問題である。特にわれわれが新しい幼児教育学や保育学について考えようとするかぎり、なおさらのことである。

せっかくすばらしいことがあっても、それが偶然のことだと言われると困るのは、そこからわれわれは何らかの普遍的な知識を見出したいと思うからである。何らかの普遍性をもっていないかぎり、それは「学」としての体系をつくることにならない。普遍性をもつようにするためには、そこに語られることばも何らかの一般性をもち、かつ、明確なものでなくてはならない。

物理学を例にとるとわかりやすいが、そこに用いられる用語や概念は明確に定義されているし、概念間の関係を明らかにする法則も普遍性をもっている。このような学問体系をつくりあげてゆくためには、自分と対象とを切り離し、対象を客観的に見る態度を身につけていなくてはならない。

しかしながら、前に述べたように、子どもを創造過程にあるものとして見る見方は、ここに述べた態度とは両立しがたいものではないだろうか。たとえば、緘黙症の子に対して、普遍的に通じる「よい方法」を、われわれは語れるだろうか。それは、そもそもそれとかかわる教師の人格によっても、異なってくるようなものではなかろうか。ある教師は叱って成功するかもしれないが、ある教師は、むしろ優しく接して成功するかもしれない。
第一、対象を自分から切り離したような見方をすれば、そのこと自体が子どもの行動に影響すると述べた。自分自身も「現象のなかに入れこむ」とさえ述べたが、そんなことで客観的事実がわかるのだろうか。しかし、すでに明らかにしたように、そのような態度をもってこそ、本当に子どもに対する援助や教育ができたのではないだろうか。

そこで、私は思いきった表現で、現象を見る目に、「男性の目」と「女性の目」とがある、と考えてみたい。ここに、あえて「男性」、「女性」という表現を用いたのは、これまでの人間の精神史を考えてみると、やはり、男性がより得意としたものの見方と、女性が得意としたものの見方とがある、と考えるためである。したがって、個々の男性や女性をとって考えてみると、必ずしもどちらが得意かは一義的に言えないと考える。

「男性の目」は対象を自分と切り離し、客観的に見る。それは全体よりも、ある部分を切り取り、その部分を明確に認識する。「女性の目」は、自他の未分化な状態のまま、主観の世界を尊重しつつ、ものを見る。それは明確さを犠牲にしても全体を把握しようとする。実のところ、われわれは現象を見る際に、この両方の目を必要とするのであろう。しかし、いわゆる自然科学は、この「男性の目」の方を強調することによって成立してきたことは否めない。そして、それは普遍的な知識を供給してくれるものとして、きわめて有力なものであった。

人間が人間に対するときは、すでに示したように、「女性の目」を必要とする。「女性の目」で見たとき、それは自と他とのかかわりを含むものとなるので、いったい自分がこの子に何ができるのか、この際に何をするべきかがわかりやすい。しかし、それはその時にその人にとって真であるとしても、普遍的に真なこととして語りにくいものである。したがって、「男性の目」が優先しやすい領域においては学問体系がつくりやすく、「女性の目」をより必要とする領域においては、学問の構築がおそくなったと言えるのではなかろうか。そして、幼児教育とか、保育学などという学問こそ、まさに後者に属していると言うべきだと思われる。

保育学だけではない、看護学もそうではないだろうか。そして、保育や看護などが、今まで女性優位の仕事と思われてきたことと、この事実は無関係ではないだろう。保育や看護においては、その実務は女性の仕事とされてきた。しかし、その「学」はどうであったか。これまでの実状を端的に述べると、それは「女性の目」によって見られたことの体系化ではなく、「男性の目」によって見た学問を何とか借りてきて、「借りものの学」によって間に合わせをしてきたと言えるのではなかろうか。

このように述べている私の専攻する臨床心理学も、「女性の目」を相当に必要とする学問であると考えられる。したがって、それの始まりは精神医学という、比較的「男性の目」を優位とする学問を借りて来なければならなかった。あるいは、「男性の目」を優位とする心理学を借りて来る必要があった。

これら「借りものの学」によって成立している領域は、何らかの、本家の「下に属する」ような感をもって眺められたことも事実である。保育学は、それ自体の存在を確立することなく、「男性の目」で見た心理学、教育学、医学などに依存することになっていなかったであろうか。

新しい保育学

すでに述べたことを繰り返すが、ここに言う「男性の目」、「女性の目」ということは象徴的なものであり、「男性の目」をもった女性や、「女性の目」をもった男性がいても不都合はない。しかし、一般論として言えば、「男性の目」の優位性は男性の優位と結びつくことが多く、「学問」の世界において、これまで男性が優位を保ってきたことと無関係ではないだろう。

そうはいうものの、現代におけるわれわれの課題は、「借りものの学」としてではなく、保育学や看護学など「女性の目」の優位を必要とする領域において、それ自体のための学問を築くことであると思われる。やや刺戟的な表現を用いるならば、他の学問の「植民地」としての立場に甘んずるのではなく、自分たち独自の立場を明確にし、独立をすることが必要なのである。

しかし、それはあくまで「女性の目」を主体とするのであるから、男性たちの独立戦争のように勇ましいものとはならないであろう。それは常に全体を配慮したものとして、他とのつながりを切ることなく、独立をはかるというむずかしいことを目指すことになろう。もっと具体的に言えば、新しい保育学を確立するのだからといって、今まで世話になっていた、教育学、心理学、医学などの学問を放り出すのではなく、あくまでそれらを大切にしつつ、これまでと異なる視点がそこに生かされたり、それらをのみ大切にする態度から自由になって、新しい知見をそこに導入することを積極的に行うことになるだろう。

もう少し具体的に考えてみよう。子どもの知能指数や発達指数などという考えは、多分に「男性の目」を通じて見たものである。それはある程度の普遍性をもつものとして、役立つものである。しかし、すでに例をあげて説明したように、われわれが個々の子どもに対応するとき、その子の知能指数を見るときに、われわれは「女性の目」を必要とする。つまり、知能指数だけを切り離してしまって、それによってのみその子を評価したり、その子の行動予測をたてたりしないことが大切である。

その子の全存在のなかで、その知能指数をどう位置づけるのか、そのような知能指数をもった子を、クラス全体のなかで、あるいは自分とのかかわりのなかで、どう位置づけるのか。そして、それを一定不変の確定値として見るのではなく、将来には何らかの変化の可能性も含んだものとして見ることも必要となってくる。このような態度をもったときにはじめて、それは実際場面に生かされる知識となるだろう。

次に大切なことは、たとえば、先に述べた緘黙児のような例に接したとき、だから緘黙児に対しては生き物を飼ってやるとよい、というような一般化を行わないことである。これは「女性の目」で現象を見つつ、男性的一般化を急いだ誤りとでも言うべきであろう。学問に「女性の目」をもちこむことを嫌う人が多いのは、このような誤った結論がしばしば下されるからであろう。

われわれが現象を始終「男性の目」で見て、そこに一般化を行うときは誤りが生じない。しかし「女性の目」で見たことを一般化しようとするときは、細心な注意が必要である。普遍から普遍に至る道はわかりやすい。しかし、個より普遍に至る道を探そうとするとき――それこそが新しい保育学には必要なのだが――よほどの注意が必要なのである。

先の例において、亀が逃げたことは偶然であった。「男性の目」は偶然を排除することによって一般化を行う。しかし、実際は、教育の現場においては、偶然を排除するのではなく、偶然を生かすことによって成功することが多いのではなかろうか。われわれは偶然に対して、常に開かれた態度をもっていてこそ、偶然を生かすことができるのである。われわれは、偶然を予測することはできないし、偶然から急激な一般化をすることはできない。しかし、どのような態度が偶然を生かし、創造過程につないでゆくか、ということは一般化して述べることができる。また、個々の例は、あくまで個別的であるが、そのひとつひとつの例が、多くの人の心にひき起こす感動と、その感動がその人に与える影響などについては一般化することができる。そして、個々の事例について、それがどの程度の影響力をもつか、どのような記述の方法が影響力を大とするか、などについても一般化することは可能である。

このように考えてくると、今まで培われた「男性の目」を否定することなく、そこに「女性の目」もともに用いることによって、新しい保育学が築かれるのではないかと思う。そのためには、女性がその能力を十分に発揮して、新しい学の建設のために参加することが期待されるのである。

第三章　教える側、教わる側

1　幼児の成長と教師の役割

幼児の教育とは何か

「生涯教育」ということが強調されるようになってきたが、まさに教育は人間の一生と切り離せないものである。幼児期においても、教育はもちろん大切である。しかし、その本質はどのようなものであるかについて考えてみることが必要であり、それを把握してこそ、幼児教育における教師の役割について考えられるのである。

すでに述べたように、教育を考えるときに、「育てる」、「育つ」という面から考えることが大切である。小学校以前に存在する「幼稚園」を考えると、教育における「育」の重要性をますます痛感させられるのではなかろうか。小学校に行くと、子どもたちには、算数や国語などいろいろなことが教えられる。しかし、それが可能になるには、子どもたちがそれらをしっかりと吸収できるような状態にまで「育っている」ことが必要である。

最近は後で述べるような反省が生じてきて改善されたが、ひところ、スポーツ界で問題になったことに、中学、高校の選手を「強く」しようとしすぎて、その能力をつぶしてしまうということがあった。たとえば、野球の投手に早くから無理な変化球を投げさせると、確かに高校時代は強い投手ということで喜んでいられるが、その後で無理がたたってきて、他の人たちがどんどん強くなってゆくときに、むしろ駄目になってしまうというのである。つまり、選手に多くを「教えこみ」すぎて「育てる」ことを忘れるために、その才能までつぶしてしまったわけである。最近はこのような点が反省され、よい選手を「育てる」ための条件がよく考えられている。

幼児の場合もこれと同じことが言える。幼児も無理をすれば、相当なことができる。しかし、それは後になって、その子の成長の妨害となることさえある。

私は心の悩みをもった人たちの相談をしているが、思春期になって大きい問題をかかえている子どもたちを連れてきた親が、「この子は小さい頃は何でもできる、よい子だったのです」と、その子の「よい子」ぶりを強調されるのを聞くと、胸が痛む思いがする。親は「よい子」をつくりたくて、たくさんのことを教えこんだのだろうが、そのためにその子は、大変な苦悩をかかえこまされ、成長の過程が歪まされてしまったのである。その子自身に自ら育ってゆく力のあることを忘れ、その力を奪うようなことをしてきてしまったのである。

教育における「育」の重要性を教育に関係するすべての人がもう一度考え直すべきである、と思っているが、幼児の教育においては特にそれが大切であると言えるだろう。ところが、いざ実際になると、これがなかなか難しいのである。

「教える」ことになると、教材をどうするか、計画をどのように立てるかなどと考えることもすることもたくさんある。しかし、「育てる」となるとどうするのか。ましてや、子どもが自分で「育つ」などと言い出したら、教師など不要ではないか。子どもが勝手に育つのなら、放っておけばいいのではなかろうか。ところがそうとはいえないのである。「育」のために教師は何をなすべきかを、次に考えてみることにしよう。

遊びの意義

「よい子」だった子が後で苦労することを先に述べたが、そのような子がどのようにして自分の力を回復するかについて、例をあげて考えてみよう。たとえば、私がずっと以前に経験した例に次のようなことがあった。

小学校四年生のA君は優等生だったが、小さいことが気になってなかなか勉強できなくなった。字も少し書きまちがうと、ノートを破って書き直す。宿題を終わっても他にもあったような気がして母親に頼み、何度も先生に電話をして確かめる。何かというと汚ないと言って手を長い間洗っている。すべてがこのような調子で、困り果てて母親がA君を連れて相談に来られた。

それではA君に対して何をすればいいのか。一番効果的な方法は「遊び」である。私はA君と遊ぶことにする。といっても、一番大切なことは時間と場所の制限以外は、まったく自由にすることである。「何をしてもいいよ」と言うと、A君はぽかんとしている。それまでは親か先生か、ともかく大人の言うとおりのことをして「よい子」だとほめられていた子だから、急に「何をしてもいい」と言われても彼はびっくりしてしまって何もできないのである。

しかし、しばらくするとA君は動きはじめる。何かの玩具に触れたり押したり、そして何かが倒れて「ガタン」と音をたてると反射的に私の顔を見る。そのときに、これは何をしても大丈夫らしいぞと感じると、A君の行動が少し大胆になってくる。最初の一時間はこのようなことで終わるが、毎週通ってくるうちに彼はだんだんと元気になり、小学四年生らしい活発さがでてくる。そして、私に対してドッジボールの勝負をいどみ、ボールを力いっぱい投げつけてくるようにさえなる。もちろん、こちらも頑張るので、汗まみれの戦いになる。

詳しい経過については省略するが、このようにしてA君は問題を乗り越えてゆくことができた。子どもたちの変化があまりに著しいので、親御さんが「いったい、先生はこの子に何を言い聞かせて下さったのですか」と言われることがある。われわれは何も「教え」てなどいない。ただ遊んだだけである。それほど「遊び」というものは、すばらしいのである。

「遊び」の重要性については、すでに第一章に述べた。その「遊び」に「勉強」が混じったり、「仕事」がはいってきたりするところが、子どもの遊びのいいところなのであるが、遊びの本来のよさである自由な表現というところを忘れてしまって、大人が子どもに遊びという「勉強」を押しつけてくると、遊びの大切さは壊れてしまう。大人たちはどうしても「教える」ことが好きで、遊びのなかでさえ何か教えることを持ち込んできたがるのである。

関心をもって見守る

遊びが大切だからといっても、たとえば先ほどのA君に対して、「どこへでも行って好きなように遊んでいなさい」と放っておいても、よくはならないのである。そこに私がいるということは、思いのほかに重要なのである。自分の行為に関心をもって見守ってくれる人が存在することによって、その子どもに潜んでいた可能性が動きはじめるのである。

自由ということを誤解する人は、子どもを放任しておくとよいと思っている。しかし、それでは駄目である。子どもの傍にいて、関心をもって見守ってくれる人がいることが、子どもの自己実現の力が表出されてくるための要件なのである。「関心をもって見守る」ことは、簡単なようで難しいことである。

子どもが何をしようと勝手と決めこんでいると楽であろう。ところが、関心をもって見ているとつい「手出し」をしたくなってくる。あるいは「教え」たくなってくる。

たとえば、砂を掘っている子がいるとする。すると、「手で掘らずにスコップを使ったら」と言ってみたり、「砂をまき散らすと、まわりの人が困るよ」と言いたくなってくる。そのときに、手出しをせずに見守っているのは、案外むずかしい。しかし、よく見ていると、子どもが砂を掘るだけではなく、その手ざわりの感触を楽しんでいることがわかってきたり、家で極端に清潔にされている子が、砂で手がよごれることを喜んでいたりすることもわかってくる。

あるいは、砂をとばして周囲の子にかけたので、「アレッ」と思っていると、砂をかけられた子が怒らずに寄ってきて穴掘りを手伝ったりすることもある。砂がかかって、けんかになるが、けんかを機会に子どもたちが仲よしになることもある。

手出しをせずに子どもたちを見守っていると、「うーん」と感心させられるようなことが起こったり、まったく思いがけないことに発展して、子どもってすごいもんだな、と感心させられたりする。子どもは大人が普通に思っているより、はるかに子ども同士でものごとを解決する力をもっているものである。

「見守る」ことがいいと言っても、次のような場合はどうだろう。今までおとなしいと思っていた子が木に登りはじめる。元気になったのはいいとして、この子が落ちてけがをすると、教師の管理責任を問われることになる。どうするか、などと考える前に「やめなさい!」と、とめてしまう人も多いのではなかろうか。

そのようなときに、せっかく今まで元気のなかった子が「腕だめし」をはじめたのだから、もう少しやらせてみよう。少しぐらいのけがなら大丈夫だろうとか、ともかく近くにいて、あまりに危険なときには止めよう、とか判断しなくてはならない。また、子どもの行為があまりに危険なときはすぐに中止させる必要がある。

このようなときに全体的状況を見て決断する力を、教師は養っていなくてはならない。先の木登りの例からもわかるとおり、子どもの自主性、個性を育てようと思うかぎり、ある程度の危険は避けられない。本当に価値あることで危険性がないことなど、世の中にはあまりないのである。教師の「危険に対する許容度」が高いと、子どもは案外事故を起こさないものである。逆に、何でもかでも「やめなさい」、「危ないよ」などと連発する教師のもとでは、子どもがよく事故を起こすものである。一般的に言って、子どもの自由をきつく制限したがる教師は、自分自身に不安の高い人が多い。したがって何に対しても、「危ない」と感じてしまうのだが、そのような態度が子どもを刺戟して、かえって不安定さを強くしてしまい、事故が増えるのである。

このように考えると、教師は外から見ると何もしていないように見えながら、心のなかでは大いに仕事をしていることがわかるのである。あっちへ行っては「やめなさい」と言い、こっちへ行っては「こんなふうにしてはどう」と教え、大活躍をしているように見える先生は、「専門家」とは言えない。「あの子、あれで大丈夫かな」、「けんかをしているけれど、もう少し子どもたちにまかせてみよう」などと心の中が大車輪で動いていても、落ちついてそこにただいいるだけというのが、理想の教師と言えるのではなかろうか。

楽しさを見出す

以上のようなことを読んで、そんな悠長なことはできたものではないと思う人も多いことだろう。あるいは、毎日毎日が子どもにふりまわされて、多忙でふらふらになっているのが実状だと言われる方もあるだろう。私も、前に述べたことはひとつの理想像として提出したのであって、それがそのまま簡単に実行できるとは思っていない。しかし、熱心に子どもに忠告したり教えたりする先生が、必ずしもよい教師とはかぎらないと知るだけでも、意義あることと思っている。

教師として大切なことのひとつは、自分の仕事に楽しさを見出すことである。自分が楽しくもないのに、子どもに「のびのびと」などと言っても無理なのではなかろうか。仕事を楽しくするためには、子どもたちをよくみること、それも暖かい目、長い目でみることである。子どもたちに対して、前に述べたようにすぐ手出しをするのではなく、暖かい目で見ていると、子どもたちが実に面白いことをしてくれることに気づくだろう。そして、それぞれの子どもがどれほど輝いた顔をしているかにも気がつくに違いない。

子どもを「長い目」でみるとは、判断をすぐに下さずに少し待っていることである。先生が校庭に出かけてゆくと、いつもは一人で片隅で遊んでいる子が、先生の手をそっと握りにくる。「先生にくっついてなどいないで、さあ元気に皆と遊びなさい」とすぐに言うのではなく、こんなときはしばらくそのままにしておくのである。すると、その子は先生をそっと引っ張るのでそれに従って行く。砂場の方にゆく。別に何ということはない。またて子どもが先生を引っ張る。何だか引き廻されているようだな、と思いつつもそのままにしていると、鉄棒のところに行き、ほかの子どもが鉄棒にぶらさがっているのをしばらく見ていたが、ふと先生の手を離すと自分もそのなかにはいり込んで行った。

鉄棒にぶら下がっているその子の嬉しそうな顔を見ると、先生の方も嬉しくなってくるが、そこではじめて、その子が今までの一人遊びをやめて、仲間のなかにはいってゆくときに、先生とのつながりを土台としてとびこんでゆこうとしたことがわかるのである。

「長い目」というとき、それは一年を通じての長い目ということもある。変化の早い子もあれば遅い子もある。

教師は焦っては駄目である。

私は子どもを育てる、というときに「植物」をイメージする。太陽の熱と土とがあれば、植物はゆっくりと成長してゆく。子どもを「機械」のように考えて、「こうすればこうなる」と、教師がそれをコントロールしようとすると、思いのままにならないことが出てきていやになるのではなかろうか。植物の成長を楽しんで見るような態度を身につけると、楽しみが増えてくるように思われる。

こんなことを書いて、幼児教育は楽しいことばかりなどと私は思っているわけではない。どんな楽しいことでも、それが深いものであればあるだけ、苦しみによって裏打ちされているものである。苦しまずに楽しみを得ようとする人は、ものをすべてタダで得ようとするようなものである。

作家の遠藤周作氏は、小説を書くというのは、「くるたのしい」仕事ですと言われた。苦しみと楽しさがともにあるところに、その味の深さがある。幼児教育も本気にやるかぎり、「くるたのしい」のではなかろうか。

育てることの難しさ

子どもを育てる、子どもが育つ、ということを教育の中心に据えることは実に難しいことである。それはなぜだろうか。その要因のひとつは、教師は「教える」側にまわっているかぎり、楽であり、安全でもあるからだ。「これをしては駄目」、「もうちょっとこのようにしては」と子どものなかを走りまわっている先生の方が、いかにも先生らしく見えるのではなかろうか。熱心な先生だと言われるかもしれない。

これに対して、私が理想としてあげたような、「子どもが育つ」場を提供する教師は、極端な場合は「何もせずに怠けている」とさえ思われないだろうか。こんなところもあって、教師の「教えたがり根性」はなかなか治らないのである。

ある幼稚園の先生が、絵本をめくって見せながら、その本を読んできかせると、子どもたちが大変喜んだ。テレビのアニメがある時代に、そんな古くさい紙芝居のようなことをしてと思う人もあろうが、実際にやってみられるとわかるが、子どもたちはこれを予想外に喜ぶのである。機械と人との関係ではなく、生きた人間と人間の関係がそこに生じるから、すばらしいのである。先生は絵本を読みながら子どもたちの顔を見て感激してしまった。子どもたちの目が輝いているのである。

あまりにすばらしい体験だったので、先生は保護者が園にやってきたときに、この絵本読みをすることにした。先生は心中いささか得意であった。子どもたちのあの目の輝きを親に見てほしいと思った。ところが話がまさにクライマックスに達しようとしたとき、ある子が「オシッコ」と叫んだ。先生はかまわずに続けようとしたが、その子はいつも落ち着きのない子で、もう立ちあがってしまい、その場でオシッコをしそうな様子である。先生は仕方なくその子をトイレに連れてゆき、帰ってくると、子どもたちはワイワイガヤガヤとやっていて、絵本の続きどころではない。何だか先生の面目は丸つぶれのようになってしまった。

この話をして下さったその先生は、ともかく「オシッコ」と叫んだ子にはじめは腹が立って仕方がなかったと言われた。しかし考えているうちに、ふと次のようなことに気がついた。

先生はその日、お母さんたちに対して、自分の「絵本読み」がどんなにすばらしいかを見せようとして、やや得意になっていたため、それだけ子どもたちとの心の交流の度合いが薄くなっていた。そんなときにそれに一番早く気づく子は、いわゆる不安定な子ども、つまり、人間関係に敏感な子なのである。「オシッコ」と叫んだ子は、いつもの絵本を読んでくれる先生と違って、その日は自分と先生の関係がだんだん弱くなって、もう切れそうになると感じたのではなかろうか。「オシッコ」と言うのは、先生と自分とが一対一の関係を結べるよい機会である。その子は、そのようにしてまで先生との関係を結び直さないと不安でたまらなくなっていたのだと思われる。

このように考えてみると、先生は納得がいったのである。「あの子に腹を立てるどころか、いいことを勉強させてもらったと感謝しなくてはなりません」とその先生は言われた。子どもと教師の関係がどれほど大切で、微妙なものであるかを教えられたのである。「育」を考える教師は、自らも育ってゆくのである。

2 日本文化のなかの教師と生徒の関係

文化のなかの教育

授業の研究をするのに、日本文化などということまで考える必要はない、と思う人は多いであろう。しかし、国際化ということが日本人にとっての非常に重要な課題であり、したがって教育においてもそのことを常に考えねばならない今日においては、この点を無視するわけにはいかない。三重県四日市市の石井順治先生が、五年生のクラスでされた「文字の根っこ」の授業のビデオを見る機会があった。それは、漢字の起源について生徒たちに考えさせる授業であった。そのときに教師と生徒の関係で、日本文化という点で考えさせられるところが多かったので、そのことについて少し考えてみることにした。

ここで三二頁に述べたアメリカ帰りの中学生アキラの例について、もう一度考えてみよう。この例からすぐに、だから日本の教育は駄目だとか、日本に民主主義はないとか、結論する気はないし、このような教育によって育ったアメリカ人が、一概に日本人より優れているとも言えない。彼らは彼らなりに多くの問題をかかえている。ただ、われわれが自覚すべきことは、「文化の差」ということが、いかに大きい問題かということである。

　アキラが言ったように、「だれでも自分の意見を自由に言う権利をもっている」ということについては、すべての日本人が一応賛成するであろうが、実際には発言の自由がないとアキラは言うだろう。しかしこのことから、すぐに日本は個人の発言の自由のない国だとは言えないであろう。アメリカ人はアメリカ人なりの不自由さをもっている。人間にとって自由ということはそれほど容易なことではなく、それぞれの文化は、それなりの規制力をもっているのである。

　問題はどちらが正しいとか、よいとかではなく、見方が変わると判断も変わってくるということである。個性の伸長とか、のびのび育てるとか言っていても、わが国の授業は、アメリカ人の目で見る限り、まったく不自由で没個性的なことをしている、という自覚が必要である。そして、そのような国とつき合ってゆく機会が今後ますます増えてくる、国際化の時代に生きる子どもたちを、われわれは教育しようとしているのである。この困難さを、教師たるものはよく知っておく必要がある。

　簡単に結論を言ってしまえば、われわれはどうしようもなく日本的に生きているのであるが、それと異なる生き方や考え方にも開かれた人間をつくるように教育を考えてゆかねばならないということである。それには日本的なものを一方的に否定するのではなく、日本的なものをも残しつつ、新しい生き方を見出すように努めねばならない。こうしたことを念頭におきながら、石井先生の授業を通じて、この問題を考えてゆきたい。

教師と生徒の関係

日本では教師と生徒の関係は、母と子の関係を基本としている。よい面を言えば、教師は生徒一人ひとりに気を配り、暖かく接する。クラス全体が「家庭的」な雰囲気の一体感をもつ。しかし、悪い面では、教師が生徒を「かかえこもう」としすぎて、無意識のうちに、生徒の自立性を奪ってしまう。教師は生徒がすべて自分の懐のなかにいることを期待して、自由を許さない。

日本文化では「察する」ことが大切である。このことはもちろんよい面もたくさんもっているが、悪い方に傾くと、ホームルームなどで生徒が「ハイ、ハイ」と手をあげてきわめて自主的に発言しているように見えながら、すべてが先生の気持を「察して」発言している、というようなことになる。たまに、自分の固有の意見を言うと、前に述べたアキラのときの「ガクッ」のように、クラス全体の圧力によってそれは封殺されてしまう。

こんな点から考えると、石井先生の授業では、日本的な教師と生徒の関係の欠点を克服することが随所に生じているのがわかる。確かに、子どもたちは自由にのびのびと発言している。このことは一朝一夕にできることではなく、石井先生が子どもたちとともに、これまでにつくってきた学級文化とも言うべきものの顕われである。

ある生徒の授業を終えた後の感想文に「間違ったことが言える」授業という表現があったが、これは、生徒たちの発言の自由さを端的に示している。授業のなかで、「○○君の意見は、いいなあと思いました」というのがよくあったが、生徒たちが自分の考えや、気持をそのまま表現しているのである。先生の気持を「察して」代弁しようとしたり、「正解」を覚えこんできて発表しようとしたりしていないことがわかる。

ここで、生徒たちの班別の発表の際の硬さについて考えてみたい。それまでは自由にのびのびと表現した子どもたちが、黒板の前に出て班別に調べたことを皆の前に立って言うとなると、急に表情も硬くなり、ことばもぎごちなくなるのである。ある班の子が、発表の終わった後で、「これは自信があるんだ」と言った生きいきとした表情と、彼らが発表しているときの表情とが、あまりに対照的なのである。発表のときの子どもたちのことばは宙に浮いてしまっている。このことは日本文化のむずかしい問題である。

日本語は相手との「関係」によって、実に微妙に変化することばである。「俺と貴様」の関係、「私とあなた」の関係など、そのときによって使用する言語が異なる。皆の前に立って、よそゆきのことばで話すときは、個人的なことは非常に出しにくい。これは、少し以前の日本人の生き方を考えてみるとわかることだが、そのようなときに「個人的感情」を出すのは、むしろ失礼なこととされた。全体が全体として生きることをベースにして話がされるときは、「型にはまったこと」を言うべきであって、個人と個人との関係をもちこまないようにするべきなのである。これは現代に至っても続いていて、日本人の好きな「式」、たとえば卒業式や結婚式などの挨拶が没個性的で面白くないものが多いのも、このためである。

しかし、時代が変化してきて、全体を相手によそゆき語で話をしながら、「個人の意見や感情を伝える」こともしなくてはならないようになってきた。これは、日本人にとって相当な修練を要する。このことを、われわれはまず認識しておく必要がある。子どもたちにとって、これは特にむずかしいことである。彼らが友だちと個人的に接するときに使用する言語とは異なる言語で、全体に話しかけねばならない。しかも日本文化は、個人が自我を明確に他人の前に露呈することを嫌っている。アメリカ帰りのアキラに対してクラスメートが「大はずれ」と言っているのは、話の内容の善悪について言っているのではなく、その態度が日本的バランスを破っていることを攻撃しているのである。

このように考えると、子どもたちが皆の前で、生きいきとしたことばで発表することがどんなにむずかしいことか、了解できるであろう。多くの教師が、似たような場面に立たされた場合、型にはまった没個性的発言しかしていないことを、教師自身が反省してみなければならない。自分ができもしないことを生徒にやってみろと押しつけても、あまり効果はあがらないものである。

それではどうすればいいのか。このあたりで授業革命を起こして、生徒が皆の前で発表するときも方言を使って勝手にしゃべるのを許容するとか、あるいは標準語で話すときでも生きいきと話ができるように、教師も生徒も努力して訓練すべきであろうか。私は、あまり単純に「正しい」答を求めない方がいいと思っている。たとえアメリカの真似がよくできるようになったとしても、すでに述べたように、現在の日本やアメリカの社会情勢などすべてのことを考えると、アメリカを模範とすべしなどとも簡単には言えないわけで、それほど喜んではいられないのである。

「発見的」過程としての授業

正しい答がないと言って、それではこのままで何も変えないでいいのだ、と考えるのもまちがっている。やはりわれわれは、何らかの改革を考えてゆかねばならない。しかし、それを規範適用的にやるのではなく、発見的にやりたいと思うのである。「規範適用的」とは、日本式なりアメリカ式なりの規範があって、それをすべての場合に適用してゆこうとするものである。それに対して「発見的」とは、一応は自分なりの方向性や理論をもつにしても、個々の場合に応じてそれを変更したり、考え直したりしながら進んでゆく方法である。

机の並べ方ひとつにしても、この授業では先生の工夫が感じられて、いいなと思った。石井先生は、場合によって机の配置は異なると言っている。それがいいのだと思う。日本人は「流行」に敏感で、机の並べ方や、授業の運び方などにも一種の流行があり——と言っても、それを支える理論めいたものが存在するのだが——どうしてもそれに従ってしまう傾向がある。そのときに、たとえその理論や傾向を知っていたとしても、それを唯一の正しいものとしてしまわずに、一応適用しながらも「発見的」に対処するべきであると思う。

この授業について、実は何人かの人たちと討論をしたのだが、そのなかで、「一人の子を問いつめてゆく」ことの是非が話し合われた。子どもの自立と責任について考えると、時に一人の子どもに対して厳しく追及することも必要である。しかし、現場の教師としての立場からその時出席されていた、小学校の前島先生が発言されたように、「下手をすると、親はそうはとってはくれない。ぼくも苦い経験がありますね。今までいい感じだったのが、一回の追及のまずさで関係が悪くなってしまう」ということも生じるであろう。

これも日本文化の問題に関連する困難な課題である。そして、この際も画一的な答はない。前島先生は「親はそうはとってはくれない」と言っているが、子どもはどうだったのだろうか。私は、一人の子どもに対して問いつめていっても、教師が本当にそのことが必要だと感じている限り、子どもは相当に理解してくれると思っている。

ただ、子どもの「自立と責任」ということを大義名分としてふりかざしているときは、他のことが見えなくなって、子どもの能力や子どもを取り巻く環境などを無視してしまうことになるのではなかろうか。これまでの日本人のあり方から考えると、現在は、もう少し一人の子どもの自立や責任を大切にする授業のやり方に変えてゆく方がいいと思う。しかし、そのような方向性をもちつつ、あくまで個々の場合に応じて「発見的」にするべきであろう。

「発見的」な態度を教師がもっていると、生徒の方もそれに答えてくれる。授業のなかで、「鳩」という漢字の由来を皆で考えるところがあった。それまでの授業の流れから、皆が「九」という字の内容にとらわれてしまって困っているとき、ひとりの子が「クックック」と鳴き声のまねをして、一同がハッと思いあたるところが、非常に印象的だった。クラス全員が心の揺れるのを体験したような感じであった。このような発見が、いわゆる優等生によってもたらされたのではないことに、われわれは注目すべきである。

日本における授業では、下手をすると先生の意図が前面に出すぎ、その意図をいち早く察したり、「正解」を前もって知っている子が発言して、ほめられる。そして、そのような子が実際に優等生と考えられているのだが、このようなタイプの優等生は、一面では創造性を打ち壊すことによってのみ成り立っているとも言える。このような優等生や模範生が、思春期になって自己主張をしようとしてもうまくゆかず、ついには家庭内暴力を起こしてしまうような例を、われわれ臨床家は数多く体験している。

この授業を見ていて感心したことは、いわゆる「できる子」と「できない子」の差が、見ているものにわからなかったことである。つまり、生徒たちは各人がそれぞれ活躍していて、全体から落ちこぼれる子や、無関心になってゆく子が見当たらなかった。

日本人の集団の特徴のひとつは、集団の成員に一番から順に序列をつけるのが好きなことである。これは先にも述べたが、個性ということがわかりにくいので、どうしても順番によって個人の差を見出そうとする傾向が強いからである。したがって、序列をつけるための評価の点数に、教師も生徒も親も強いこだわりを示す。この傾向を破ることを日本人としては考えねばならないが、この授業では、鳩の「クックック」の例が示すように各人が自由に連想を語り、それが意味をもつことになるので、生徒の序列づけを不可能にしてしまう。そんな点でも意義ある授業であった。

教師の個性とは

生徒の個性を尊重するためには、教師が自分自身の個性を大切にしなくてはならない。授業を見たあとでの討論のときも、教師のユーモアということが問題にされた。日本人がユーモアのセンスに欠けることは、多くの国際会議においても指摘されるところである。それに、日本人のなかでも教師は特にユーモアに欠ける。日本人特有のマジメ好きが、教師において著しいのである。

小学校の学級は、教師一人に対して、あとは子どもたちばかりの集団なので、下手をするとこれは教師を王にいただく王国のようになってしまう。そして教師は、自分だけが絶対に正しい存在として、絶対的な権力をもった王として君臨することになる。このようになると、何が正しいか、何をなすべきかなどが一義的にきまってしまい、全体が王の号令によって動くことになるので、ユーモアなど生まれるはずがない。それは、ある点から言えば見事に秩序立っているが、きわめて弾力性に欠けた、もろい構造になってしまう。

個性ということを考えはじめると、簡単に全体的なまとまりができるはずがない。各人が自分の個性に基づいて発言する。自分が正しいと思っても、他人の発言にも耳を傾けねばならない。そこですぐに争うのではなく、ゆとりをもって彼我の考えを検討してゆく際に、ユーモアが必要になってくる。ユーモアはゆとりから生まれるし、また、ユーモアによってゆとりが生じることもある。

このように考えると、教師は、王様であったり道化であったりしなくてはならないようである。教師のなかにはユーモアの必要性を強調し過ぎるあまり、道化になってしまう人があるが、それはやりすぎである。時によって、王であったり道化であったりするところがなければならない。王と道化と言っても、人によってどちらかが得意であって、どちらかは苦手ということもあろう。各人はその点をよく意識していなくてはならない。あるいは、教師のゆとりある態度が、生徒が適当に道化になることを許すことになるだろう。道化の笑いによって、思いがけない新しい展開が生じるのである。

教師があまりにも王でありすぎると、生徒のなかに反動的に道化が出現してくることもある。そのときに、教師はその道化を馬鹿げているとして裁断するのではなく、それの意味をよく考えることが必要である。石井先生の授業では全体として、道化があまり活躍しなかった。先生の全体へのまとめ方が、怖い王のように厳しいものではないので、あまり道化を必要としなかったのだろうと思うが、少し上品にまとまりすぎるという批判が出てくるかもしれない。

教師の個性を磨くことが何といっても必要であるが、そのためにこのようなビデオをみたりしての授業研究は欠かせないものである。個性は一般的知識を獲得するだけでは生まれてこない。人間から人間へと伝わってくるものが、個性の形成に役立ってくれる。したがって、ひとつの授業を見るということは、そこから一般的法則を引き出したり、自分が似たようなことをするためのヒントを得たりするだけではなく、授業の中での先生や生徒の動きから直接に自分に伝わってくるものを受けとめるところに意味がある。自分が次に授業に臨むとき、奥深くから支えてくれたり、動かしてくれたりする力を得ることができるのである。それが授業研究のいいところである。

討論のなかで問題になったことのひとつに、子どもの発言が授業の流れからあまりにも離れてゆくとき、石井先生は、「そこまで取りあげていると脱線と判断して」取りあげなかったという点があった。ここも大切なところである。「脱線」はどこまで許容されるのか、という問題である。生徒の意見は何であれ、できる限り取りあげてやりたい、という立場からすれば、少しくらいの脱線はやむをえないと言える。しかし、これ以上脱線していたら、教えるべきものも教えられなくなってしまう、という場合もあろう。教師はどちらかの判断を下さねばならない。

このとき、「生徒の発言はすべて取りあげる」とか「脱線は絶対しない」とか決めてあると簡単である。といって、何のルールもなく行きあたりばったりでも困る。この両者の考えの一長一短をよく知り、その葛藤状態のなかに自分を投げ入れ、悩みつつ決定してゆくところで、教師の個性が磨かれるのではなかろうか。そのような葛藤を通じて自分を鍛え、かつ、自分の下した決断によって「自分自身を知る」ことを続けることは、個性を磨きあげるために必要なことである。

教師は学級の王になりやすいと言ったが、それに安住すると進歩がなくなってしまい、子どもたちにとっては魅力のない教師になってしまう。教える教科の内容については、教師は生徒よりはるかによく知っている。そのことだけに限定すると、教師は何ら進歩せずに威張っていられる。しかし、考えてみると、その教材をどのように生徒に与えるか、そして、生徒はそれにどう反応するかとなると、毎回が新しいことであり、教師も安閑としておれない。教師も常に新しい発見をし、進歩し続けていると、その姿勢を生徒たちも感じとることであろう。教師がその持っている知識だけでなく、それをいかに伝えるか、あるいは、生徒とともにいかに「発見」を繰り返してゆくか、に注目することが、教師自身の進歩を促すことになるだろう。石井先生のこの授業は、教師のそのような態度が認められる点で、すばらしいと思った。

3　体育と笛

笛を吹くことの意味

小学校の体育の授業を久しぶりにビデオで見せていただいた。それについて討論した際に、まことに申しわけないことに、小学校の体育をたくさん見たり、自分も経験したりというのではなく、一回だけの印象で、ずいぶんと勝手なことを言うはめになった。そのなかで、私は勝手にきめこんで、現在の小学校では体育の授業に笛を吹く教師など少ないのだろうと思っていたら、何のことはない、笛を吹く授業の方が大変多いのが現状だと言われて驚いてしまった。

後で反省してみると、私は大学にいるわりには小・中・高等学校の先生方と接触があるほうだと思っていたが、私の接する先生方には「笛を吹かない」タイプが多いので、それが現在の教育の傾向と思いあやまったのである。実はそれらの先生が少数派だったのである。それらの方々は、何とか現代の教育のあり方に挑戦してゆこうとされている人たちなので、むしろ大勢に反して「笛を吹かない」教育を試みておられるのであろう。

しかし、何事であれ——特に教育においては——絶対的にいいことなどはまず稀であり、必ず何か考え直すべきことをもっているものである。そこで私としては、「笛を吹かない教育」のよさを認めたうえで、あえてその笛のことも考えようとしたのであるが、一般的傾向として「笛を吹く」ほうが多いと知らされたわけである。

こうなると、「笛を吹かない」教育を前提とするのではなく、もう一度根本的に、体育において「笛を吹く」

ということについて考え直してみる必要があるように思われてきた。体育における「笛」は、それによって子どもを管理しやすくする「管理教育」か、またはそれに挑戦して、笛を吹かないことによって子どもに自由を保障する「自由主義教育」か、などという単純な二分法だけで考えられる問題ではないと思われるからである。

この問題を考えるためには、そもそも体育とは何かということにまでさかのぼる必要が出てきそうである。私はそれに専門的な答を出すことはできないが、あくまで「笛」との関連にこだわって考えてみることで、体育の授業に対して何らかのヒントを示すことができれば幸いと思っている。見当違いのことも出てくるかもしれないが、その点はご容赦いただきたい。

まず、笛の問題である。笛一般について論じるならば、まず楽器としての笛があり、その意味は測り知れないほどの深さをもっている。笛にまつわる神話や伝説なども多くある。しかし、ここで取りあげるのは、むしろ楽器としてよりは警笛としての笛なので、後者に絞って考えることにする。

体育の授業に用いられる笛は、「ピーッ」と鳴るだけで旋律を奏したりはしない。それは、時間の流れのなかの一点を浮き出させる役割を果している。その場合、教師は「号令」をかけることもできる。たとえば「集まれ」とか、「話をやめろ」とか、「終わり」とか、むしろことばで言ったほうが意味は明確になるだろう。単なる笛の音だけでは意味がわからないときもある。しかし、号令をかけるよりは笛を好む人もあるし、号令をかけるにしても、その前に笛を吹く人もある。

笛の利点は人間の声よりもよくとおる、ということである。人間の声よりも高く、よほどの場合でも注意を喚起できる。このため、スポーツのレフェリーが笛を使用する。ラグビーなどで、いかにぶつかり合っているときでも、笛の一吹きでゲームは中断される。それは絶対的である。もちろん、そのすぐ後で、レフェリーは中断の理由を示さねばならない。しかし、ともかくまず笛の音がゲームの流れを断ち切るのである。

笛の音の高さと鋭さは、単に「音が聞こえる」などというものではなく、身体全体に行きわたるような効果を与える。身体にさっと線を引かれたような感覚である。それまでの行動に示された意志の流れを一瞬の間に停止して、笛を吹いた人の指示を待つことになる。ラグビーのレフェリーなど選手が抗議をすることはないから、「絶対的」と言っていいほどの「笛の力」を行使していることになる。

このような「笛」を体育の授業に用いるとすると、どんなことになるのか。それを考えるためには、体育の授業でどのようなことが行われているのか、あるいはどのようなことがねらいとされているのかなどについて、笛との関連で少し考えてみなくてはならない。

管理と表現の関係

人間は自分自身の行動に対して責任をとらねばならない。それを身体との関連で言えば、自分の身体を自分でよく管理し、行動をコントロールできるようになっていないと、その責任をとることができない。そのために子どもたちは自分の体を自分の意志によってコントロールすることを学ばねばならないし、同時に、体力を強くしてゆくことも必要である。

自分の体のコントロールができてくると、身体の動きを早く有効にするための練習も必要になってくる。素早い反応を形成するためには、瞬時の刺戟として笛が有効な場合も生じてくるであろう。一瞬の笛の音に対して、ただちに身体が反応するように練習を重ねるわけである。

このように、身体の各部分の協調とか、迅速な反応とかをつくりあげてゆくための練習などにおいては、笛を刺戟として用いることが有効であるかもしれない。ところが一方で、身体を通じて成長や発達の過程を歩んでいくとき、身体による表現活動ということの重要性も無視することができない。外からの刺戟に対してどのように反応するかだけではなく、身体の動きを通じて、自分の内にあるものを表現してゆくことも大切である。そこには「美」ということが関係してくる。身体の動きによって、美しさを感じさせる。あるいは動いている当人が、「美的感覚」を享受することも、体育のねらいのなかにはいってくるのである。

ただ、「表現活動」というときに注意しなければならないことは、ある人間の内面に、表現すべき内容Xがすでに存在し、そのXをいかにして身体によって表現するのか、というように、図式的に継時的にのみ考えるのは、あまりに一面的だということである。これとは逆に、身体をいろいろと動かしてみているうちに、ああこんなことも表現できるのだとか、こんな表現が自然に出てくるものだ、というようなことを実感する場合もある。極端なことを言えば、身体を動かしているうちに、自分の表現したいことがわかってくることさえあるはずである。それは継時的ではなく共時的な体験である。

「自由」な空間と時間が保障されるとき、人間の心も体も何らかの表現を生み出そうとする。そこに生まれてくるものは、本人の意識や、通常の行動を超えるものであることもある。つまりそれは、創造の行為なのである。スポーツの場合でもそれに熱中すると、通常の能力以上のものが引き出されてくることがある。このように、何かきまりきったものの存在を仮定し、それが表われてくるというよりは、表現行動によってそれまで本人も意識していなかったものが喚起され、形をつくり、逆に内からの衝迫が表現を生み出して、単純に原因‐結果という関係にのみ還元しえない行動が生じてくるところに、創造の本質が存在している。そのようなことを身体を通して体験するところに、体育のひとつの課題がある。

自由な空間のなかに創造活動が生じると述べたが、そこに真の創造が生じるためには、その自由に何らかの枠組がなければならないということもまた事実である。まったくの自由というものは、人間にとって「自由」の意味をもたないようである。

スポーツを例にあげると、いかなるスポーツにもルールがある。ラグビーにしろ角力《すもう》にしろ、人間が自分の体を正面から相手にぶち当てることが基本的に大切であるならば、各自が勝手に「自由に」やればよさそうなものだが、そこにルールがあり勝敗がある、ということによってこそそのぶつかり合いがもっとも効果的に行われる。あるいは、ルールの枠のなかで、自分の体力を最大限に生かそうとする過程で、本人も意識していない「美」が生まれてきたりする。ルールにはもちろん危険防止ということが含まれている。しかし、よく考えてみると、スポーツのルールというものが、体力を競い合うという点で、いかにうまく考えられているものであるかがわかるであろう。ただ単に、自由に体を鍛えましょう、と言っても、それが達成できないところに人間存在の不思議さがある。

このように考えてくると、スポーツにおいて非常に大切なルールの存在を明らかにするときに「笛」が吹かれるということは、考えてみる価値のあることのように思われる。笛によって選手を束縛したり、レフェリーの思うままに動かそうとするのではなく、選手たちが「自由」な動きをもっとも効果的に、しっかりと体験できるための「枠」の明示のために笛が吹かれているのである。

「み」の教育

現代社会を生きていくためには、多くの知識を獲得しなければならない。したがって、子どもたちの教育においても、多くの知識を「教えこむ」ことに重点が傾きがちである。しかし、人間存在というものは、知的な面のみではなく、他にも多くの側面をもっている。身体というのも、そのひとつの側面である。

たとえば、「親切」ということを知的に知っていることと、電車の中で座席に座っている目の前に老人が現われたときに席を譲るという行為とは、直接に結びつかないこともある。あるいは、同じ席を譲るにしても、そのときの動作によっては、相手に与える感情もまた異なるものとなるだろう。また、椅子に座ったままでいるときでも、座っている姿勢によって、考える内容も変化してくるであろう。

日本語には「み」という不思議なことばがある。これは身体(body)を表わすために使われるだけではなく、実に多くの意味を内包している。「みども」、「みうち」、「みにしみる」などといろいろな用語を調べてゆくと、「み」がカバーする範囲の広さがすぐに実感されるであろう。哲学者の市川浩氏が『〈身〉の構造』(青土社)としてそれを分析しているので、詳細はそれに譲るとして、要は日本語の「み」という語は人間存在全体のいろいろな側面を内包しているものであり、それは単純に、身体と精神、といった区別を許さないのである。このような全体的な捉え方を体育の授業に取り入れて、それを「みの教育」として考えてみるのも、示唆を得られることではないかと思われる。

神経症のひとつに「離人神経症」というのがある。現実感覚が稀薄になるのが特徴的で、外界が生気を失って絵のように見えたり、自分の感情が感じられなくなって、一応は外見的には笑ったり悲しんだりしているのだが、本人は自分がほんとうに喜んでいるのか悲しんでいるのかわからなくなったりする。あるいは身体が他人の体のように感じられたりする。当の本人は非常に苦しく不安で、それに耐え切れず自殺する人さえあるほどだが、本人が訴えないかぎり他人にはまったくわからない。当の本人でさえ、「おかしい」と感じつつ、どう表現していいか困っている場合さえある。

ある女子高校生が離人症になった。つらくてたまらないのだがだれにどう訴えていいのかわからない。ところが、あるとき体育の時間に、ダンスをすることになった。グループにわかれていろいろ自由な表現を試みるのだが、それを見ていた体育の先生が、その子が「何かおかしい」と気づいた。別にリズムが狂っているのでもないし、身のこなしがおかしいのでもない。しかし、何かが足りないのである。その授業の後で、教師がその子に、どうかしたの、と声をかけたのがきっかけで、その生徒は自分のつらさを訴え、専門家のところに相談に来ることになった。

普通の人が見ると皆と同じようにしか思えないとき、彼女の「みのこなし」に何か大変なものが欠けている、と感じたというのは、さすがに体育の教師である。体の一部分一部分の動きについて言えば何の誤りも異常もない。しかし、み全体として見たときに、何かが感じとられたのである。この教師が、「お前のダンスは何かおかしい」と、他の生徒の前で注意するのではなく、授業が終わってから個人的に問いかけたところなども配慮がゆきとどいている。これは、人間存在の全体を「み」のあり方として捉えることの意義についてわかっていただくために、例としてあげたわけである。

先に述べたように、学校教育において知的側面が偏重される傾向が強いので、体育の時間にも、体に関する知識やスポーツの技術などを「教える」ことに重きをおく傾向もあるが、やはり体育の時間は、あくまで身体を通してではあるが、人間の「み」全体にわたる教育がなされるように意図すべきであると思われる。

人間は時に、たった一人で多くの人に対峙しなくてはならないときがあるし、多くの仲間と一体となって行動しなくてはならないときもある。これらのことを身体を通じて経験しているうちに、それが「み」につくということは大切なことである。

ただここで注意すべきことは、スポーツによって体験したことが、そのままその人の全人格に結びついたものとなるとは限らないことである。人間というものは不思議な存在で、学問に関してはきわめて論理的な学者が実生活ではまったく非論理的であったり、スポーツのときは協調的でも、実生活ではまったく独善的という人もある。したがって、身体的に経験したことが、そのまま「み」につくとは限らない、ということもわれわれはよく知っておくべきだと思われる。このことは次に笛のことを考える際に関係してくることである。

だれのための笛か

体育について少し本質的なことを考えて回り道をしたが、ここでもう一度、笛について考えてみることにしよう。体育の授業で笛をよく使用する先生は、それによって生徒の行動の統制がよくとれる点を利点としてあげることであろう。「統制」、「秩序」などという概念が重要な目標として考えられる際には、はじめに述べたように、「笛」はたしかに非常に効果的であろうと考えられる。

しかし、ここで「統制」や「秩序」はだれのための、どのような意味をもつものであるかを考えてみる必要がある。教師が笛によって生徒を「統制」し、「秩序」正しく行動させている、と思っているとき、それは生徒たち各個人にとっても「統制」や「秩序」なのかどうかを検討しなくてはならない。

敗戦を体験するまでの軍国主義教育においては、生徒たちは集団として秩序正しく行動することを、たたきこまれていた。しかしそのことは、生徒一人ひとりにとって何を意味しただろうか。本質的な意味における「秩序」とか「統制」ということが、生徒自身のものになっていただろうか。ここで、日本の軍隊のことを持ち出すこともあるまい。だれかに統率されて秩序正しく行動することと、各人が自分自身を統制することとは、簡単には結びつかないのである。

このように考えると、笛によって体育の授業を行なっても、それは子どもの教育にはなっていずに、ただ教師にとって便利なことをしているだけである場合も多いことに気づかされる。あるいは、管理のための笛が教師の上から響いており、笛を吹いている教師自身がそれに踊らされているに過ぎないことをも知るべきである。

管理教育に反対する人は、したがって笛を嫌うのだろうが、ものごとはそれほど簡単ではない。すでに述べたように、人間が何かを「知る」という場合には、いろいろな次元がある。数学にしても、単に公式だけ覚えているのと、それが納得されているのとでは、だいぶ理解の次元が異なっている。協調とか対決とかいうことも、抽象的な概念ではなく、それをどのような体験に結びつけて知っているかによって、その理解の程度や応用の可能性が異なってくる。体を通じて知っているから「深い」とか「浅い」とか、有効性が「高い」とか「低い」とか簡単に断定することはできないが、体を通じて知っているということにも、意義があると思われる。

したがって、笛の音によって身体が一瞬に緊張したり、動きが停止したり、また、他の人間と集団として同一行動をしたり、ということを体験することも意味あることと思われるのである。身体を通してそのようなことを体験したかしなかったかは、その人の今後の人生観にも影響を与えることになるであろう。そのようなことが、絶対によいことだから練習をせよ、というのではなく、体験することの意義を強調しているのである。

笛によって集団が統一的に行動したとしても、成員の各人がそれによって、自分にとっての「統制」ということを経験しているとは限らないことはすでに指摘した。下手をすると、それは教師の自己満足だけになってしまう。そのことを避けるためには、教師は「笛を吹く」人、生徒はそれに「従う」人、という二分された状態を引き起こすのではなく、笛は教師に対しても鳴っているものとして、教師自身が笛による一瞬の緊張や、「統制」の感じを自ら経験していなくてはならない。そのような教師の態度に支えられてこそ、生徒は受動的に「笛」に従う人としてではなく、笛の機能を自らのなかに内在させてゆくことができるのである。

以上のようなことを考えながら教師が体育の授業に笛を使用するならば、教育的な意味も生じてくる、と思われる。そして、ともかく笛によって生徒集団を統一的に動かすことのみに価値を置くこともなくなるであろう。また、体育における「自由な表現」を重視する教師たちも、その授業において、笛をいっさい用いないことにそれほど固執する必要もなくなると思うのである。

4　不登校の「処方箋」

学校へ行かない子どもが増えている。親や教師から見ると理由がわからないまま、学校に行かずに家にいる。それに対する方法として、「風の子学園」のような理不尽なものが出てきて、それが報道されると、一般の人々は驚き呆れてしまう。そして、不登校についての論議や対策などがマスコミで取りあげられたり、文部省や教育委員会などに、何とかするようにと強く要請したりする。しかし、実のところ、学校に行かない子どもの場合、さまざまの要因があって、そう簡単には「対策」などと言えぬところがある。しかし、そうと言ってすませるわけにもいかないので、ごく大まかながら、考えを述べることにしよう。

不登校の種々相

学校へ行かない子で、はっきりとした身体的な病気の子は、これは誰も納得するだろう。しかし、子どもの場合は、心と体の関係が密接というか、心と体の境界があいまいというか、発熱、身体の痛み、嘔吐などの症状は心理的(心理的ということについては後に述べる)なことととの関連で生じることもあるので一概には言いがたいが、ともかく身体的な病気の場合は除外して考えることにしよう。

学校へ行かない子どもは確かに増えている。このような問題が注目されはじめたのは、日本では一九六〇年代の初めころからである。ところが、それがだんだんと増えてきてマスコミに取りあげられるようになると、その

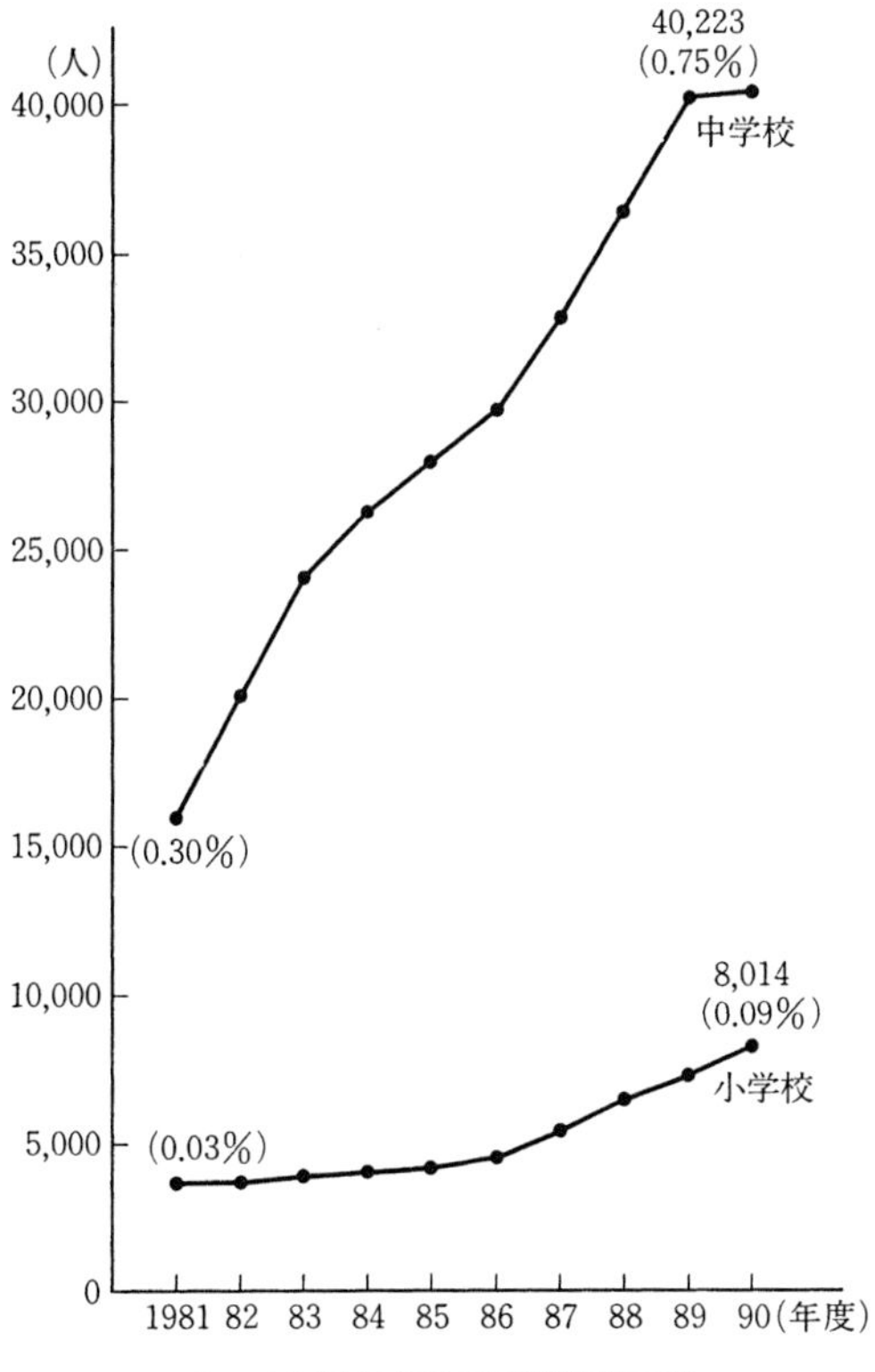

小・中学校における不登校児の数
(　)内は総数に対する割合
(『生活指導上の諸問題の現状と文部省の施策について』文部省初等中等教育局中学校課，1991年12月)

ためにまた増えるようなところがあり、そうなると安易に学校を休む子どもも出てきたりして、不登校について全体として論じることを非常に難しくしている。極論すると、「熱が高い」というだけでは、それがどんな病気か診断がつかないと手のほどこしようが決まらないのと同様で、ただ「学校に行かない」というだけでは、何とも方策が立たないのである。

だいたいどのくらいの不登校児がいるのか、図に示してみる。これは長期欠席者(五十日以上欠席)から身体の病気による欠席者、経済的理由、その他を除いたいわゆる「学校ぎらい」の数である。小学校は漸増だが、中学校は十年間のうちに二倍半ほどに達し、割合としても全体の〇・七五パーセントになっている。長期欠席者以外にも不登校児がおり、すでに述べたように、身体の病気といっても単純に言えぬこともあるので、少なく見つもっても、中学では百人に一人はいる、と言っていいだろう。これはなかなかの数である。

いろいろな要因

学校へ行かない、といってもそれにはいろいろな要因がある。はっきりと家庭的に恵まれない状態にあって、非行化してゆき、学校へ行くのを怠けたり、拒否したりしている子どもや、中学から高校にまでなってくると、精神病の発症によることもある。このように、対処するのに困難なときと、ごく一過的に学校を休むが、後は登校する、という場合もある。

以上のようなものは、わりに外から見ても理解しやすいが、われわれ臨床家が不登校の症状の中核にある、と思っているものには、一般的には、なぜ学校へ行かないのか理解しがたい場合が多い。また、数のうえでも、このようなタイプが一番多いと言えるだろう。このタイプの特徴は、本人は学校へ行きたい、と思っているのだが、どうしても行けない、という点にある。このことについては次に詳しく述べるとして、不登校について、もう少し一般的なことを言っておこう。

繰り返しになるようだが、不登校にはいろいろな種類があるのでそれに対処する画一的な方法がない、ということは非常に大切である。叱りつけたら登校したとか、そっとして放っておいたら登校したとか、という場合があるのは事実であるが、それを誰にでも適用しようとするのは間違っている。「私にまかせてくれれば必ず行かせますよ」というわけで、こんな例もあったあんな例もあったと言って自慢する人のやり方がいつも一定の方法だというときは、少し考え直してみる必要がある。

「登校刺戟を与えるべきか、否か」などと一般的な論議をしてもはじまらない。無理に行け行けと言ってもあまり意味がないが、言った方がいい場合もある。考えてみると、人間一人ひとり異なるし、それを取り巻く環境も異なるのだから、画一的な方法があるはずがない、とも言えるのである。皆が学校に行っているのに、一人休んでいるということ自体、「他と異なる人間としての私」を見て下さい、と主張しているようなものである。

行きたくても行けない子

しかし画一的な方法はない、とばかり言っていてもはじまらないので、少しでも「処方箋」として役立つことを考えたい。かつて、「登校拒否」、「学校恐怖症」などという名で呼ばれた子どもの特徴は、本人は行きたいと思っているのに行けないところにある。したがって、このような名は実態とずれていると思うので、私は「不登校」と呼んでいる。

この子たちの一般的特徴として、なぜ学校へ行けないか、と問いつめると、先生が怖いとか、成績がよくないとか、友人とうまくゆかないとか、いろいろ理由を言うが、それはほんとうの理由ではなく、実は本人も理由がわかっていないのである。登校しようとして前日には準備までするが、朝になると、どうしても起きられなかったり、足がすくんでしまったり、発熱、嘔吐が生じたりして登校できない。このような子たちは、決して怠けているのではなく、本人も学校へ行きたいのに行けずにいることを、まず理解してやらねばならない。

この子たちが心理的原因によって登校しない、というので「何か悩みがないか」などと訊いても無駄なことが多い。心因といっても、後に述べるように、深くかかわることによってだんだんとわかってくるものだということを認識しなくてはならない。

家に閉じこもっているうちに、昼夜逆転の生活になったり、昼間も部屋を暗くしたりすることもある。時に、いわゆる家庭内暴力に発展してくることもある。いままでおとなしいよい子と思っていた子が、親になぐりかかったり、無理難題をふっかけてくるので、家族は驚いてしまうが、ほとんどの場合、精神病ではない。

治癒の経過については後に述べるが、どんなに難しそうに見えても、普通に戻る率が非常に高い。長くかかっても、たとえば私がかつて会った人で、高校のときに四年、五年遅れても、高校を卒業したり大検(大学入学資格検定試験)に合格したりして、大学を卒業し、今は家庭ももち、社会人として活躍しておられる例がある。この引きこもりの期間に、家族関係がこじれてしまったり、本人が自暴自棄になってしまった人は、せっかく回復してきても、通常の線に乗りにくくなってしまう。

考えてみると、人生は長いのだから、四、五年の遅れなど後では問題でなくなるし、後にも述べるように、その間の経験がその人の人間的成長に役立つことなどを考えると、不登校の子どもの周囲の家族や教師などにとって一番大切なことは、少しの遅れなど大丈夫という気持と、いつかはよくなる、という希望を失わない、ということであろう。もっとも、これはなかなか難しいことではあるが。

どんな「処方箋」があるか

「処方箋」などと言うと、何だか「うまい」方法がありそうに思われるが、実のところ、とっておきの方法などないのである。「良薬口に苦し」というわけで、それ相応の苦しみのあることを知っておくことが第一と言っていいだろう。それではどのようになるのか、まず例をあげることにしよう。

古い話で恐縮だが、そこに生じる基本的パターンは同じなので了解していただけるだろう。二十年以上も前のことである。ある中学二年生の男子が、登校しなくなった。状況はすでに述べたようなことで、両親にとって不可解である。母親が時に登校をうながすが、何ともならない。父親は会社の仕事が忙しいので、あまりかかわることはできないが、もちろん、子どもの行動には不満で、「もう少し厳しく言ったらどうだ」などと母親に言っている状態である。

そのうちに、子どもが「自転車を買ってくれたら登校する」と母親に言うようになった。しかし、当時だと新品の自転車を買うのは、その家の家計ではなかなか大変なことであった。母親がそんな高いものはなどと渋っていると、子どもは「自転車を買って」と父親に直接談判をした。父親は、そのときはすぐには答えられなかった。しかし、だいぶ考えたあげく、息子を自分の部屋に呼んで、一対一で向かいあった。

父親は息子に自分の月給の明細表を見せ、自分が一か月一所懸命に働いてこれだけの収入を得ており、それに対して、自転車の新品の値段はいくらであるか。それを知ってもお前は自転車が欲しいのか、と問いかけた。息子は驚いてしまった。彼は父親の月給のことなどまったく知らなかった。彼は何となく、家には相応のお金があり、欲しいと言えば買ってもらえそうに思っていたのである。彼は今まで知らなかった「現実」に直面したのだ。

息子はそれでもあきらめ切れずに自転車店に行き、自転車を眺めていた。不思議に思った店の人の問いかけに、息子は事情を説明した。息子に同情した自転車店の主人は、中古でも「新品同様」のものがあり、それが、どのくらい安くなるかを教えてくれた。息子は勇躍して家に帰り、再度父親に交渉した。父親は値段の上限を設定した。それと、いくら「新品同様」などと言っていても、だまされることもある、と説明した。

息子は再度自転車店に行き、いろいろ交渉を重ねて、父親の提示した金額内で中古の自転車を獲得し、乗りまわしていたが、そのうち元気で登校するようになった。

何が欲しいのか

当時は自転車を欲しがる子が多かった。不登校の子どもで、自転車を買ってくれれば学校に行くと言い、買ってやるとしばらく喜んで乗りまわしていたが、結局は登校しなかった、という例もある。したがって、「自転車」が特効薬でないことは明らかである。いったい、子どもの欲しがっているものは何なのであろうか。それについて考えることが必要だ。

この際、子どもの欲しがっていたものは、「父親」ではなかろうか。現実に立ち向かっている父親。現実の厳しさを教え、子どもがそれに向かってゆけることを信頼している父親。それが、これからだんだんと大人の世界に入ってゆこうとする中学生の息子にとっては必要だったのである。彼はもちろん、そのようなことをはっきりとは意識していない。しかし、自転車が欲しいと思い、その要求を父親にぶつける、という方法によって、彼にとっても父親にとっても好都合な、ひとつの舞台を演出していったとさえ考えられる。

子どもの行動が不可解である、まったくの無茶苦茶である、と思えるときでも、よく見ると、そのなかに「処方箋」が秘められていることが多い。ここで非常に大切なことは、その処方箋は多くの場合、父親、母親、教師などが相当な心のエネルギーを注ぎ込むことによってのみ有効となることである。

心のエネルギーを使うことは、なかなか大変なことである。そこで、このようなときに、父親が子どもとの対決を避けて、無理をして自転車を買ってしまうようなときがある。もちろん、それも経済的には大変なことである。しかし、お金を使うことによって心を使うことを逃れようとする態度がある限り、子どもは自転車をもらっても嬉しくないのだ。彼は自分の望みどおりに自転車を手に入れ、それはそれで嬉しくはあるのだが、一番欲しいものはもらえなかったという深い失望を味わい、結局は登校できないままになる。

そのような状況を、大人の常識によって説明すると、「この子は、それを買え、これを買え、買ったら登校するなどと言いながら、買ってやっても、登校しないのです。もうこれからはだまされませんよ」ということになる。確かに言われてみればそのとおりである。子どもも、これに対して抗弁はできない。しかし、心の深いところから、「うちの父は何度機会を与えてやっても、父親になるのを逃げてばかりいる」と言っている声が私には聞こえてくるのである。

さなぎの時期

先にあげた例だけを見て、登校拒否の原因は父親だ、などと思わないようにしていただきたい。何が「原因」かと言うにしても、いろいろ答があるだろうし、それに、「原因」などということをあまり考えない方がいい場合も多い、のである。

不登校のことを理解するうえで、ひとつのよくあるタイプとして、次のことはぜひ言っておかねばならない。人間にとって子どもが大人になるということは、なかなかのことである。毛虫が蝶になる中間に「さなぎ」になる必要があるように、人間にもある程度「こもる」時期が必要なのである。思春期から青年期にかけて、ほとんどの人に、それは何らかの形でやってくる。何もする気がしない、という形になるときもある。机に向かっているのだが勉強に少しも身がはいらない、というときもある。あるいは、今まで見向きもしなかった小説を読むことに熱中して、他のことは何もしない、というふうになるときもある。

少し成績が下がったなと思うくらいで、両親もそれほど気にしない程度で、この「さなぎ」の時期を越えてゆくのが、大半の子どもたちである。思春期の特徴については本書の第四章にも論じているので、そちらを参考にしていただきたいが、誰にとってもなかなか大変な時期なのである。

そのような「さなぎ」状態が他の子どもよりもきつい形であらわれてくると、不登校になり、文字どおり部屋にこもるようになる。このようなときに、一番大切なことは、それを尊重して「待つ」ことであろう。ときが来れば必ず出てくるし、すでに述べたように、そのときの遅れなど必ず取り返せるのである。ただ、その間に希望を失わずに待つことは難しいことである。しかし、それが一番いい「処方箋」なのである。

「さなぎ」なのだから勝手に出てくるだろう、と放ってしまうと駄目である。いらいらしてつっつきまわしても、これまた駄目である。「干渉はしないが、放っておくのではない」という難しい状態に、周囲の者がなるといいのだが、これは修行を積んだ高僧のような境地かもしれない。そこまで悟ることもないが、ともかく暖かく待つのである。「さなぎ」の殻のなかでは常人の想像を絶した変化が生じているのである。

自立と依存

不登校の子どもたちと接していると、そこに「自立」というテーマを感じさせられることが多い。どんなことを空想しているかをきくと、「一人で旅に出る」とか、「船に乗って外国へ行きたい」などと言ったりする。壁にロケットの写真がいっぱい貼ってあったりして、すべてが、「出立する」というイメージと関係しているのだ。それではなぜ彼らは、出立とまったく逆に、家にこもりきりになっているのだろうか。

ずっと以前から、私は自立と依存ということを単純な反対概念として考えることに反対してきた。この頃は心理学者の間でも、それが認められてきて嬉しく思っている。自立と依存をまったく反対のものと考える人は、依存をなくすことによって自立を達成させようとするが、これは大変な間違いである。少し自分自身のことを振り返ってみると、よくわかることであるが、「自立」している人は、適切に他に「依存」していることに気づくであろう。人間は他に依存するからこそ生きてゆける。ただし、そのような相互依存を適切にしているときを、自立と呼んでいるのである。したがって、自立したいと思う人は、依存をなくすのではなく、適切に依存することを学んでゆかねばならない。

自立に至る過程に、依存することが、しばしば大切となってくる。ひきこもり、包まれている体験を十分にしてこそ、次に出立へと向かってゆけるのである。先に「さなぎ」のたとえを持ち出したが、ここに述べたような意味をわかるためには、卵とか植物の種子をイメージする方がいいかもしれない。適当な温度などの条件が伴わないと、卵は孵化しないし、種子は発芽しない。家にずっとひきこもっていたとしても、そこに適切な暖かさが与えられていなかったら、そのままの状態がずうっと続いても不思議ではない。

卵や種子が自分のなかで何事が起こっているのか知らないのと同じくらい、不登校の子どもたちは、自分の心のなかで何が起こっているのかわからない、と言ってもいいのではなかろうか。ともかく、ふとあるとき、学校に行けるようになる、と言ってもいいほどの感じであろう。しかし、その内部では自立へ向けての準備や戦いが少しずつなされている、と思っていいだろう。

妙に「心理的原因」を探ろうとするのなどは卵を割ったり種に傷をつけて、なかを調べてみようとするようなことになりかねない。ほんとうの専門家はそんなことはしない。

社会の変化の速さ

不登校の事例について、カウンセラーや教師たちが話し合いをする。「母親が家庭内で一番力をもち、子どもの足を無意識のうちに引っぱっている」、「子どもが自立するためのモデルとしての父親のイメージが弱すぎる」などと言っていたが、そのうちに、誰もが自分の家庭も似たようなものだ、と感じはじめ、「明日はわが身ですねー」と誰かが言ったので、「いやいや、今日はわが身です」と私が言って一同爆笑したことがあった。不登校の問題は、現代のわが国の社会全体の問題でもあるのだ。

本書の第一章に、父性原理と母性原理について述べたところを参考にして考えてみよう。日本は欧米に比して、母性原理の強いところであった。しかし、そこに父性原理を少しずつ取り入れようとしているのが現状である。原理の衝突による摩擦が、そのためにあちこちに生じるのであるが、不登校というのもそのひとつとも考えられる。

日本人は母性を高く評価してきた。「お母さん」という語は、ほとんど絶対的と言っていいほどの響きをもっていた。しかし、そこに西洋流の父性原理がはいってきて、個人の自立というイメージが強く作用してくると、どうしても、「母」という存在が、自立を阻むものとして感じられてくる。したがって、母性というものが低く評価されるようになる。現代の日本人は母性ということに対して、非常に強い両価的《アンビバレント》な気持をもっているのではなかろうか、それは懐しく常に心に抱いていたいものであるとともに、強く拒否してしまいたい、と感じるものでもある。このような両方に引き裂かれる気持をもって、身動きのできない状態になっているのが、不登校の子どもたちである、と考えてみると、よくわかる気もするのである。

あるいは、言い方をかえると、以前よりも父性原理を取り入れようとする傾向が生じているなかで、その尖兵として戦っているのが不登校の子どもたちである、ということになる。事実、不登校の子どもを抱えて家族が苦闘しているうちに、子どもはもちろん、父親も母親も以前よりは自立的になった。つまり、父性原理を少し取り入れるようになった、と思われる例が多くあるのである。そのような意味で、不登校の子どもたちは、社会の病い、文化の病い、を病んでいるとも言えるのである。

未来に向かって

不登校の子どもについて、何が「原因」か、と考える人が多い。そして、よく母親が、そして父親が「原因」にされる。そのような考えが効果を発揮することもある。しかし、どの場合も同じように考えるのもどうかと思う。そのうえ、不登校などという「悪い」ことが起こるのは、親か教師か誰かが「悪い」からだ、と考えて「悪者探し」をするのはナンセンスなことが多い。

今まで述べてきたことからもわかるとおり、登校しないことをすぐに「悪い」というのも短絡的である。登校しない子どものおかげで、父親がしっかりしたり、母親が自立的になったり、母性ということの体験を深めたり、ということが生じることを考えると、それを一概に「悪い」とは言えないのではなかろうか。あるいは、どうしても「悪い」というのなら、ある父親が、不登校の子どもが学校に行きはじめたときに、「人間はよりよくなるためには、悪くなることが必要なんですね」と言ったように理解するといいだろう。

「何が原因ですか」ときかれるとき、私はよく「原因などわからなくとも、これからよくするために、皆が何をしたらいいかを考えましょう」と言うことにしている。過去をふり返って悪者探しをするよりも、未来に向かって、よくなる道を探し出すためにともに努力してゆきましょう、というのである。

それに「さなぎ」の例で示したように、さなぎになって動かなくなったからと言って、毛虫の時代の心がけが悪かったなどと反省してもはじまらない。さなぎをつっつきまわすようなことをしないで、じっと待っていたら、それは蝶になるのであり、蝶という未来の姿を知ることによって、さなぎの意味もわかるのである。毛虫が蝶になるにしても、これだけ苦労しているのだから、人間の子どもが大人になるのに、何の苦労もなく、波瀾もなくなれると思う方がおかしいのではなかろうか。

静かな革命

社会が変わるにつれて、人々の生き方も変わる。そのためには、それぞれの人が自分の生き方を変えるための努力をしなくてはならない。私たちの父親は、ともかく働いて妻子を食べさせる、というだけで、父親としての役割を果したことになっていた。しかし、今では家庭内における父親の役割はもっと重くなっている。すでに第一章に述べたような、西欧型の父性をもった父親を、子どもたちは期待しはじめている。

子どもが学校へ行かなくなり、父親に対決を迫ってきてはじめてあわてふためいて頑張るよりは、それまでに、父親としての生き方を少し変えるように努力する方が、問題を未然に防げることになるだろう。「戦い」によって改革するよりは、それに先立って、「静かな革命」を推しすすめる方が得策である、と思われる。これは大変にエネルギーの要ることではあるが、ぜひ、必要なことではなかろうか。

エネルギーの出し惜しみをする親は、自分の努力を棚あげして、「風の子学園」のようなところに子どもをあずけようとする。お金を出して、子どものために何かをしてやっているように見えて、これは一種の「棄子」ではなかろうか。もちろん、このような言い方は一方的に過ぎる。というのは、親としては何とか子どもを「よく」したいと考えてしたことと思うからである。しかし、そのような焦りが禁物なのであることは、今まで述べてきたことからわかっていただけると思う。

「希望を失わずに待つ」ことが、大切な「処方箋」のひとつなどと言ったが、実際に子どもが学校へ行っていないのに、そんなのんきなことを言っていられるか、と言われることだろう。そんなときには、もしこれが一番よい方法だとしても、それを行うためには専門家の援助を必要とすることも多い。専門家による見とおしと、その態度に支えられてこそ、本当の意味での「待つ」ことも可能になってくるのである。

教師として

これまで、不登校の子どもの心理を、主として親との関連で述べてきたが、教師がそのような子どもの状態を理解することは、もちろん、大切である。教師が子どもの状況を、怠けでも「変な」ことでもなく、そのうちに「さなぎ」の状態を抜け出てくるものとして見てくれているとわかることは、子どもにとって非常に心強いことである。せっかく子どもが「さなぎ」の期間を終えて登校しようとしても、教師の態度が冷たかったり、学級の仲間が「変な奴」と思って見ていたり——このことは教師の指導によって変わってくる——したために、傷を深くしてしまうことがある。そのようにして進路を歪まされてしまうのを避けるように、教師は配慮しなくてはならない。

「登校刺戟を与えない方がよい」などというのを絶対に正しいこととして、結局のところは何もしないままでいる、というのはよくない。登校刺戟が「強制」になるとマイナスになることが多いが、「期待」の表明としてされるときはプラスの意味をもつことが多い。軽症のときは、先生が「待っていてくれる」と思うだけで登校するだろう。困難なときは、少しぐらいの刺戟では動かないだろう。そんなときでも、ほうっておくのではなく、たとえ一か月に一度でも何らかの声をかけることは必要である。

重い場合は、われわれのような専門の臨床心理士に相談するのがいい。そのときに、子どもが「異常」であるので、「心理学者」に診てもらうというのではなく、子どものよき理解者、話相手としての専門家がいることを、親や本人に納得させ、必要なときは「先生も一緒に行ってあげる」ということと、「一度会ってみて、嫌だと思ったら行かなくてもよいよ」と子どもの自主性を尊重すること、を告げると、多くの子どもたちが相談に行く気持になるだろう。

私の関係する京都大学の心理教育相談室には、このような形で、親子と担任教師がともに来談され、全員の協力によって、うまく子どもの成長が促進された例がある。このような協力関係を経験すると、教師としてもどのようにすべきかが、具体的に非常によくわかるのである。

不登校の子どもに心を開いて接すると、いじめをはじめ、学級内の問題、学校内の問題が集約されてその子の肩にかかってきているように感じられるときがある。そんなときは、それを導きとして（そのまま正しいとしてというのではない）、学級内や学校内の問題に焦らずに取り組むことが必要である。それによって、一人の子どもが学校へ来るようになったなどということをこえて、教育的に意味ある仕事をやり抜くことになる。不登校は文化の病い、社会の病いだという表現をしたが、それは時に学級の病いであったり、学校の病いであったりすることにも注目すべきである。

第四章　こころが育つ環境

1　子どもの倫理と道徳性

子どもの倫理や道徳の問題は、現代のわが国の教育がかかえているきわめて困難な課題のひとつである。子どもたちの道徳の低下を嘆く人たちは多く、そのためもあってか、一九五八年以来、小学校において「特設道徳」が設けられることになった。しかし、これに対しては強い反対意見があり、現在においても反対は根強く続いているといっていいであろう。小学校の教師のなかにも、道徳教育など、どう教えていいかわからないとか、あまり意味がない、などと言う人があるのが実状である。また、この点について深刻に悩み、その答が見出せなくて困っているという教師も存在している。

このような状況のなかで、ともかく「特設道徳」は設置され、その後、なしくずし的に行われてきていることも事実であろう。しかし、現場の教師としては、矛盾を感じたり、疑問を抱いたりしながら、道徳教育の時間を過ごしていることも多いと思われる。

一方で学校における「いじめ」や暴力、それに自殺などの問題があり、これに対しては、子どもの道徳性を高める必要性を説く人たちもいるが、一般的に言えば、このような人は教育の現場に直接にたずさわっている人たちよりも、むしろ、その周囲にいる人たちであることが多い。これはそのような主張が一応多くの人の賛同を得るものであっても、いざそれを現場において行うとなると、いろいろと困難や疑問を感じさせられることが多いという事実を反映しているからであろう。

果して現代の子どもたちはどのような道徳観をもっているのか、その子どもたちに道徳教育を行うとするとどのような点に留意すべきか。抽象的な論議をする前に、現代の子どもたちの実態を少し眺めてみることにしよう。

子どもの目

大人が子どもの道徳性について、あれこれ論議している間に、子どもたちも大人のことをよく見ているものである。言ってみれば、子どもにとっては大人がモデルなのだから、それも当然のことである。私も職業上、直接間接に、子どもたちが大人をどのように見ているかを聞かされることがあり、その観察の鋭さに驚かされることがある。ここでは、そのような場面のことではなく、小学一年生のつくった詩を素材として取りあげてみたい。

ここに取りあげる、『続一年一組　せんせいあのね』(鹿島和夫編、理論社)は、小学一年生の教師、鹿島和夫さんが、担任している子どもたちの詩を編集したものである。鹿島さんはもちろん、これを「道徳教育」との関連で考えたことはないであろう。後にも論じることになると思うが、鹿島さんの小学一年生に対する開かれた態度に支えられて、子どもたちはのびのびと自由に自分を表現することを学び、それが彼らのすばらしい詩となって結実している。子どもたちの「生きる」ことのなかから、自然に詩が生まれているのである。

それでは、さっそく一つの詩を引用してみよう。これは「人」という題であるが、「えらい人」とはどんな人かということが述べられている。「えらい人」は子どもにとっての理想像とも関連しており、道徳性の問題につながってくるものである。

人

なかたに　ゆうすけ

えらい人より
やさしい人のほうがえらい
やさしい人より
金のない人のほうがえらい
なぜかというと
金のない人は
よくさみしいなかで
よくいきているからだ

作者のなかたにゆうすけ君は、小学一年生なりに「人」の生き方を観察し、それに自分なりの価値判断を加えて、この詩を書いている。人の生き方についての価値判断とは、すなわち道徳観、倫理観の問題である。そして、注目すべきことは、小学一年生の子どもが一般的な価値判断によらず、自分自身の判断を堂々と述べていることである。そのことは、まず冒頭の表現に見られる。すなわち、

「えらい人より

やさしい人のほうがえらい」(傍点筆者)

と「えらい」という語が二度繰り返されるが、なかたに君はそれをうまく使いわけしている。

つまりはじめの「えらい」は一般に言われている「えらい」であり、後の方は、自分自身の判断による「えらい」なのである。はじめの「えらい」人は、校長先生とか大臣とか、一般にえらいと思われている人たちを指しているのであろう。皆が「えらい」という人の生き方を観察し、他の人の生き方も観察しているうちに、なかたに君はひとつの結論に達する。すなわち「えらい人よりやさしい人のほうがえらい」というのである。

最初に自分自身の判断を提示しておいて、その後に、自分のもっと言いたかったことが述べられる。しかしそれは「やさしい人のほうがえらい」ので、一番やさしい人がすばらしいという方向に進むのではなく、なかなか興味深い転換があり、その転換の仕方によって、詩を平板なものにすることを避けている。なかたに君は、「やさしい人より　金のない人のほうがえらい」と言ってのけて、読者に「あれ、どうして」という驚きを与える。「やさしい」の次に「金のない人」がでてくるので、その続き具合いが理解しにくいからである。このような驚きを与えておいて、「なぜかというと」と前置きして、また、なかたに君自身の価値判断が明確に示される。

「金のない人は
よくさみしいなかで
よくいきているからだ」

「さみしいなかで、よくいきる」ことは、確かにすばらしい。それは「えらい」人たちである。このことを彼は強調したいのである。「よくさみしい」という表現は、日本語としてみると少しおかしい。しかし、次の「よくいきている」をみると、最初の「よく」が理解できる。なかたに君は金のない人たちの「よくいきている」姿に感動していて、そのイメージは心のなかで生きいきと躍動している。「よく」という形容詞は「金のない人」と書きはじめたときから、心のなかではたらき続けており、「さみしい」という時にさえ、それは口をついて出てきたのである。

鹿島さんは、なかたに君の気持をよく理解したのであろう。「よくさみしい」という表現を「正しい日本語」にするために添削などせずに、そのまま掲載したものと思われる。最後の二行の「よく」の積み重ねのなかに、なかたに君の心意気が出ているのである。

「金のある人」は「えらい」という発想からすれば——どうも大人はそう思っているらしいのだが——金のない人は「えらくない」人になるだろう。なかたに君は自分自身の経験に基づいて、そのような発想にプロテストしているのである。「さみしいなかで、よくいきている人」を「えらい」と断定するなかに、なかたに君の倫理観が表明される。その価値判断は、なかたに君のやさしさによって支えられている。

子どもは見ている

もうひとつの詩を引用してみよう。この詩は「こども」という題であるが、子どもと大人のあり方について、大きい疑問をなげかけているのである。

こ ど も　　　　　　　　　　　　　みねゆき　よしえ

いつもおとなは

こどもがおれへんかったら
りこんしとうのにゆうて
はなしとう
こどもがおったら
じゃまなんやろか
おとなのはなしは
いつもむつかしい

神戸の方言で書かれているが、理解していただけると思う。なかたに君は明確に自分の価値判断を提示したが、みねゆきさんは、「おとなのはなしは　いつもむつかしい」という言い方で一つの疑問を大人に投げかけてきている、と言っていいだろう。

大人は、子どもがいなかったら離婚しているといつも話し合っている。離婚をしたいのに子どもがいるためにできない、とすると、子どもは親にとって自分のしたいことを妨害している存在なのだろうか。それにしては、親は子どもほどかわいいものはないと言ったりするし、いったいどうなっているのか、大人というのは理解しがたい存在である。ここでも小学一年生の子どもが、大人の身勝手さを指摘している、と言えないだろうか。

子どもの詩を引用しはじめると、どれも興味深くてとめどがなくなるが、最後のひとつ、何の解説もいらない、読むだけで、大人の道徳性について反省させられる詩をあげておこう。これも小学一年生の詩である。

やくそくをまもること

たけだ　のぶたか

「にんげんはなんとしることははやく
おこなうことのおそいいきものだろう」
――ゲーテ
といれのカレンダーにかいとった
おとうさんがよんでくれた
ぼくなんのことかさっぱりわかれへん
おとうさんが
「やくそくをしたら　まもらなあかん
じぶんがしたことせきにんもたなあかん」
とおしえてくれた
ほんでもなんのことかわかれへん
おとうさんもまもれへんことが
いっぱいあるのに

たけだ君はトイレのなかで「ゲーテ」という人の難しい言葉に出会って考えこんでしまう。親切なお父さんがわかりやすいことばに言い直してくれたが、たけだ君はますますわからなくなってしまった。お父さんができもしないことを、どうして「ゲーテ」は大切そうに言うのか。大人はどうして自分が実行不可能のことを、トイレのなかにまで貼り出しておこうとするのか。

小学一年生の道徳性は、ここに示した三篇の詩を見ただけでも、相当に高いというべきではなかろうか。むしろ、この三つの詩が投げかけてきた倫理的な問いかけに対して、どれだけの大人が納得のいく答を与えることができるかを真剣に考えるべきであろう。本当のところは、それができてこそ道徳教育が行われた、ということになるのである。道徳教育の本質は、それを行う大人の側にごまかしがあってはならない、ということであり、ごまかしがあるのは、道徳教育の根本がゆらいでいることになる。

この詩を見ると――そして、ここに引用できなかった他の多くの詩を見ても――子どもの目は大人の目よりも人間の倫理の本質をより明確につかんでいるのではないか、とさえ思われるのである。大人たちが、ごまかしの多い人生を生きているとき、子どもは澄んだ目で、それを見ているのだ。とすると、学校における「特設道徳」の時間は、子どもたちから教師が学ぶ時間となるのであろうか。

道徳とは何か

子どもの方が大人よりも透徹した目で、ものごとを見ているとすると、学校における道徳の時間に教師はどうすればいいのであろうか。道徳を教えるとは、いったいどういうことなのか、という疑問が湧いてくる。このことに答えるために、そもそも道徳とか倫理とかは、どういうことなのかについて、もう少し考えてみる必要があるようである。

道徳教育の時間は、教師が生徒から学ぶことになるのだろうか、と先に述べたが、これが一面の真理であるとは認めても、全面的に賛成する人はいないであろう。教師が子どもに教えねばならない面も存在していることは事実である。この点はどのように考えられるだろうか。

道徳とは、簡単に言えば、人間が生きてゆくうえで守らねばならない規則の総体である。したがって、そのなかには時代や文化によって異なってくるものもある。極端な例で言えば、信号が赤になったら道路を横切ってはならない、などということを知ることが絶対必要な文化圏があるかと思うと、そんなことをまったく知らずに一生を安心してくらせる文化圏もある。そんな細かいことを言うから問題になるので、交通道徳を守ることは大切であると言えばいい、と言われそうだが、そのような一般論でこと足りるのなら、「道徳は大切です」の一言ですんでしまうことになる。

道徳は生きることにかかわるだけに、きわめて細部にかかわる具体性をもたないと理解できない面と、きわめて抽象的、一般的に述べられる面の両面をもっている。あるいは、外界との関係で、具体的にこのような場合はどうするか、とか、どのような規則に従うべきかなどと、習慣や法律に近づいてゆく面と、あくまで内面的に、それが自分という主体にとってどのように価値づけられ、体系化されるのか、などと、宗教に近接してゆく面ももっている。そして、これらすべてのことを考慮しなくてはならぬところに、道徳教育の難しさがあると思われる。

もう一つ大切なことは、子どもは子どもなりに、相当早くから「正義」とか「勇気」とかがよいことであると知っているが、それをどのように呼ぶか、どのように一般化できるかを知っていない。したがって、道徳教育において、「正義」、「勇気」は大切ですと教えられるときには、具体的には知っていることに明確な「名」を与えられることになる。このとき、「名づける」ことの意義はどこにあるのか、どのような意味をもつのか、について教師はよく知っていなければならない。

「名づける」ことは、人間が自分の「知」を自分のものとするうえで、きわめて大切なことである。いろいろな物の特性や用途を知っていても、それの名を知っていないと、不便で仕方がない。そのような意味で「正義」という名を教え、正義を行うことは大切である、と教えることは必要である。「正義」という名によって、子どもたちの心のなかにいろいろ具体的なかたちで存在していた体験が一つにまとめられ、自分の心のなかに明確な位置をもつことになるからである。

ところが、どのようなことにも影の部分があると言っていいのだが、名づけることにもマイナスの面があることも、教師はよく知っておかねばならない。それは名づけることによって、硬直化してしまい、以後の柔軟な考えや態度をもつことに対して妨害となるからである。たとえば、「愛国心」などということが、硬化した形で注入されたため、どれほど多くの日本人が不幸な人生をもつことになったかを、われわれは戦争中の体験を通じてよく知っている。

硬化した徳目が大きい害をもたらすと言っても、名前を与えることをまったく放棄してしまっては、人間の思考はすすまない。ただ、日常生活において、たとえば「鉛筆」という名を覚えていることはきわめて便利であり、それによって事が円滑に運ぶのだが、そのような名と、「勇気」とは異なっていることを、教師はよく知っていないといけない。

「勇気」という語は「鉛筆」と異なり、子どもたちの環境が変化したり、年齢が変化したりするにつれて、その色合いも変化してゆくものである。ここで「色合い」の変化という表現をしたが、その「本質」が変化するかどうかという難しい問題が生じてくる点については不問にしておこう。むしろ、そのように困難な、言うなれば教師自身にとっても答えがたいほどの問題を常に内包しつつ、このような概念や名前が存在していることを、教師が自覚することが大切であると強調したいのである。

生きることのなかで

道徳教育の硬直化を避けるためには、子どもたちの生活している場において、道徳の重要さを知らせることがいい、とは誰しも考えることである。道徳教育とは学校の教育活動全体を通じて行うのを基本とすることには、誰も同意することであろう。たとえば最初に示した子どもたちの詩は、きわめて倫理性の高いものであるが、それらは決して「道徳教育」の時間に作られたものではないだろうし、担任教師も道徳教育の一環として詩を作らせる意志などなかったと思われる。毎日の生活のなかで、子どもたちが発言をせずにはおれなかったこと、子どもたちにとっては何とも不思議で、言語化したいという気持がつきあげてきたことが、詩になっている。それだからこそ、その倫理性がわれわれに感動を与えると言っていいだろう。

道徳教育における、子どもたち自身の生活の重視ということは、今日ではむしろ常識といっていいほどであろう。このような考えは、必然的にいわゆる「特設道徳」に対する反発とも結びついてくることになる。この点についてよく考えてみるために、生活と道徳という点について少し考察することにしよう。「特設道徳」に対する批判の根拠のひとつとして、それがかつての修身科教育につながるものだという判断がある。

柴田義松氏は「特設道徳」に対する批判を展開するなかで(「道徳教科は成り立つか」、『岩波講座 現代教育学15 子どもの生活と道徳』岩波書店)、修身科教育の問題に触れ、すでに一九三〇年頃に修身科教育に明確な批判を示した岩瀬六郎の言葉を引用している。岩瀬は「教科書中心の修身教授はもちろん、教師の説話によって子どもたちをひきつけたり、感激させたりする修身時間」を軽蔑するものとして、次のようにのべているという。これは現在においても、生活を重んじる道徳教育を考えている人たちの、基本姿勢を示しているとも思えるので、ここに再引用してみよう（岩瀬六郎『修身教育の新体系』一九三〇年より、柴田氏が引用）。

我々は、如何に子どもの道徳的知見を養わねばならぬか。如何にしてその場限りではない児童の感動を起さしめねばならぬか。如何にして子どもが常に正しく強い道徳的欲求を起し得るまでに訓練をせねばならぬか。これらすべての難問題に答える教育の道は、ただ生活指導あるのみだ。生活を生活させる間に道徳的知見と道徳的情操と道徳的意志とが常に一体としてよく強く正しく働くように訓練する。これが生活本位の修身訓練だ。

生活に出発して生活に帰る。すなわち、生活に終始するのが修身教育の真諦だ。

偉大なる故人の言行も、生活するものにとってこそ感化の力もあれ、修身科の時間だけをエンジョイする児童にとっては、ただ一時の娯楽を求めて、芝居を見物すると何等選ぶところなきものである。

一九三〇年頃にすでにこのような主張をして、道徳と生活の結びつきの重要性を強調したことは、まことにすばらしいことと言わねばならない。ただここで気になることは「生活」ということを狭義に考えすぎて、それの対立者としての「芝居を見物する」ことを、あまりにも軽視しすぎていることである。芝居のような非現実的なことで感激してみても、現実にぶつかると、そのような感激はすぐに消え去ってしまう、だから、現実の生活こそ大切だという考えなのだろうが、これは少し考えが単純すぎる。現実とか生活とかいうことをあまりに一面的に考えすぎているように思われる。

「芝居見物」という表現によって軽蔑的に述べられるが、「芝居」を含む多くの芸術作品がどれほど人間の行為に大きい影響を与えたかは、いちいち例をあげるまでもないであろう。また逆に、生活生活と強調されるが、それも岩瀬の言う「芝居見物」と同じくらいの効果しかあげられないという例もすぐにあげることができる。生活の場で徹底的に規律正しく行動することを教えられたはずの日本の軍隊も、いざとなれば規律どおりには行動しなかった例など、いくらでもあげられる。道徳ということは実に大変なことで、どのような方法をとるにしろ、一朝一夕に達成されるものではない。

生活と言わずに人間が生きてゆくうえで、と言えば、そのなかには芝居見物も含まれることになる。遊びも芸術も空想も、いろいろとすべていれこんで、人間が生きてゆくうえで道徳ということを考えることが必要である。「芝居見物」による感動が、けっこう道徳的な行為を支える力になっていることもあるし、毎日毎日、生活のうえでやかましく言われたことでも、何も身についていないこともある。よほど、生きてゆくことを全体的、総合的に見ないと、われわれは道徳教育を狭い枠のなかに閉じこめてしまうことになると思われる。

芸術作品による感動は、「感動」という文字が示しているように、それに感じた人に対して、何らかの「動き」を与えるものである。しかし、その動きがどのようにはたらき、現実とどのようにかかわるかというところで、その人の個性が大いに関係してくる。

道徳以外の教科において、何かを「教える」というときは、たとえば、2×3=6を教えるときのように、教師や生徒の個性にかかわりなく、それはそのままに伝えられることになる。そして、教師はそれが正確に学ばれたかどうかを、テストなどによってチェックすることができる。

これに対して、道徳教育の場合に、教師の話が「感動」を与えるというとき、そこには教師と子どもの個性が関係し、数学の場合のように、すべての子どもに同じことが伝わるのとは異なるはずである。そこには、「動き」の伝達が行われるが、必ずしも同じことであることを必要としない。むしろ、個性に従って、それを異なって受けとめてこそ意味があると言えよう。

このような点をよく知っていないと、教師が道徳教育を他の教科を教えるのと同じような姿勢で教えようとし、画一的没個性的な徳目を羅列することになってしまって、真の道徳教育の意味が失われてしまうのである。

人格発達と道徳性

人間は生まれたときから大人へと「発達」してゆくと考えられている。この「発達」が何を意味しているかについては後で考えるとして、確かに、人間の年齢ごとの変化を見てゆくと、体も大きくなってゆくし、運動能力も高まってゆく。知的能力も高くなるし、これらを総称して「発達」してゆくと考えるのは当然のことである。したがって、心理学においては「発達心理学」という領域が重要なものとして存在している。そして、発達心理学の成果に基づいて、子どもたちに何をどのように、何歳のときに教えるべきかなどが考えられるのである。

このような考え方は、子どもの教育を考え、そのカリキュラムを作ってゆくうえにおいて、きわめて有効であった。したがって、道徳教育においても、子どもの道徳性の発達についてよく知ることが大切と考えられたのも当然である。そして、実際にそのようなことを知っておくのは、教師にとって必要なことである。

子どもの道徳性の発達に関しては、すでに田中孝彦氏が論文を発表しており(「道徳性の発達と教育」、『岩波講座 子どもの発達と教育5 少年期』岩波書店)、これまでの研究の概観がよくまとめられているので、詳しくはそれを参考にしていただきたい。ここではそれを踏まえて論をさらに展開してゆきたいのだが、一応は道徳性の発達について簡単に述べておくべきと思うので、田中氏の論を参考にして、要点のみを次に述べる。

道徳性の発達について基本的な意見を明確に述べた人としては、ピアジェをまずあげねばならないであろう。彼は子どもが過失・盗み・うそなどについてどのような判断を下すかを実際に調査し、その分析を通じて、子どもの道徳性の発達を、他律から自律へ、客観的責任から主観的責任へ、権威への服従としての正義から平等・公正としての正義へという筋道によって把握できるとした。

つまり、子どもは最初は他律的で、行為の結果によって善悪の判断を下し、権威に従うことを正しいと考えるが、発達するに従って、より自律的となり、行為の結果よりも、その意図・動機によって善悪の判断を下すようになる。そして、権威に従うよりも、平等・公正を正しいと考えるように発達してくることを見出した。

ピアジェのこのような考えは、現在においても大筋においては承認されていると言えるが、イギリスのノーマン・ブルは次のような批判を加えている(詳しくは、ノーマン・ブル、森岡卓也訳『子どもの発達段階と道徳教育』明治図書、参照)。

すなわち、ピアジェの考えでは道徳的なものと社会的なものを同一視する傾向が強く、これに対してブルは、子どもが社会化してゆくことと道徳性を発達させてゆくこととを区別して考えようとしている。ブルは「道徳的進歩は、一般に通用している道徳律に挑戦する個人の自律的良心によってひきおこされる。こうした挑戦には、社会を越えてゆく要因がなければならない。こうした挑戦は自律的良心から生まれる」と述べて、「社会律」の上に存在する「自律」の価値を強調している。

このような考えに立って、ブルは道徳性の発達の大まかな段階として、四段階を区別している。すなわち、(1)「前道徳」の段階、(2)「外的道徳」、「他律」の段階(七—九歳)、(3)「外‐内的道徳」、「社会律」の段階(九—十一歳)、(4)「内的道徳」、「自律」の段階(十一歳から)の四つの段階である。
今ここにきわめて簡単に示したが、このような段階を大人が心得ておくことは大切である。さもないと、子どもたちに年齢不相応な期待をかけて混乱させたり、負担を重くしたりすることや、子どもが自律的な段階にすすんでいるのに、教師の権威によって道徳的判断を押しつけようとするなどの失敗を犯すことになるからである。

発達段階説への反省

以上にのべたように、子どもの発達段階を知っておくことは重要であるが、ここにはきわめて危険な落し穴があることを、大人はよく心得ておかねばならない。小学一年生の詩をもう一篇取りあげてみよう。

もしわたしがかみさんに

うえの　さちこ

もしわたしがかみさんになれたら
いじめられているこがいたら
たすけてあげる
からだがふじゅうなひとたちがいたら
なおしてあげる
目がみえないひとがいたら
目をあげる

ものがいえないひとがいたら
いえるようにしてあげる
あしや手がうごかないひとがいたら
うごけるようにしてあげる
よのなかには
よわいひとがたくさんいますね
ほんとうのかみさんがいないからです

うえのさちこさんは世の中の様子をずっと見て、自分の判断によって、「ほんとうのかみさんがいないからです」という厳しい断定を下している。このような断定の背後には、うえのさんの道徳的判断が存在している。「人間は本来平等であるべきである」、「本当の神が存在するのなら、人間に不平等をもたらしているのはおかしいではないか」と彼女は判断している。このような判断を、ピアジェやブルの言う「他律」の段階である女の子が下していることを、われわれはどう考えるべきか。それは彼女が道徳的に特異に発達しているからである、という答は当たらない。すでに示した詩から見てもわかるように、この一年生たちの詩には、多くの自律的道徳性が認められるのである。

ここで私は、うえのさんの判断が正しいかどうかを問題にしているのではない、彼女が自分の力によって判断している、という事実を指摘したいのである。

いや、それはおそらく担任教師の言うことを真似ているだけだと考える人もあるだろう。それに対しては、この詩集すべてを読んで下さいと言わねばならない。そこには、担任の先生に対してもきわめて自由な意見や判断が述べられていることに気づくであろう。つまり、小学一年生でも相当に、自律的で公平な態度をもった道徳的判断を示し得ることを、この詩集はよく示しているのである。

われわれ心理療法を専門とするものは、一般に「問題児」と呼ばれる子どもたちと接することが多い。そんなときにわれわれが心を開いて近づいてゆくと、これらの子どもたちが、その両親や教師に対してきわめて鋭く、的確な道徳的判断を下していることを知り、驚かされる。このような子が「××先生は口先ではいろいろ言うが、本気ではない」と言うとき、それはその教師が自律的で主体的な責任ある行動をしていないという道徳的評価を下していると考えられる。そして、その判断は正しいことが多いのである。

発達段階説のもう一つの落し穴は、田中氏も指摘していることだが、ピアジェの考えのなかには「知的発達と道徳的発達の「平行」」という特徴があることである。このために教師は知的発達という点で自分が生徒に優位であるから、道徳性においても自分の方が高い、と安易に思いこむ危険性をもっている。あるいは、知的に低い子は道徳性も低いと速断したりする失敗を犯すこともある。

このような観点から見ると、道徳性は人間の「発達」には関係がないとさえ思われてくる。小学一年生の道徳性の方が、親や教師を上まわることさえあるようにみえる。しかし一方では、ピアジェなどの説はまったく思弁的になされたものではなく、調査や観察を基にしてつくられてきたものであるし、ピアジェらの考えがまったく間違っているとも言いがたい。このジレンマをわれわれはどう解決すべきであろうか。

ここでまず注目すべきことは「発達」という概念についてである。人間の身体とか知的能力は確かに段階的に発達し、よほどのことがないと逆行したりすることはない。しかし、「道徳性」というような人間の内面にかかわることは、それらの「発達」とは質的に異なると考えるべきではなかろうか。それはまず、ある水準に達していても容易に逆行を許す類のものではなかろうか。ある「段階」に達したなどと喜んではいられないものである。次にピアジェなどの研究は子どもの「道徳判断」についてであって、道徳性そのものでないことに注意しなくてはならない。しかも、その「判断」は、ある程度大人の設定した状況において、言語によって判断を表明する、という条件の下にあることを忘れてはならない。たとえば、先に示した「かみさん」の詩にしても、「神は絶対に存在する」という大人によって、その基準のみに照らして判断するならば、うえのさんの道徳的水準は低い、あるいは、道徳的判断は誤っている、ということになるだろう。

ピアジェの研究の方法そのものが、大人にわかりやすい「発達段階」を引き出しているのである。このような研究方法によるかぎり、「道徳的発達は知的発達に平行する」という結果が導き出されてくる。ここで恐ろしいことは、大人の設定した道徳的判断の発達の研究が、道徳性の発達にすりかえられてしまうことである。すでに述べたように、教師はピアジェが述べているような意味において、子どもの「道徳的判断」がある程度段階的に発達することをよく知っていなければならない。しかし、それに安易によりかかると、子どもの「道徳性」の本質を見失ってしまうことになるのである。

教師の態度

子どもの道徳性について知るためには、教師の子どもに対するかかわり方について反省してみることが必要である。実際にあったひとつの例をあげよう。

小学四年生の比較的よくできる子どものB君は、朝からどことなく落ち着きがなかった。担任の教師が質問をしても、まったく答えられない。要するに先生の言うことをうわの空で聞いているのである。教師はたまりかねて、B君を教室の後ろに立たせた。それでもB君のボーッとした態度はよくならない。再びB君に質問したところ、彼はそれに対しても何も答えられない。後ろに立たせられながら、まだ授業に熱心になれないB君に、教師は腹を立てて、どなりつけてしまった。

ところで、実のところは、B君はその前日の夜、ふと目を覚ましたときに両親が口論し、離婚にまで話がすすんでしまい、果てはB君の世話をお互いに相手に押しつけ合っていることまで聞いてしまっていたのである。彼がその日、まったくうわの空で過ごすことしかできなかったのは当然のことである。このようなとき、いつもは比較的よくできるB君が授業に集中できずにいるとき、悪いという判断を下す前に、どうしてだろうかと疑問をもち、「どうかしたの」と問いかける心の余裕を教師がもてなかったところに問題がある、と思われる。もちろん、教師の問いかけにB君はすぐには秘密を打ち明けられなかったかもしれない。しかし、両親の離婚話に続いて、教師からも悪い生徒という判断を下され、彼の心がいっそう深く傷つくことは避けられたであろう。それ以後、彼が強い人間不信感によって長い間悩まされることになったのも当然である。

しかし、B君のこのような事情がわからないかぎり——そして、それは誰にもわからないことが多いのだが——教師のとった態度は誰からも非難されるところがない。授業中に不熱心な態度を示し、注意のため後ろに立たせても、まだうわの空の状態でいる、そのような生徒を「悪い」と判断する教師の道徳的判断は誤っていない。しかし、問題の本質は道徳的判断ではない。道徳性そのもの、それはいかに生きるかに深く関連し、いかに生きるかということは、「生きる」ことに対する「畏敬」の感情によって裏打ちされていなければならない。いつもはよくできる生徒が、うわの空の状態でいる。それを単純に「悪い」と判断する前に、そのような状態は果して何を意味しているのか、何のあらわれなのだろうか、という慎重な態度をもって接してゆくことこそ、道徳性の本質にかかわるのではなかろうか。教師のそのような態度によってこそ、子どもの道徳性があらわれてくるのである。

これまでに示した小学一年生の詩は、まことにすばらしい道徳性を示している。その理由は、担任の鹿島和夫さんの子どもたちに対する態度が、常に広く開かれ、子どもの心の自由なはたらきを尊重する態度によって貫かれているからである。

『続一年一組　せんせいあのね』には、鹿島さんが一年生の子どもたちにどのように接しているかが、「解説」に述べられている。ここに繰り返すことはしないが、子どもたちの自由な表現を尊重する態度がそこに一貫して認められるのである。学級内で一言も話さない子が、だんだんと心をほぐし、詩によって自分を表現し、とうとう言葉を話せるようになる経過も記されている。あるいは、情緒障害児と呼ばれる子がだんだんと同級生に受けいれられ、自分も障害を克服してゆく過程が詩に表現されている。このようなことをみると、「知的発達と道徳的発達の「平行」という考えに対して、われわれは強い限定を加える必要を痛感させられるのである。

壁としての道徳

子どもに対して自由に開かれた態度で接することが、子どもの道徳性の発現にもっとも役立つことを強調した。この考えは大切であるが、ここにも落し穴があることを注意しなくてはならない。「自由にする」のだったら、「特設道徳」の時間など不要なことはもちろん、子どもたちに注意したり教えたりすることは有害なことではないか、と考える人があるだろう。このような点についてもう少し深く考えてみたい。

ひとつの例をあげてみよう。ある中学校で一人の男子生徒が教師に対して暴力をふるいかけたことがあった。そのときは他の教師たちが間にはいってとめたのだが、その後で、その生徒が比較的尊敬している教師が、どうしてそんなことをしたのかと、一対一で話し合いをした。すると、その中学生は、あの先生は自分がどんなに悪いことをしても一度も叱らない。叱ってくれないのが不満で、それが爆発してしまってあんなことになったと説明した。

この中学生はいわゆる「札つき」の生徒で、しょっちゅう校則を破ったりしていた。したがって、暴力をふるわれた先生もそのことをよく知っており、その生徒が目の前で悪いことをしても、「見て見ぬふり」をしていた。このような態度は、今まで述べてきた、生徒の自由な表現を許すとか、教師の心を開いて接する態度と似て非なるものであることを、われわれはよく知っておかねばならない。「見て見ぬふり」をするのは、相手との真のかかわりから逃げているのである。生徒の自由な表現を許すという場合、教師はその生徒に全力をあげてかかわることが必要である。深くかかわりつつ相手の主体性を尊重するところに、その意義があるのである。先生になぐりかかろうとした生徒は、教師があまりにも自分とかかわりをもたないので、暴力に訴えてでも自分の方を向かそうとした、とさえ言えるのである。

しかし、ここでわれわれはよく考えないと、うっかり暴力肯定ともとれる態度をとってしまうことになる。ここでまず思春期の心理状態について考えてみよう。思春期というのは人間の人生において、実に大変な時期である。それまで子どもとして一定の完成に達したように感じているところに、成人としての「性」という大変な課題が生じてきて、すごい地殻変動にも比すべき体験を強いられる。この時期の子どもたちの主観的体験は、おそらく言語的に表現不可能といっていいくらいではなかろうか。ともかく、彼らは自分の内部で言いようのない変化が生じていること、これまでの生きてきた基盤が崩れ去ってゆくことを、何となく感じ、言いようのない不安を感じている。

このようなときに、その子は何か今までとまったく変わったこと、あるいはこれまでに獲得してきたことを破壊するようなことを突然にやりたくなる。もちろん、その一方ではそのようなことはしてはならないとよく知っているのだが、内から突きあげてくる衝動は何とも制御できないのである。このような状態のなかで、思春期の子どもたちは、後から考えるとなぜあんな馬鹿げたことをしたのかと自分でも呆れるほどのことをやってしまう。しかし、このときに、今までつくりあげてきた道徳的判断との間にある程度のバランスが存在して、あまりにも危険なことや、ひどい悪を行わずに思春期を乗り切ってゆくのである。このあたりは本当に微妙なことであり、少しのずれによって、命を失うほどの大事に至ることさえ生じる。

思春期において内面に生じてくる衝動から、本人はある程度守られていなくてはならない。それをそのまま受けとめてしまっては、破壊性が強すぎる。そのとき、それを守る防壁として道徳が役立ってくれる。生徒たちは、悪いと知りつつ、ともかくやむにやまれぬ気持で何か悪いことをやろうとする。そんなときに、それは悪であるとはっきり明示し、その行為をとめる人が存在すると、彼らは自分のやりたいことをとめられた不満をもらしつつ、心の底では「ほっ」としたり、喜んでさえいるのである。

あるいは、もう少し極端に表現するならば、いろいろな悪を行いつつ、心の奥底では誰かが真剣にとめてくれることを期待している、と言うことができる。このように考えると、先にあげた例において、生徒が「悪いことをしても先生が怒らない」と不満を表明したこともよく了解できる。もっとも、この例の場合、暴力をふるわれかけた教師がその生徒の言葉を伝え聞いて、そういうことだったらと、その生徒が悪いことをしているのを叱ったら、今度は何を言うかとくってかかられ、本当になぐられるということになった。あのように言っていても、結局は叱られると反発するのだ、とも言えるだろうが、この生徒が「叱ってほしい」と言っているのは、「真剣にかかわってくれ」と言っているのであって、それに応えることが必要なのである。叱ってほしいのなら叱ってやろう、というような安易な態度で臨んでは、何の解決ももたらさないのである。

壁のもつ意味

思春期の生徒に対する場合、彼らの心の奥底からつき上がってくる衝動に対して、大人が防壁となって立ちはだかってやる心構えをもつことが必要である。そのような壁にぶつかってこそ、破壊的なエネルギーが建設的なものに変容するのである。これは、子どもたちがもたらす破壊性に対して、社会や既存の体制を守るというよりも先に、子どもたち自身の安全を守る壁、という意味をもっている。思春期の子どもたちが破壊的になり、それが集団になってくると、説得とか話し合いはほとんど意味をもたなくなる。そうなる以前において、そのような行為をとめる壁として道徳があり、道徳の守り手として大人が必要なのである。

ところが、前に述べたような、開かれた自由な態度とか、生徒を理解する態度とかを浅薄に理解している教師は、甘くなってしまって、生徒の前に壁として立つ強さに欠ける。中学校の教師の難しさは、このように一見両立しがたいように見える態度を両立させるところにあると言える。

壁として立つ、ということを誤解すると、生徒を厳しくしめつける方がいいなどと考えることになる。壁はがっちりと立っていて、それに当たってくるものをはね返すが、自ら動いて他をしめつけたりはしない。道徳を鞭として用いるのではなく壁として用いる、という点をよく心得る必要がある。強くぶちあたってくる思春期の子どもたちに対して、不退転の壁として立ち続けるためには、教師自身が相当にしっかりとした道徳性を身につけていなければならないのである。

壁はすでに述べたように、守りとしての役目をもっている。しかし、その一方では、それ以上の前進を妨げるという性格ももっている。壁のもつこのような二面性は、道徳のもつ困難さをよく示している。つまり、道徳があまりにも堅く不動であると、それは新しい発展を妨害することにもなり得るのである。思春期の子どもたちの前に――もっとも大学生でも思春期的段階の者もいるので、そのときも同様であるが――大人は不退転の壁として立ちつつ、それはもしかして新しい発展への妨害であるかもしれぬという二面性を意識していることが必要である。壁の比喩を用いるなら、子どもたちの守りとして立っている壁は生きていなければならない。それは相手と感情の交流を行い、自分のあり方について考え直してみることのできる壁でなければならない。

先に紹介したブルの道徳性の発達段階は、第三段階の「外‐内的道徳」、「社会律」の段階(九―十一歳)から第四段階の「内的道徳」、「自律」の段階(十一歳から)への移行が直結しており、十一歳から「自律」的道徳性を身につけるように述べられているが、私としては、第三段階と第四段階の間に移行期があり、そこで子どもたちが「壁」にぶちあたってみる体験をすることがきわめて大切であると考えている。

このような発達段階的な考えは、すでに述べたように大まかな全体像を把握するのに有効であり、「社会律」から「自律」にすすむ移行期として思春期をとらえ、そのときにおける「道徳の壁」の意味を考えるなどの点においては有効であるが、やはり「他律」と「自律」の相反関係は、相当に幼少年齢からも存在していると考える方が実状にあっているように思われる。したがって、思春期における壁としての道徳の意義を強調したが、それは子どもたちの成長の期間を通じて常にあてはまることでもある。ただ、思春期ほどに顕著には認められないだけである。小学校の低学年においても、道徳の時間において、教師はすでに述べた「壁のもつ二面性」について考慮しつつ授業をすることが大切であろう。

国際化がもたらしたこと

ピアジェの道徳性の発達段階説を批判して、ブルが道徳的なものと社会的なものを同一視すべきでないと主張し、「個人の自律的良心」の重要性を指摘したことは、すでに述べたとおりである。個人が自律的に行動するとき、それはブルの言うように社会を越えてゆくための挑戦ともなり、きわめて創造的なものであると言わねばならない。そのような点について、ここでは考えてみたい。

現代では国際交流の機会が激増したために、道徳観の異なる国との接触が増加している。自分たちにとっては自明のことであった道徳観とはまったく異なるもののあることを知ったとき、それを正しくないとか奇妙だとか判定してしまうことは楽であるが、他の考えも尊重するとなると、苦しい状況が生じてくる。しかし、そのような苦しい状況に耐えて考えぬいてこそ、新しい道徳の創造も可能となるのではなかろうか。異なる道徳観との接触がどのようなことをもたらすか、その例としてこれまでに何回かあげた帰国子女の例を思いかえしていただきたい。

これらの例に接して残念に思われるのは、教師があまりにもやすやすと生徒一同と同化して、帰国子女を悪者にしたり、厄介者にしたりしてしまうことである。私は帰国子女の道徳律が正しく、日本のそれが正しくないなどと主張する気は毛頭ない。ただ、教師に対して望みたいことは、自分たちと異なる道徳律が地球上には存在して、どちらが正しいなどと簡単に言えないことをまず認識すること、それに、われわれは西洋化したなどと思っているが、頭で考えている西洋とは随分と異なる生き方をし、異なる道徳律によって生きていることを知ることである。これらを明確にしたうえで、それでは帰国子女と日本人の子どもが本当に仲よくなるにはどうすればよいのか、などをクラスで話し合ったりできれば、それこそ道徳教育そのものであるし、おそらく創造的な道徳教育ができることと思われる。

道徳教育の徳目のなかに「不撓不屈」というのがある。あきらめずに頑張ることが大切と言えば、誰も賛成するだろう。しかし、帰国子女の体験記のなかには、次のような文がある。

海外にいた七年間、あきらめないことが大切、といつも自分にいいきかせて、努力してきた。あきらめていたら、投げ出していたら、いまの自分はなかったと思う。しかし、日本では、あきらめることが大切、ということを学ばなければいけないのかもしれない。（大沢周子『たったひとつの青い空』文藝春秋）

これを見ると、われわれ日本人は、実際には西洋人に比して「あきらめる」ことにはるかに高い価値をおいているのではないかと思わされる。このような点について、道徳教育の時間に、教師はどのように教えたらいいのだろう。単純に「不撓不屈」は大切なことです、とすましていていいものだろうか。あるいは、もっと積極的に(?)「不撓不屈」などは徳目としてあげないようにするべきであろうか。

道徳性の創造

自律的な道徳性を身につけるためには、自分で状況を考え、自分で判断する能力をもたねばならない。すでに述べたように、道徳は習慣や法律などに近く、多分に教えることが必要な側面と、本人の自律性に待つべきであり、しかも、知的な発達とさえ無関係とも言えるような、個性との関連の深い道徳的な側面があり、これは簡単に教えることができない。そこでは創造活動が重要となってきて、生徒の創造性に頼ることによってのみ、教育が達成されるのである。

後者の点を狙いにするときは、個々の生徒の自由度をできるかぎり高くし、それぞれが自分の意見を自由に発言できる場を与えることが必要である。そして、何が正しいとか、教師の言うことが正しいとかいうのではなく、皆で討論しつつ、考えを深めてゆくことが望ましい。

道徳教育の授業においては、一応「徳目」があげられている。このときに、それを正しいこととしてすぐに押しつけるのではなく、その徳目について皆で考えてみることが大切であろう。すでに「不撓不屈」を例としてあげたが、日常生活の場面をあれこれと考えていると、ある「徳目」が絶対に正しいなどとは言えなくなってくる。それを深くつっこんで考えてゆくことこそが道徳性なのである。考えのきっかけとして徳目があげられていたり、それに関連する話が教科書や副読本にあげられている、と考えるといいのである。そこからの討論の深まりは、子どもたちの創造性に期待するのである。そのためには教師は焦ってはならない。ゆっくりと子どもたちの考えが熟し、発展するのを待たねばならない。

私がある男子高校生に会ったとき、彼は自分の不運を嘆き悲しんでいた。話を聞いてみると確かに気の毒な運命にあると感じられた。思いがけない不幸がやってきて、本人の努力を水泡に帰せしめてしまう。前に示した小学一年生の詩のように、彼は「本当の神がいない」ことを嘆き、憤慨した。それでも、私は辛抱強くその話を聞き続けた。おそらく、一年以上も経過した頃だったと思うが、彼は彼自身で解決策を見出してきた。

彼ははっきりと、自分にはやはり神がいると思えてきたと言った。もし善行を積んだ者に善い報いがあり、悪いことをした者には悪い報いがあると決まっていたら、それは人間が考えるのと同じルールであり、そんなことであれば別に神の存在など考え出す必要はない。人間がいくら考えても不可解なことが、この世に多く生じるのは、それは神がいるからだと考えるべきではなかろうか。自分は今まで特に悪いこともしてこないのに、不幸にばかり会ったと嘆いていたが、それは人間の浅はかな知恵であり、神の目から見ると、また違って見えるのではなかろうか。自分の不幸を嘆いてばかりいるのではなく、神はいったいどのようなルールに従ってこのようなことをするのかを見とどけるように努力すべきだと思う。以上が彼が述べてくれた意見の要約である。

神の存在に関する彼のこのような考えは、歴史的に見て別に新しいわけではない。しかし、自分の不幸を嘆き、神はこの世にいないと憤慨していた高校生が、苦しみの果てに自らこのように考え出してきたことに、私は深く感動した。彼は彼自身の神のイメージを創り出し、それに従って自分の人生を見直し、自分の将来の生き方を吟味しようとしている。これはすばらしいことだ。

このような決定に至る前に、神はいないと断定した怒りがあったこと、しかし怒りのみで終わらせず、そのことに直面して彼が自ら考え続けたことがよかったのである。このように考えるので、先に示した小学一年生、うえのさちこさんの「ほんとうのかみさんがいないからです」ということばを、すばらしいと思うのである。うえのさんは、このように自分自身の考えを明らかにしたうえで、これ以後「ほんとうのかみさんは、ほんとうにいないのか」という疑問や、あるいは、神の不在に対する怒りなどを、自分の心のなかに抱き続け、考え続けるだろう。そして、そこから出てくる結論は、うえのさんの個性を反映して、先に示した高校生の考えとはまた異なったものとなることだろう。各人がそれぞれ自分にふさわしい道徳性を開花させてゆく。それを教師やその他の大人は、ずっと見守っていればいいのである。

このような過程につきそっていると、教師の方が生徒から教えられるような経験をするであろう。他の教科においては、教師は生徒よりはるかに多くの知識を有し、それを上手に教えることが必要であるが、道徳教育の場合には、教えたり、教えられたりする態度が必要なのである。真の道徳性に触れたときは、小さい子どもでも自律的であり、創造的であり、それは知能や年齢とは関係のないものであることを、教師はよく知っておく必要がある。どんな場合でも、教える側に立とうとする教師の悪いくせによって、子どもたちの創造的な道徳性の芽が摘みとられてしまうことが多いのである。

子どもの道徳性について述べたつもりだったのが、教師の道徳性について述べているような感じになったが、これはどうしても不可欠のことであり、せっかくの子どもたちの道徳性を教師が――時には教えることに熱心なあまり――踏みつぶしてしまうように思われることがあるので、このような論の展開になった。道徳性ということは自分を抜きにしては語れぬものであり、子どものことを論じるにあたって、教師として接する自分への自戒もこめて書いたつもりである。

2　性の理解と教育

性　非　行

現代のわが国の教育の場における「性」の問題は、きわめて深刻である。もちろん、性はいつの時代においても深刻な問題であったと言えるかもしれないが、現代における価値観の多様化は、性倫理の上にもおよび、教師にとって、どのような考え方が正しく、どのように教えるべきかという一定のモデルをもつことが難しい状態にある。そのうえ、社会的には、いわゆる性の自由化がすすみ、子どもたちが常に性的な刺戟や情報に取り囲まれた状況にある。このような状況では、ある中学校教師が嘆いてみせたように、性に関しては「生徒たちの方がはるかにすすんでいる」ことになって、教師はどうしていいか、まったくわからないという状態にまで追いこまれてしまうのが実状である。

このような状態のなかでは、教師は性について、何をどのように教え、性に関する倫理としてはどのような立場をとるべきか、などについて早急におきまりの答を求めようとせず、むしろ、自分自身が性をどう考えるのか、その理解を深めてゆく、という点に努力を払うべきだと思われる。教師が個々の例に接するごとに、自分で考えて解答を見出してゆくほどの態度が望ましいのである。性をどのように理解するかについて、具体的な例を基にして考えてゆくことにしよう。

子どもたちの非行のなかに、性に関係するものがある。中学三年生男子のC君は、女性の下着盗の現場を発見され、中学校に通報された。担任、副担任、生活指導部長などが集まって相談した結果、「性非行」だというので、C君を呼び出して、異性との交友関係、性に関する関心、両親の夫婦関係のことなど問いただしたが、不得要領で何ともはっきりしない。そもそもC君は控え目でおとなしく、勉強もむしろ熱心な方であり、両親も真面目で夫婦仲もよい、というわけで、どうしてこのような「変態」——と教師たちは考えた——を示すことになったのか不可解である。それに、両親もまったく思いがけないことで心配も深いので、専門のカウンセラーのところに相談に行くことになった。

カウンセラーはこのような中学生に接して、何かを「問いただそう」などとはしない。子どもが表現したがっていること、話したがっていることがどんなことであれ、耳を傾けようとする態度で接するのである。そのようにすると、はじめは緊張していた子どもの心もほぐれて話をはじめる。この子の場合はまず、「うちは両親が理解があるので困る」という発言からはじまった。このように理解しがたい言葉をポツンと言って、こちらの反応を試してから話しはじめる中学生が多いが、この子の場合も、このような発言に対してもカウンセラーが耳を傾けているのを確かめて、話を続けていった。

ここはカウンセリングの経過を語る場ではないので以後のことは簡単に述べるが、実際は三か月にわたるカウンセリングで語られたことである。C君によると、C君の両親は理解があって、C君に何でも自由にさせているように見えながら、実は目に見えぬ糸で操るように、結局は両親の望みどおりにC君を動かしている、というのである。たとえば、どんな同級生とでも友人になって家へ連れてきてもいいと言うが、両親の好みでない友人を連れてくると、両親が不快に思っていることはすぐに伝わってくるのである。親は服装ですぐに判断を下すが、今時の中学生なら、少しぐらい校則を破るほどの人間の方が、むしろ将来は大きく成長すると思う。このような調子で、C君は「理解のある親」をもつと、どんなに息苦しいか、という話を繰り返し、親の態度を批判するのである。

カウンセラーとの話し合いで元気づけられたのか、C君はある時、両親に向かって、ある友人を連れてきた時になぜ嫌そうな顔をしたのか、両親は服装だけで人間を判断するのかと問いつめた。案に相違して、両親は「あんな子とつき合うのも面白いのではないか」、「お前の友人にしては、これまでとタイプの違う子を連れてきたので、変だなという顔をしたかもしれないが、嫌とは思っていない」と答えた。ここでC君は両親と話し合いを続け、「理解のある親をもつ子の苦しみ」についても訴えた。これには両親も、なるほどと思い、反省する点があり、それについては率直に話し合って、親子の距離はぐっとちぢまったのであった。

カウンセリングのこのような過程で、C君は以前より、しっかりとしてくるし、両親のC君に対する信頼感も増し、「下着盗」などということは、まったく霧散したようなことになって、カウンセリングは終結した。ところで、ここで「性」の問題はどこへ行ってしまったのだろうか。

自立への過程

少年の心の底にあって、「もやもやと動き、突然に破壊的な力として現われそうになったり、新しいものをつくり出すのだ、という力のようにも思われ、不可解でコントロールしがたい」衝動と言えば、誰しも「性」を連想されようが、これに「自立」という語を当てはめても、そのまま通用することを忘れてはならない。「自立」と「性」とは、思いのほかに関連している。このことは忘れてはならない大切なことである。

考えてみると、これも当然のことであり、動物を観察するとよくわかることだが、動物が「自立」するとは、親から離れて自らが異性と交わり、種族保存のためのいとなみを遂行することである。つまり、性と自立とは根本的なところで切っても切れない関係をもっている。

中学生の心とからだについて論じた村瀬孝雄氏は、最後に「大人と子どもとは、どこがちがうか」について考え、「結局、大人と子どもとをわけるのは、帰するところ、「性」のありようのちがいではないかと考えるようになりました。といっても、この場合の「性」とは、生物的・心理的・社会的なトータルな次元における「性」を象徴的にあらわしたもの、と考えて下さい」(『中学生の心とからだ』岩波書店)と結論している。つまり、「性」ということは自立の根本に存在しつつ、それはきわめて多様な象徴的意味を内包しているのである。

　このように考えると、C君の問題と、カウンセリングの経過が了解できるであろう。C君は自分でもどうともしようのない自立‐性混在衝動のつきあげ(だから、自立性という言葉がある、と私はよく冗談を言っている)によって、自立を「獲得」してゆく道を少しそれて、類似のものを獲得する行為(下着盗)をなしたが、カウンセリングによって、自由な表現の場を与えられると、親に対する不満を述べ、それをテコにして両親と対決し、彼相応の自立性を獲得したのであり、そのときには、下着盗などする必要はなくなってしまった。

　いわゆる「性非行」に接したとき、多くの教師は「性」をあまりにも限定してとらえてしまい、それに自分自身の性に対する感情を投影して、すぐに、「いやらしい」とか「変態」とか断定してしまう傾向がある。そして、そのような教師や親による断定によって、それほど大きい問題でなかったことが、子どもにとって深い傷となって残ることがよくある。ちなみに、下着盗というのは、特別な場合を除いて、予後のよい非行として専門家たちにはよく知られていることであるが、親や教師が不用意に騒ぎたてたときは、歪んだ経過に落ちこんでゆくことがある。

　とはいっても、このような例によって、性すなわち自立などと決めこむのは馬鹿げたことで、性は後にも述べるように、人生における実に多くのことと関連し、多様な意味合いをもっている。それを深く知ることによって、教師は子どもの性の問題に対して、個々の場合に即して対応できるようになるのである。

　先に少年の例をあげたが、女性の場合はどうであろうか。性をどう受けとめるかは、男女の場合で相当に違ってくる。非近代社会の人にとっての「大人になること」つまり成人式《イニシエーション》の研究を行なったエリアーデは、成女式というものが「男の成人式ほどひろく分布してはいない」し、「男の成人式ほど発達していない」ことを指摘し、

「成女式は個人的なもの」で「初潮とともに始まる」と述べている。

そして、「男性は成人式の訓練期間中、「見えざる」実在者を意識させられ、あきらかならざる、すなわち直接経験として与えられない、聖なる歴史を習得する」のに対して、「少女にとっては、逆に、成女式は、表面的には自然な現象——性的成熟のあらわなしるし——の秘儀に関する一連の啓示を含む」(M・エリアーデ、堀一郎訳『生と再生』東京大学出版会)と男女の特徴を明らかにしている。

女性にとって性は、「獲得する」というイメージよりは、やって来るものを「受けいれる」イメージによって、まず体験される。このことによって、女性は自分の母親と同じような大人になってゆくことを肯定する。このことはきわめて大切なことであるので、このときにつまずくと困難さは大となる。一般に、女性の方が男性に比して、重い神経症傾向を示す年齢が低いのも、このためである。女性の方が早く、大人になることの問題に直面しなければならず、それはしかも本人の意志とはまったく無関係に、「やってくる」ことが特徴なのである。

女性が月経のことについて誰からどの程度に教えられていたか、初潮をどのような気持で迎えたかは、彼女が大人になってゆくうえできわめて大切なことである。私はこのように考えるので、相談に来られる女性にこれについて尋ねることが多い。誰にも教えられていなくて、恐ろしい病気だと思いうろたえた、という気の毒な人もあった。そのことを報告したとき、母親がいかにもいやらしい、という目つきで自分を見たのが忘れられない、と言った人もあった。この人はその後、重い神経症に悩まされることになった。前に述べた村瀬孝雄氏も、女性が初潮をいかに迎えたかを重要視し、多くの例をあげている。そのなかで、津留宏氏がひかれた例として、ある中学一年の少女が「やっと母に言うと、母も赤面して「一人前になった」といたわり、小豆御飯をたいて祝ってくれた。その夜は恥かしくもうれしい、妙に興奮して寝つけなくなり、大人になったのだと胸がいっぱいになったが、誰にも口外しなかった」という、好ましい例をあげている。

「誰にも口外しない」という秘密を保持することも、実のところ自立ときわめて深く関連するものなのである。この場合は母と秘密が共有されているが、もっと自立がすすむと、「私だけの秘密」をもつことになるであろう。このような点から見ても、性と秘密とは関連が深いのである。性について、自立との関連で見てきたが、性の意味についてもう少し多面的に考えてみよう。

つなぐものとしての性

性は人間にとっての永遠の謎と言っていいだろう。それは体験しなくてはわからないことは事実だが、体験してもわからないと言ってもいいだろう。子どもたちは大人になることの証しとしての性体験という考え方をするものも多いので、人より先んじて大人になっていることを誇るために、性体験が求められたりもする。しかし、性は思いがけず多くの意味合いをもっていて、「体験」をしたつもりの人間が、ほとんど何も体験していない、ということも生じてくる。

性は多くの点で、つなぐもの、あるいは二者の中間に存在するものとしての意義をもち、それ故に常に逆説的な表現を可能にするものである。ユングは、性は天国から地獄まで存在すると言ったが、確かに、性によって至高のよろこびを体験する人もあれば、それによって限りない転落の道をたどる人もある。

性のいとなみは、男性と女性が結合し、そこに新しい生命が生じてくるのだから、これを少し言いかえて、「相異なるものの統合により新しい可能性が生まれる」と言うと、実に建設的な望ましいイメージになる。結婚式などではこのようなイメージがはたらいている。しかし、その反面、性はもっとも汚れたもの、いやらしいものとしても見られるものである。

「中学生のホンネ」を知ろうとして、棚瀬一代氏の試みたインタビュー(『中学生のホンネ』創元社)のなかに、次のような会話がある。


——じゃ「セックス」に対しては、どういうイメージをもってるのかしら?

「いやらしいんとちがう?」

——「いやらしい」っていうのが一番強いイメージ?

「うん。いやらしいし……自分もやってみたいなーって感じ」


この中学生は、これに続いて棚瀬氏の質問に答えて、愛情とかに関係なく、「やればいいって感じ」と言っている。次に興味深いのは、お母さんを一人の女性として、つき放して客観的に見るなどということはないか、という質問に対しては、「ないよ、そんな……そんなこと思ったことないよ。そんなこと考えたら、ゾーッとするよ。気持ワルー……」と述べている。もちろん個人差が相当あると思うが、この中学生の答は、相当に現代の中学生の平均的な姿を示していると思われる。性に対して、ともかく体験したいけれど、それはいやらしいものだ、そんないやらしいことを「お母さん」とは結びつけて考えたくないのだ。

性がこのようにいやらしいと感じられるのは、人間が他の動物と異なる「精神」をもち、それを高めようとするとき、それをおびやかすものとして、つまり精神のコントロールを一挙に突き崩すものとして性が体験されるからである。実際は、性というものは心と体の中間に存在し、心と体を結ぶものとしての機能ももっている。しかし、青年期において、これから両親から離れてゆくために自我を確立してゆこうとしている者にとっては、その自我の支配性を根本からゆり動かす性は、どうしてもおぞましいものと感じられてしまう。しかも、そのような性を受けいれないかぎり、本当の自立はあり得ないのだから、性の逆説性は二重、三重に青年たちに作用しているのである。

中・高校生たちの体験するこのような性の逆説性にあまり目を向けず、性は人間にとって大切なことですとか、そこから新しい生命が誕生するなどのきれいごとだけを述べたてても、あまり彼らの心を捉えることはできないであろう。

逆説性といえば、性は青年にとって憧れやどうしても手に入れたい対象として意識されるとともに、怖さ、不安などの対象でもある。はずかしさもそれにからんでくる。このようなバランスによって、人間は自分の欲望によって簡単にゆり動かされないようにできているのである。

感情の発達が歪んでいるときは、このように人間の行動を制御するために必要な、おそれや羞恥の感情が不足することがある。そのような場合、その子どもを早熟とか大胆とか誤解しないことが肝要である。中・高校生のときに、性に対して、「自由奔放」にふるまっていたと思われていた人が、成長してから感情が成熟してくるにつれ、過去の自分の行為を思い返して、たまらない羞恥の念や、抑うつ感におそわれることは、よくあることである。このような生徒に対して、教師は呆れたり感心したり、極端に忌避したりするのではなく、なぜそのような状態になっているのかについて、よく理解してやることが必要である。

性の破壊性

性そのものがすでにのべたように簡単には把握できないものであるうえに、社会的タブーと結びついているので、性は相当な破壊力をもつことになる。たとえば、六歳くらいの子どもが親をおびやかすことなど普通は不可能なことであるが、来客時に性的なことを口ばしったりすると、親があわてたりうろたえたりして、子どもにとっては思いがけぬ体験になる。あるいは、中学校の教師でいつも厳格に授業をすすめ、生徒の少しの失敗をも容赦しない人が、生徒が黒板に性的な落書きをしておいたときは、あわてふためいて赤面してしまって何も言えない、などということもあるかもしれない。

子どもたちは、自分たちの自我のコントロールを破壊してくる性の力に驚いたり、不安を感じたりしつつ、それを親や教師に向けてみて、その反応を試しているのである。そして、性というものが、案外大人たちをおびやかす有効な武器として役立つことを見出したりする。このようなときに、大人がびくびくしたり、妙に迎合的になったりすることなく、毅然としてたじろがぬ姿勢を示すことが大切である。

思春期の子どもたちは、内面的には測り知れないほどの急激な変化を体験しつつある。そのなかで、まったくわけもなく、性の破壊性に身をまかせそうになるときがある。そのとき、大人の不動の態度が、彼らの自我の崩壊を防いでくれるのである。

ある中学三年生のおとなしい女生徒に、差出人不明の手紙が届き、それには性的にみだらなことが書きつらねてあった。彼女は驚愕してそれを母親に見せ、親子がともに担任教師のところに相談に来た。その教師は手紙の筆蹟から、前年に卒業し高校生になっている男子のD君だと判断した。ところが、D君は中学時代は模範生に近く、家庭もしっかりしていて、そんなことをするとは考えられないほどであった。しかし、その教師は私の講演を聞いたことがあり、自立と性との結びつきということが心に残っていた。そこで、そういうこともあるかもしれないと思い、D君を呼び出してきただすと、案外素直にD君は自分の行為であることを認めた。

D君はそれに続けて、女生徒には詫びに行ってもいいが、自分の母親にはぜひ秘密にしてほしい、母親は非常に厳しいだけではなく、気に入らぬことがあると、何日も一言も口をきかぬような冷たいところがあり、こんなことを知られるとどうなるかわからない、今度のことは自分でもまるでわけのわからないうちにやってしまったことで、このことによって母親に自分が変な人間だなどと断定されたらたまったものではないと言う。

教師はそれを聞いて、君の行為は理解できるところがあるし、いさぎよく非を認めたのもいいことである。しかし、このような手紙をもらった女生徒の恐怖は測り知れないものがあるし、そのための責任を逃れることは許されない。したがって、自分は今から君の母親にこのことを告げる。しかし、この行為について自分の考えを述べて君の立場も弁護するから、君のおそれているようにはならないだろう。それに、このような機会にこそ、君の母親にも反省してもらう必要があると言った。教師の強い態度に対して、子どもは抗弁する力もなく、あきらめて教師を家に連れて行った。

教師は母親にすべてを話し、母親は驚きと怒りで我を失わんばかりであった。しかし、教師は「自立と性」について説明し、D君は、母親のあまりにも強いコントロールを無茶苦茶をしてでも破壊し、もう少し自立への道を歩もうとしているのではないかと述べた。「性的におかしいのでは」というおそれさえ感じた母親だったが、教師の説明をよく受けいれ、納得してくれた。以後、D君の母子関係が改善され、後々まで、この母子に教師は感謝されたという。

この例では、性の破壊力が教師の不退転の姿勢にはばまれて、建設的な方向へと向けられたと言ってよい。ここで、教師がD君の気持を理解しつつも、甘い妥協をしてしまわず、女生徒の心の傷についてもはっきりと指摘し、家まで訪ねていって、母親と話し合ったところがすばらしい。

性の教育

すでに述べてきたように、性を教えることは非常に難しい。しかしまた、それだからこそ教える必要がある、とも言えるわけで、その必要性はますます高まってきていると思われる。ただ、それを誰がいつどこで、いかに教えるかという点では相当な慎重さが必要である。

性は心と体をつなぐものである。したがって、それは身体のこととしても、心のこととしてもある程度まで説明できる。しかし、心のこととして語るのは難しいが、身体的な方は正確な知識が与えられるので、性教育というと生理的・生物的な知識を教えることに重点がおかれがちになる。確かに、現代においても性に関して驚くほど不正確な知識をもっていたり、性知識がなかったため悲劇を起こしたりする例が実際にあるので、ともかく、身体のこととしての性について、正確な知識を与えることは必要である。しかし、その与え方については次のような点を考慮しなければならない。

身体といっても、それは人間が客観的対象として見ることのできる身体と、自分が生きている身体、という二重の意味をもっている。身体の構造、機能として性を教えるのは、前者の意味においてであるが、自分が生きることとしての性、という面も忘れてはならない。

ユングは、ある少女(実は彼自身の娘)が、性に関する好奇心をどのように満足させ、性の知識をどのように取りこんでゆくかについて、詳しく記述しつつその分析を行なっている論文のなかで、「子どもはちゃんとはっきり分っていながら、いつも空想的な説明を好んでやるという傾向をはっきり示す」(C・G・ユング、西丸四方訳「子供の心の葛藤について」、『人間心理と教育』日本教文社)事実を指摘している。それは、前に述べたことにからませて言うと、「生きる身体」の事実としては、むしろ空想的な説明の方が子どもにとって「ピッタリ」と納得されることを示している。

先に示した中学生とのインタビューの例で、彼が母親を女性として考えることを拒否している点は、彼が「客観的事実」としての性の知識を、彼の「主観的世界」において重要な地位を占める母親に適用することを拒否していることを示していると思われる。このように考えると、客観的に正しい知識を与えることが常に正しいとは限らないことに気づくのである。

性の知識が単に身体に関する知識としてではなく、生きている存在としての子どものなかに取り入れられてゆくのがなかなか大変なことであるのは、これまで述べてきたことからも了解されるであろう。このように考えると、子どもたちが個々に、自分の状態にふさわしい「空想的説明」を経過しつつ、苦しみながら成長してゆくことにも大きい意味があるとも言えるので、画一的に知識を与える方法については、慎重な態度をとるのが望ましい。

女性の場合は、すでに述べたように、それは不意に「やってくる」ので、正確な知識をもつことが必要であり、学校でもきちんと教えねばならない。しかし、ここで忘れてならないことは、子どもたちはそのような客観的知識のみではなく、「生きられた性」についてもぜひ知りたいと思っていることである。それについては、母親が語るのが最も適切であり、母親がいないときは、誰か母親代りの人が話すべきである。最近の母親のなかには、

性心理の発達

「学校で正確な知識を習うので、自分は言う必要がない」などと考える人がいるが、これは間違っている。一人の生きた人間として、それをどう考えたのか、どう受けとめたのかを、子どもたちは知りたがっているのである。

ある中学校の養護教員のところに、男子中学生が相談に来た。もじもじしていたが、やっと決心して、自分の性器が奇形であると言う。そこで、教員はその子を説得して一緒に医者のところに行った。診断の結果は何ら異常なしということであった。ところが、その生徒がやってきて、「医者は心配させないために、うそを言ったのではないか」と言う。大丈夫だからと保証すると喜んで去って行った。しかし、二、三日すると青い顔をしてやってきて気分が悪いと言う。しばらく休ませていると元気になってきたが、言いにくそうに、例のことは本当に大丈夫かと念を押す。このようなことが二か月ほど続いたが、その後、すっかり元気になって来なくなった。

このようなことは、養護教員の人がよく経験することである。ここで大切なことは、「性」にまつわる不安に対して、いつも安定して優しく「大丈夫」と言ってくれる女性を、この中学生が必要としていることである。「何度も同じことを言いにきて」とか「いやらしい」などと言うのではなく、安心を与える人として、応対することが大切なのである。ここで教員が、「何か悩みが他にあるの」とか、「お母さんはどんな人」などと詮索しなかったのもいいことである。中学生たちは自分の心のなかの不安を言語化できないが、体のことに託して表現する。そのときに、そのことを大切にして、もっとも身体的なチェックは医者に受けることが必要だが、後は心のこととして、しかも、それを体のことを通じて応対するのである。このようなとき、性は心と体の中間に存在するものとして、しばしば不安の対象として選ばれることが多い。養護教員の果す役割は実に大きいものがある。

性は心の問題としてみるときも、子どもから大人へとある程度段階的に発達してゆくものである。しかし、教師や親は、「大人の身体における性」にあまりにも縛られてしまい、その観点からのみ、子どもの性の問題をみるという失敗を犯しがちである。このため、性に対する見方が画一化してしまい、子どもの年齢や個性に応じて、それがどのように体験され、どのような意味をもっているかを見逃してしまうのである。

詳しく紹介できず残念だが、児童文学作品の、ヘルトリング著『ベンはアンナが好き』（上田真而子訳、偕成社）を取りあげてみよう。これには十歳の少年と少女の性と愛が見事に描かれている。ベンとアンナはしまいには裸になって抱き合ったりするのだが、それを「大人の見方」で驚いたり心配したりしなくとも、この年齢にふさわしい性のあり方で、意味深く、傷つくことなく体験されてゆくのである。教師と生徒、親と子とで、こんな本を一緒に読んで話し合うのもいいかもしれない。

この本に出てくるザイプマン先生というのもすばらしい。実に適切な距離に立って、ベンとアンナを見ているのである。同級生たちがベンとアンナの関係に気づいて冷やかしはじめ、とうとう誰かが、「ベンはアンナが好き」という落書きを黒板に書いた。生徒たちがこれを見て、ベンを冷やかしているとき、先生はやってきて、ベンをかかえ、皆が静かになるのを待った。先生はこの文章は、もう一行足りないと言い、生徒たちがぽかんとしていると、その次に「アンナはベンが好き」と書き、「愛っていうのは、ふたりのものだからな」と言った。そして、「授業が終わってから、よく考えてごらん。さあ、もうはじめよう、暗算の練習だ」と、さっと授業にはいっていった。このあたりの呼吸は実に見事なものである。

こんなに愛し合っているベンとアンナも、アンナの転校によって別れがくる。教師が何だか愛をけしかけたようにして、すぐに別れがあっていいのか、と思うのは大人の考えである。自然を肯定しているとき、愛はその年齢にふさわしい形で体験されてゆくのである。

発達段階という観点からすれば、生後一年の間に赤ちゃんが体験する、母親(母親代理者)と一体であるという感じをもつ、母子一体の段階においてつまずきのある子どもは、青年期を迎えると、性的経験を早く持ちやすい傾向があることを、教師はよく知っておくべきである。心理的には早期の段階の母子一体感を願っているが、身体的にはすでに成人の段階に達しているので、この両者が結合すると、不用意に性的関係を求めるようなことになってしまう。この場合は不特定多数の相手が選ばれたり、年上の異性と同棲をはじめるような形態をとることが多い。

このようなとき、教師が直接的に「性」のこととしてのみ考えるのではなく、心理的段階として、これらの生徒が真に求めているものは何か、という点をよく理解していることが大切である。性の教育ということは、もともと性が内包する意味の多様性ということもあって、結局は、人間教育、人間のあり方の問題につながってくることを、教師は認識していなければならない。

このような意味でも教師は、自分にとって性とは何か、自分は性をどう受けとめるのか、という点について、自分なりの答を見出すべく努力しなくてはならないであろう。性は人間存在の根本にかかわるものとして、それを明確に把握することなどは不可能であろうが、少なくとも、問題を避けることなく追求しようとする姿勢を教師自身がもっていることが大切であり、子どもたちはそれを間違いなく評価するであろう。現在においては、誰にでも通用するモデルを提供することができないので、教師の根本姿勢がなおさら問われることになり、そのような根本姿勢にかかわることとして、「性」は常に子どもの側からの問いかけの中核に存在し続けるであろう。

3　思春期の心理

思春期の難しさ

思春期というのは、人生のなかでも一番難しい時代と言っていいかもしれない。そのような時期の生徒たち、中・高校生の指導にあたる教師は、まず、思春期ということの意味をよく理解していなくてはならない。そのような理解を基礎としてこそ、よき生徒指導がなされるのである。

誕生から思春期に至るまで、子どもたちはずっと成長してくる。乳幼児期の間にもいろいろ波瀾があるが、小学校入学以来、思春期に至るまでは比較的安定した時期が続く。ところが、思春期になると様相は一変する。中学一年のときはおとなしいよい子だったが、二年になるとガラリと変わって非行グループに急接近してゆくような例を、中学校の教師であれば誰でも経験していることだろう。あるいは、それまではにぎやかにはしゃいでばかりいた子が、急に無口になってしまうこともある。成績が急激に低下する生徒や、何かにつけて教師に反抗ばかりする生徒もある。このようなとき、それまでの様子からは考えられないような激変が生じるところが特徴的である。教師も親も首をかしげざるを得ないような状態になる。

思春期は、人間の内部で大変革が生じる時期である。このことを端的に表現するために、毛虫が蝶になる間の「さなぎ」の時期だということを、すでに第三章に述べた。

この時期の子どもたちの主観的感情としては、「何だか変だ」、「何となく落ち着かない」、「このままではすまされん」といったようなもので、本人もうまく言い表わせないであろう。時には、親も家も友人もすべてと離れて、独立独歩で生きたいと思うほどだが、また反面では、母親にとことん甘えてみたいと思ったりもする。感情の波の高低が激しく、ゆれ動く自分をどうしようもないのである。

さなぎが堅い殻によって守られているように、思春期の子どもも堅い守りを必要とする。その「守り」を提供するのは、両親であり教師であり、その背後にある社会全体である。このような「守り」がうまくはたらくときには、思春期の子どもは、もちろん、ある程度の荒れを経験するが、そのうちに危機を通り抜けてゆくものである。

このときに大切なことは、その本人も自分の心の奥底に生じたことについては明確に認識できない、ということである。たとえて言うなら、ただ、がむしゃらに前だけ見て、谷間にかかっている丸木橋を渡り切ってしまうようなもので、渡ってしまってからふりかえってみると、谷があまりにも深いので足がすくむ思いがするようなものである。渡る途中で意識して下を見た者は、怖くて身動きできなくなったり、転落したりしてしまうのである。思春期のもつこのような恐ろしさは、大人になると忘れていることが多いが、教師として生徒指導にあたるためには、このことをよくよく知っていることが必要である。

生徒の信頼を得るために

思春期の子どもたちは一般的に、親や教師に対して反抗的になる。これは、何とかして自立してゆこうとするための最初のあがきのようなもので、よく理解できるところである。

しかし、彼らもいつもいつも反抗的なのではない。むしろ、ある特定の大人に対しては絶対的と言ってもいいくらいに信頼感を寄せる。これは、彼らが内的に非常に不安定なので、どこかで何かに頼りたい気持をもっているためであると考えられる。教師としては、生徒から厚い信頼を寄せられると、指導がしやすいのは当然である。それでは生徒の信頼を得るにはどうすればよいであろうか。

まず第一に、すでに述べたような思春期の難しさを、教師自身が腹の底でよくわかっていることである。思春期には少しぐらいの波風が立つのが当然であり、ことの本質は本人にもわからないようなすさまじいことが起こっているのである。このことを教師がよく知っていると、そのことは何となく生徒たちに通じるものだ。彼らはその教師の側にいると安らぎや心強さを感じるので、信頼感を寄せてくる。

このことを誤解して、生徒たちの荒れを見逃すことだなどと思ってもらっては困る。少しぐらい荒れても当然ということと、それを見逃すことや安易に許容することとは異なる。やはり、悪いことは悪いという厳然とした姿勢を教師は持たねばならない。先に思春期の子どもには「守り」が必要と述べたが、悪いことは悪いとして不退転の姿勢を示すことは、実は彼らに対する「守り」なのである。

思春期の子どもの心の奥底にうごめくものが爆発してしまうと、とどまるところを知らず、本人もどうしていいかわからぬ状態のまま暴走が続くのである。校内暴力などで暴れている子が、大人に強制的にとめられると、必死に反抗しつつ、どこかで、ほっとした顔を見せたりするのもこのためである。やりかけたからには無茶苦茶をやりたい気持と、誰かが早くとめてくれないかなという気持と、両方の感情のなかで荒れ狂っているのである。

生物学の教えるところによると、ある個体が個体として成長するためには、常に適切な抑制者(インヒビター)が必要である。人間の卵子が受精して赤ちゃんへと変化してゆくとき、細胞がただ分裂をくり返してゆくだけではなく、それが手や足や頭など身体の各部分に分化してゆくためには、適切な抑制者が必要であることが明らかになったのである。抑制者のないところには分化、つまり真の成長発展が生じない。

思春期に子どもの内部から突きあげてくる力は相当な強さをもっている。しかし、それがただ爆発を繰り返しているだけでは力の浪費であり、強力な抑制者にぶつかることによって、そこに分化が生じる。つまり、子どもたちが自分の内面の動きに、いろいろな要素がまじっていることに気づき、感情が豊かになるのである。真の成長のためには分化と統合の過程がなくてはならない。その分化を生じさせるうえで、強い抑制者の存在が必要となってくることを知るべきである。

このことを知らない人は、時に子どもの自由を尊重するとか、子どもの心を理解するとかの甘言に乗ってしまって、子どもたちが何でも好きなようにすればよいとばかり放任してしまう。これは、実のところ、子どもの心を本当に理解しているのではなく、教育者としての職務を怠るために都合のよい言い訳を見つけ出しているのにすぎないのである。

教師が「壁」として存在することの重要性については、すでに論じた(一二六―一三一頁)ので、それを参照していただきたい。

学校全体の姿勢

すでに述べたようなことは、個々人の力も大切であるが、学校全体のなかにその考えが行きわたり、しっかりとした姿勢ができあがっていないと、なかなかうまく行えない。子どもたちはこんな点についても鋭い勘がはたらくようで、難しい生徒ほど教師の関係が崩れてゆくような行動をとるものである。たとえば、Aという教師に向かって、「先生は話はよくわかるが、B先生は堅いから駄目だ」と言い、Bに対しては、「先生は厳しく叱ってくれるからいいが、A先生は生徒を甘やかしすぎだと思う」などと言うのである。それは巧みに教師をうれしがらせる言葉を使うので、つい教師も乗せられて、AとBとはお互いに相手を悪い教師だと思いこみ、関係が悪化する。

校長や担任やカウンセラーや生徒指導主事や、いろいろな人を巻きこんで互いの関係を難しくする生徒は、実のところ、その子のかかえている問題がいかに大変かということを示しているのである。思春期の子どもは自分の心のなかに起こっていることを言葉で表現できない。したがって、自分の心のなかの問題に見合うだけの外的な事件を引き起こす。それは無意識のうちになされる一種のコミュニケーションのようなものである。

一人の生徒に多くの教師が引きずられ、互いに反感を感じるようなとき、教師間の相互批判を高める前に、もう一度、その生徒がどれほど大きな問題をかかえこんでいるのか、思春期を乗り切るということがどれほど大変なことかについて、教師の一人ひとりがよく考えてみる必要がある。そのことが腹の底で了解されてくると、その生徒のやっていることもよくわかってくるし、教師がお互いに争うことの無意味さもわかってくる。

谷間にかかる丸木橋を、さっと渡り切った者にとっては、それはさほど難しいことではない。しかし途中で谷の深さを知った者は、どうしようもなく足がすくんでしまうのである。

このことを心得ていないと、自分は中学生の頃は大した問題もなかったとか、多くの中学生はちゃんとやっているじゃないか、というように、思春期の問題を安易に考えてしまう。

ここまで述べてきたことは、中学・高校における生徒に対する「管理強化」などとは、まったく異なることを主張していることをよく知っていただきたい。教師は不退転の壁でなければならない、と前に述べたが、その「壁」は子どもたちの内面の嵐について十分知っており、それを感じとる鋭い感受性と暖かい感情をそなえていなくてはならないのである。これは大変に難しいことである。しかし、思春期の難しさのことを考えると、教師の方もそれに見合うだけの努力を払わねばならない、ということになろう。

II

子どもの「時間」体験

私たちが生きていく上において、時間も空間も非常に大切なものだ。私という人間がこの世に「存在」していることを示す大切な指標として、時間と空間を用いる。一九七一年四月二十九日の午後三時に、私は自宅の書斎にいるというように表現する。

あるいは、子どもの帰りがおそいので気にして電話をかけてこられた母親に、幼稚園の先生が「十分前には、園を出られましたよ」と言われると、母親は「もう五分位で帰ってくるだろう」と安心される。つまり、十分前に自分の子が幼稚園の前に「存在」していたということがわかると、母親は幼稚園から自宅までの空間的距離と、それを歩いて帰ってくる時間とを測り、子どもの帰りを安心して待つことができるのである。

さて、このような大切なものであるが、ひるがえって考えてみると、時間も空間も何とつかみどころのないものだろう。いったい、この空間の「端」はどこなのだろう、時間の一番始めの「はじまり」はどこからなのだろう、考えだすと大変なことだが、私たち大人は、あまりこんなことを考えずに暮らしている。

ところが、子どもたちは案外こんなことを考えているらしい、「あの山の向こうに何があるのだろう」とか「空のもっともっと上には何があるのだろう」とか。そして、彼らは奇妙にも、こんなことを大人に聞いても仕方のないことも、何となく感じているらしく、なかなか大人には、言ってくれないものである。ある時小学生たちと遠足したとき、どの山にも森にも持ち主があることがわかってくると、そのうちの一人が疑問を提出した。人類が現われるまでは、どの山も森も誰のものでもなかったのに、どうして、今全部持ち主がきまっているのか、「そんなのは不公平だ」と言うのである。たしかに、言われてみるともっともなような気がする。本来は誰のものでもなかった土地を、勝手に区切ってしまって、それを個人の所有にしてしまう。そして、他人はその空間を自由に使用することができない。

この小学生の疑問がおもしろかったので、私は時間の方についても、同じようなことがいえるか考えてみた。たとえば、一九七一年四月二十九日の二十四時間というものをとって考えると、こちらの方は空間の場合と違って所有権争いをしなくてもよさそうである。これはニクソン大統領のものでもあったろうが、私のものでもあったし、あなたのものでもあったし、隣の犬のゼットのものでもあったわけである。

時間の所有に関しては、先ほどの小学生のように、不公平さを嘆かずにすませられそうである。これはなかなかおもしろいことである。幼稚園にあるブランコにしろ、誰かが占領すれば、他の子どもはそれがあくまで待っていなければならない。玩具にしても、誰かが使うと他の者は使えない。ところが、時間だけは、誰もが「自分のもの」であると主張しても、他人と取り合いをしなくてもよいものなのである。

しかし、困ったことに「私の時間」は勝手にどんどん逃げ出してしまうのである。きょうという日を、私がいかに無為に過ごしても、時間の方ではおかまいなしにどんどんと過ぎてしまって、きょうという日はもう二度と帰ってこない。ブランコに乗った子は、ブランコをゆすらずにぼんやりしていると、次の子にゆずることを強いられる。玩具を持ってぼんやりしていると、「あいてたら貸してね」と誰かに言われるだろう。ところが、私がいかに無為に過ごしていても、その時間を他人が借りにはこないものだ。こうして、私を油断させておいて、時間は何食わぬ顔で過ぎ去ってゆく。

このように、つかみどころのない時間、すぐに逃げ去ってゆく時間を、もう少しはっきりとしたものにするために、人間は時間を区切ることを始めた。

時間を区切る

無限に流れる時間を区切ることを人間が考えはじめるためには、自然現象としての夜と昼、夏と冬などの体験がその基礎となっていることだろう。特に太陽や月の運行は、時を測るための大切な指標であったことと思われる。日の出と共に起きて働き、日暮れには家に帰って休む。このような生活にとって、時間の流れや、時間の区切りは自然のリズムと密接に関連するものであっただろう。このような状態のときに、人間の経験する「時間」は、彼の体感や感情と結びついたものとして、人格の深部にまでかかわりをもつものであったろう。

幼児の時間体験を観察してみると、なかなかおもしろいことが認められる。幼稚園にいる子どもたちは、どのように「時間を区切って」いるのだろう。幼稚園の庭の片すみで、かたつむりをみつけて、それが殻からからだを出し、目を出して動きはじめるのを、いっしょうけんめいに見つめている子、この子はどんな時間を経験しているのだろう。かたつむりを見つめている間の「時間の区切り」は、いったいどうなっているのだろうか。

幼稚園が九時に始まるという場合、大人が考えるのと同じように、「九時に間に合うように」登園してくる園児が何人いるだろう。おおかたの子どもは、お母さんが行きなさいというままに、あるいは兄姉や友人たちにさそわれるままに、登園して来るのではないだろうか。だからといって、彼らは「時間の観念がない」とか、幼稚園はいつ行ってもかまわないと思っているというのでもない。彼らは彼らなりに、「おくれてはいけない」ことも知っているのである。

文明人は時計によって時間を測る。それによって、一日は二十四時間に正確に区切られ、共通の時間が設定される。これは多くの人間が社会をつくっていくためには、非常に大切なことである。これによって、われわれは友人と待ち合わせもできるし、学校も会社も、同一時刻に一斉に始めることもできる。映画の始まる時間、バスの時間、テレビの人気番組の始まる時間、これらすべてが決められており、われわれは共通の時間をきざむ時計を頼りにして生活している。時計の発明によって、人類はどれほど時間が節約できるようになったかわからない、本当に便利なことだ。

ところで幼児たちは、さきにのべたように大人のもつ時計によって区切られた時間とは異なる時間を生きているようだ。「きのう」とか「あした」とかの意味も、はっきりとしていない子もある。「また、あしたにしようね」などと言っている子も、それは厳密にあしたということをさすのではなく、「近い将来」を意味していることも多い。

あるいは、何かに熱中していたが、何かで中断しなければならなくなったとき、「また、あしたにしよう」と言うのは、このことを言うことによって、中断することを自らに納得させようとする意味あいで言っている子もある。この場合の「あした」は、二十四時間の経過後に存在する時期などではなく、断念しなければならないという気持と、何か希望を残しておきたいような気持の交錯した現在の状況をのべている表現なのである。

道くさをしたために叱られる幼児たちが、悪かったという気持をあらわしながら、何とも納得のいきかねる表情をしていることがよくある。彼らも叱られながら、「おくれてしまった」「おそくなって悪かった」ということはよくわかっているのである。しかし、なぜおそくなったのだろう。「ぼくは何もしてなかったのに」、「ちょっ、ってていたことになるのだ。

※

何かをしていたのである。しかし、残念なことに、それは大人のもっている時計では、「一時間」も道くさを食

とだけ、おたまじゃくしを見てただけなのに」と思っているのである。たしかに子どもたちは「ちょっとだけ」

時間の厚み

おたまじゃくしを見ていた子どもが、一時間を「ちょっとの間」と思ったように、われわれ大人でも、同じ一時間を、長く感じたり短く感じたりする。恋人と話し合っていると、すぐに時間がたってしまって別れのときがくるのに、嫌な先生の説教は少しの間でも随分長く感じられる。時計の上では一時間であっても、経験するものにとっては、その一時間の厚みが異なるように感じられるのである。もちろん、時間そのものには厚みなどがあるはずがないから、あくまで、それを経験するものの主観として、厚みが生じてくるのだ。

何かひとつのことに熱中していると、時間が早くたっていくことは誰もが知っていることである。といっても、何かひとつのことをしていると、必ず充実した時間を過ごしたことになるとは限らない。たとえば、テレビのドラマなどを見るともなく見ていると、ついひきこまれて終わりまで見てしまう。終わってみるといつの間にか一時間たってしまっている。しかし、このあとでは充実感よりも空虚な感じを味わうことだってある。時間は早くたったと感じられたが、その厚みの方はうすく感じられるのである。

あるいは、ひとつのことをしていても時間が長く感じられるときもある。その一番典型的な場合は、「待っている」時間である。誰かが来るのを待っているとき、われわれはなかなか他のことができない。そわそわしながら待つ、しかもその間は随分と長く感じられるのである。「待つ」ということだけをしているのだが、時間を長

く感じてしまう。

　これらのことを考えると、自分のしていることに、その主体性がどのように関係しているかにしたがって、時間の厚みが異なってくるらしいと思われる。「待つ」ことは、受動的なことである。その人がいつ来るかは、その人の行動にまかされているわけで、待っている方としては、ただそれにしたがって待つより仕方がないのである。これはテレビの場合でも同様である。テレビを見終わって充実感のない場合は、私たちがテレビを見たのではなく、テレビが私たちをひきこんでしまったのである。私たちは受動的に見ていたのだ。

　子どもがテレビを見すぎることはよく問題になる。たしかにテレビを見すぎることは、子どもが「与えられた映像」を受動的に楽しむことによって、主体的な時間をもたなくなる点に危険性が存在している。しかし、テレビの主体的な見方だってあるはずである。怪獣にしろ、チャンバラにしろ、子どもにとっては必ず経験しなければならない世界なのである。だから、それを見たいときには「主体的」に十分に見させることがいいのではないか。主体的に十分体験したものは、常に早く「卒業」する。

　ところが、いろいろと親の介入があって主体的にテレビを見ていない子どもは、なかなか卒業できない。いつも受動的にテレビを見て過ごしてしまう、時間は過ぎ去っていく、テレビはうつっている。主体はテレビや時間の方にあって、子どもは受身の立場に立ってしまっているのだ。ついでにつけ加えておくと、主体的にテレビを見させるということは、子どもの「見たいままに放任する」ことではない。放任の中から主体性は出てこない。

　テレビは見たいが勉強はどうするのか、父親は野球が見たいが子どもは漫画が見たい、これをどう解決するか。食事中にテレビを見ないのはわが家のおきてである。ところが、食事時間にどうしても見たい番組ができた。これをどうするか。

これらの葛藤と対決していくことによってこそ主体性が得られる。対決を通じて獲得した時間、それは主体性の関与するものとして、「厚み」をもった時間の体験となる。

ここに充実した時間体験の問題点が生じてくる。つまり、子どもに充実した時間を与えてやろうと思いすぎるあまり、一時間のうちに「このこともやらせよう」「あのことも教えてやろう」と思って、親や教師が熱心になればなるほど、子どもの主体性を奪ってしまうことになって、子どもはいろいろなことをしていながら、それは厚みのない時間体験になりさがってしまう。

私たちが、時計で測る「時間」にとらわれ、「能率」ということにこだわり始めると、「能率的教育法」という美名のもとに、子どもたちの主体的な時間を奪ってしまう危険性が生じてくるのである。

「いのち」と「とき」

この稿の出発点として、私は空間の所有権争いはあるが、時間は所有権争いをしなくてもいいとのべた。ところが、「子どもたちの主体的な時間を奪ってしまう」などということを書かねばならなくなってしまった。人間社会というものはむずかしいものである。本来ならば各人が所有して取り合いをしなくてすむ「時間」も、人間関係ということが存在してくると、ややこしくなってくる。テレビのチャンネルの奪い合いのように、われわれは時間の奪い合いをしなくてはならない時だってある。このように考え始めると、幼児教育にたずさわるものはこわくさえなってくる。子どものことを考えて、何かしてやるつもりでいながら、結局は彼らの時間を奪うようなことをしていないだろうか。

限られた時間を奪い合うことを避けるためには、時間を共有することを考えねばならない。ありがたいことに、それを共有することによって、分け前が少なくなることはない。

時間は無限である。しかし、「私の時間」は限られている。人間一人一人のもち時間は、長短はあるにしろ無限ではない。時間のことを考えると、私たちは人の「いのち」のことを考えざるを得ない。幼稚園に来ている一人一人の子が、その「いのち」をもっているように、子どもたちはその個人の時間をもち、それを共有する場として、幼稚園にやって来る。このように考えると、幼稚園の子どもたちとすごす一瞬一瞬が、かけがえのない大切なものとして感じられてくるのである。

さりとて、前にものべたように、こちらが押しつけがましいことをすると、かえって子どもの主体的な時間をとってしまうことになる。個々の子どもの「いのち」の流れはその個性にしたがっているものだ。私たちはこちらからおしつけるよりも、その子どもたちのいのちがどのように流れるかを、見守ってみてはどうであろうか。入園した当時は集団のなかになかなかはいれず、いつも庭のはしの方に立っていた子が、日がたつにつれてだんだんと元気になってくる。そして、友だちがブランコをする下に立って眺めていたりするようになる。友だちの運動を楽しそうに、時にはうらやましそうに見ていた子が、ある日、とうとうブランコに乗ってみる。その時の彼の顔の輝きはどんなものだろう。この子が思い切ってブランコの綱にさわってみた「とき」、それは何と重みをもった「とき」であろうか。時間にも厚みがあるようだということはさきにのべた。ここに示した「とき」はそのような厚みの最高に凝集されたものであり、限りない充実感をもっている。ブランコのひとふりひとふりに、その子は自分の「いのち」のリズムを感じたに違いない。

このような意味のある「とき」の体験は、教師がそのつもりになってみれば、幼稚園のあちこちで生じていることが認められるだろう。「先生、こんなところに毛虫がいたよ」と叫ぶ子ども、生まれてはじめて友だちの玩具をひったくった子ども、珍しい石を発見した子ども、その子たちの経験の一瞬に「いのち」の躍動がこめられている。そんなときの先生の態度や一言が、どれほど彼らに生きていることの意味の体験を深くせしめることだろう。大切な「とき」は信頼し得る人と共有することによって、意味が倍加されるものだ。

子どもたちのこのような主体的な「とき」の体験を多くするためには、私たち大人は、できるだけ不要な干渉をせずに、「とき」の熟するのを待たねばならない。気の弱い子が自らブランコに手をふれるまでには、それ相応の時日を必要とする。「待つ」ということはつらいことだとさきにのべた。しかしこの場合、私たちは「待つ」ことの意味を知り、主体的に待つことができるのだ。その間に無為に時が流れ、私たちは受動的に待っているのではない。何もないように見えながら、その裏で時が熟していくのを私たちは知っているのである。よき教師は、退屈せずに主体的に「待つ」ことを知っている。そして、その「とき」がきたとき、私たちはそれを子どもたちと共有し、意味を確かめ、経験を共にすることができる。このときに感じられる「存在感」は、何時何分にどこにいたというような意味での存在を、はるかに超えたものとなっているはずである。

学習以前

――学校教育への提言

学習ということについて「何でもいいから」寄稿するように要請されたが、筆者は学習については、まったくの素人である。といっても、広い意味での学校教育とは無縁ではない。臨床心理学を専攻するものとして、教育現場において生じる多くの悩みを聞き、相談を受けることが多いからである。

たとえば、ある小学校一年生の子どもは学校でひとことも話さない。家ではむしろ喋りすぎぐらいの感じなのに、学校へ来ると全然話さないのである。そうかと思うと、教室中を歩きまわって仕方がないなどという子どももある。あるいは、頻尿といってしょっちゅう小便にいかないとたまらない子もいる。先生も便所へ行くなと言うわけにもいかず、さりとて黙認すると、五分おきぐらいに席を立つものだから、他の生徒がおかしいとわいわい言い始めるし、こうなってくると先生もどうしていいか解らなくなってくる。例をあげると切りがないが、このような生徒たちをかかえると、先生としては授業を教える以前に、いろいろと考えさせられることが多くなるのである。筆者はカウンセラーとして、そのような子どもや、その親、先生たちと会っているので、学校の教育のなかで、学習以前に問題としなければならぬことがたくさんあるように感じさせられる。そのような観点から、思いつくままに例をあげて考えてみたい。

しつけ

ある一流会社の部長さんから、部下のことについて相談したいと申し込みがあった。会ってみると、新入社員があまりにも無能力なのだが、一流大学を卒業しているし、入社試験の成績もよいのにどうしてなのか解らない。一度会ってみて欲しいとのことであった。その新入社員に会ってみて、すぐ解ったことは、その人が社会的なことや人間関係のことについて、あまりにも未成熟だということであった。確かに学問はできるし、知識は豊富である。しかし、それも子どものときから親の言うままに、先生から教えられるままに、それに従って努力してきた結果であって、就職してからは、自主的な判断や、対人関係の複雑さのなかで自己決定を迫られるような状況に直面すると、まったくどうしていいか解らなくなるのである。うっかりすると、女子事務員にあごで使われることにもなりそうだと部長さんは嘆くのであったが、それを聞いて、私はこの人がお母さんの言うままに右に左に動いている姿が目に浮かぶようであった。

このことは、また他の例を思い出させる。ある小学校六年生の学校恐怖症児は、クラシック音楽が好きで、サンサーンスとかドビッシーとか、カウンセラーも顔負けの知識を示してくれる。ところが、この早熟のように思える子どもは、寝るときは母親と一緒だというのである。成熟した知識と未成熟な甘えの感情の混在は、まことに驚くべきことであった。

では、どうしてこんなことが生じるのだろうか。先ず第一に考えられることは、日本の学校、家庭における知育の偏重があげられる。もちろん、この背後に受験地獄があり、そうして、自分の子どもの個性を無視してまで、類型的な出世を願う親の在り方が原因している。しかし、この辺でわれわれは子どもに「勉強」を期待しすぎるあまり、ごく普通の「しつけ」をさえ教えることをおろそかにしてはいないかを、反省する必要があると思われる。子どもたちは勉強に関してのみ、きびしく統制されるが、勉強さえしておれば他のことはどうなってもいい程の、甘さがその裏に存在しているのである。

　社会的な規範に対してルーズになる原因のひとつに、教師の態度もあげられないだろうか。戦前の教師が、いわば権力を笠に着たような形で、生徒におしつけがましく接したことに対する反省から、現在の教師は生徒に対して逆に甘くなりすぎてはいないだろうか。先生と生徒は人間として平等である。しかし、この点を間違って、生徒とまったく同様に、友人の如く接するのが、良い教師であるという誤解をしてはいないだろうか。生徒とまったく同じなら先生としての意味がない。その知識において経験において、生徒に対して指導し得るだけのものを持っていなければならない。そのようなものこそ、正しい意味における先生の権威ではないだろうか。権力は外的なものであり、時によって奪うこともできる。深く内在した権威は他人の奪うことのできぬものであり、これこそ教師として必要なものではないだろうか。権力と、内在した権威との単純な混同によって教師がどこかで「弱く」あるいは「甘く」なり、必要なしつけを生徒に与えることを怠っていないだろうか。

　実のところ、このようなことを書くつもりではなく、知育偏重に対する感情体験の重要性を強調するつもりであったのだが、先に述べたような教師の在り方の問題から、現在の多くの中・高校で教育の混乱をまねき、手をつけられないような暴力が発生したりしているのを見聞きするにつけ、むしろ、小学校のときにそのような芽が生じない教育をすることも大切であると考えるので、つい余計なことを述べてしまったのである。

さて、感情体験の重要さということであるが、これについても例をあげて説明しよう。

ある小学校の四年生の男子が、宿題を忘れたのではないかと気になって、夜も眠りにくいし、勉強も熱心にできないということで母親に連れて来られたことがあった。宿題のことが気になって、先生の自宅へ何度も電話する。先生がそれでよろしいと電話で話されても、「先生は僕が体をこわしてはいけないと思って、うそをついているのではないだろうか」とまで心配し始めるのだから相当なものである。全部できたと思って寝ようとすると、忘れているのではないかと気になるというのである。これは一種の強迫観念で、成人の強迫神経症にはこのような症状がよくあるが、子どもにも時に生じ、小学三―四年頃にわりに現われてくるものである。

ところで、この子に会って遊戯療法をすることになった。遊戯療法といっても、その根本は子どもの自主性をあくまでも尊重し、子どもの感情を受けいれ明確にしていくということである。この子と遊びの部屋にはいり、「好きなことをしていいよ」と言うと、この子は困った顔をして何もしないのである。つまり、何かすることを指示されるとよく動けるのだが、「好きなこと」を十分にする経験を殆どもっていない子であったからである。しかし、治療者の態度に支えられて、この子も少しずつ遊びを始めた。それは最初のうちは、気のりうすにパズルをしたりすることであったが、だんだんと本当に好きなことをしてもよいことが実感されると、少しずつ活発に動き始めた。週に一度、治療者と遊ぶだけであるが、何週間もたつと、この子は攻撃的な感情を遊びの中に表わし始めた。元気になるにつれて、しまいには、治療者を相手にチャンバラまでしだした。

遊戯療法のなかで、攻撃的な感情を表出して治っていく子は多い。この子も一時は、プラスチックの刀で切られてさえ治療者が痛く感じるほど、強烈に暴れていたが、そのうちに、治療者と共にゲームを楽しむという形で、だんだんと攻撃的なものを自分の中にとり入れていくことができ、そのようになった時点で症状の方はなくなってしまったのである。

このような例に接すると、現代の子どもたちが感情体験を十分にする機会があまり与えられていないのではないかと心配になってくる。攻撃性とか恐怖感などの否定的なものでも、ある程度は主体的に経験されてこそ、望ましい統合が生じることを思うと、子どもたちはそのような感情体験を余りにも禁止されたり、防衛されたりしすぎているのではないかと思われる。われわれの子どもの時は、子どもにふさわしい恐怖や悲しみや攻撃性が、山野をかけめぐる遊びのなかで体験されたのだが、今の子どもたちは危ない遊びは禁止され、そしてひたすら勉強へと追いこまれていく。そして、先程の子どもの例が示すように、アンバランスな感情をもとに戻すこころみとして、不可解な強迫観念が生じてきたりする。あるいは、おさえられてきた感情の爆発によって、子どもとは思えぬ残忍さを発揮したり、ドギツイ漫画を喜ぶようなことにもなる。

子どもたちの喜んでみる漫画の強すぎる程のむき出しの感情表現に対して、親たちが安心して与える昔話の方は、また逆に甘く書きかえられすぎている。つまり、官製の物語では、昔話の中に必要なものとして含まれていた残忍さは甘くされてしまい、大人がその配慮を良しとしている間に、子どもはおさえられた感情をより低俗なものの中に求めてしまうのである。それでは、昔話をもとにもどして、お婆さんが殺されて味噌汁にされたような話を、どんどん子どもに読ませるべきであろうか。ここで考慮しなければならないことは、もともとそれらの話は「語られる」ものであって「読まれる」ものではなかったということである。もの、が、た、りには語り手が必要であり、語り手と聞き手の心の交流がある。そのような関係のあるところでこそ、残忍な物語も、子どもたちに深い感情体験をもたせつつ、その統合に役立たせることができたのである。

このように考えると、知育偏重といってみても、国語の時間には物語もでてくるし、体育には烈しい戦いもあるし、理科では花の観察をするであろうから、「勉強」の時間にも感情体験をする機会はいくらでもあると言うこともできる。しかし、ここでたとえば、国語に物語が教材としてある場合を想定しても、何人の教師がそれを基にして、生徒たちに深い感情体験を与え得るだろうか。漢字は、文法は、段落は、などと教師の心の中には「教える」ことが充満していて、「味わう」ことの余裕など生じないのではないか。子どもたちに物語について教えることはできても、それを子どもの心に直接語りかけ得る教師が果たしてどれだけいることだろう。

創造性

国語を例にとって、その中でも感情体験があり得るはずだと述べた。そして、そのようなことを、いわば学習や授業の対極において論じてきたが、ここでもっと深く考えるならば、そのようなことは、実は深い学習には必要なこととして浮かびあがってくるのである。

ここでもう少し観点を広くして、先生の「教える」態度の硬さという点を取りあげてみたい。たとえば、ある国語の時間のことであった。先生はその文を味わうために、「バラの花とはどんな花ですか」という質問をした。ところがある生徒は「バラにはとげがあるわ」と答えたのである。先生はバラの美しさや華やかさなどの答を当然予期していたので、この答に不機嫌になったし、他の生徒たちは先生の意向を察して、先の子どもに嘲笑をあびせたのであった。

このことは実に非常に難しい問題をはらんでいる。というのは、先生の態度が柔軟性を欠き、「教えるべき」ことにとらわれると、生徒たちは敏感にもそれに影響され、先生の気にいる答、つまり、きまり切った答ばかりするようになる。つまり、路線に早く乗ることが上手になり、創造的な思考力を奪われていくのである。

先日、京都大学の数学の先生である森毅教授とお話していると、納得の早い学生は駄目なように思う、と非常に興味深いことを言われた。納得が早いということは、そこにある筋を早く読みとることができるようだが、どうしても、そのような既存の筋も早く知ることになりすぎて、それ以上創造的な思考を展開できないというのが、その大体の論旨であった。確かに史上、大きい発明や発見をした人たちは、簡単に納得しなかった人であると言えそうである。エジソンは小学校の頃、怠けものだというので退学になったということであるが、それは、おそらく誰もが納得することを考え込んでいるのを、怠けているのと間違われたのではあるまいか。誰よりも早く理解し、誰よりもよく覚え、誰よりも早く書く、そのようなことに進歩と向上の目標をおいた教育では、子どもの創造性の芽をつむことにならないだろうか。

ところで、前の例に話をもどして、バラにとげがあると答えた子どもに、われわれ教師はどう接すればよいであろうか。それはよい思いつきであると手放しでほめてばかりおれぬところに、教師の難しさがある。つまり、このようなことに教師が喜んでばかりいると、その授業は非常に散漫になってしまい、生徒はついに何を学んでいるかさえ解らなくなってしまうだろう。あるいは、生徒は常識の裏がえしや、悪ふざけを言うことが先生を喜ばすことだと誤解するかも知れない。創造性の秘密は、限りない自由と、それを現実につなぐ何らかの枠組の共存にある。このようなことを考えると、教師は生徒の答ひとつに対しても、どのように接するべきか大いに迷わされるものである。しかし、そのような難しさを知りつつ、生徒の発言のひとつひとつに慎重に取り組むのと、簡単に「正しい答」を想定し、その路線以外のものを排除しようとするのとでは、生徒の反応も大いに異なってくるはずである。先生の態度が自由になると生徒も自由になる。生徒の思わぬ発言に、先生自身が教えられる思いもするであろうし、そこに思いがけぬ創造の火の燃えていることを見出すこともあろう。

学習以前の問題として、生徒の知育以前、授業に到るまでの問題を論じていたのであるが、知らぬ間に創造性という学校教育における中心的な課題にまで論が及んできてしまった。このことは、やはり、現在の教育がやや狭きに失して学習ということに硬くとらわれすぎ、そのような欠点を知らず知らずのうちに学校のなかに持ちこんでいることを示唆している。このような広い視野から学習の問題を考え直してみることも興味深いのではないかと思われる。

盗みを犯した子にどう接するか

盗みというものは嫌なものである。小学校のクラスで、勉強が終ってさあ帰ろうというときに先生が急に緊張した顔つきになって、全員に居残りを命じる。そして、××君の財布が体操時間の間になくなったのだが、誰か心あたりはないかという。初めのうちは、誰か拾った人でもという感じだったのが、だんだんと緊迫した空気になってきて、このなかに盗んだ人は居ないかという感じになってくる。そして、ついには級友同士がお互いに疑いの目を向け合わねばならぬような事態にまで追いこまれる。こんなにまでしても「犯人」が見つからなかったときの後味の悪さ。あるいは、犯人が見つかったとき、その子どもが後まで背負いつづけねばならない重荷。どちらもまったくやり切れないものである。自分の子ども時代をふりかえると、多くの人がこのような不愉快なクラスでの出来事を思い出としてもっておられることであろう。

このような思い出が暗い影をただよわすのは、「盗み」ということが絶対に悪いことであり、しかも、もし見つからなかったらその悪業の責を免れようとする意図が裏に読みとれるからであろう。現代は多様化の時代と言われ、価値観も多様化したことをよく指摘されるが、それにしても、盗みを善であるとする人はまずないであろう。盗みは悪である。

しかしながら、われわれ心理療法を専門にするものは、盗みを犯した少年に対して、それが悪いことだと言うだけでは何もならない。むしろ、問題はそのようなことをした少年が、そこから立ち上ってゆくのをどれほど援助できるかということである。あるいは、盗みを犯した少年に対して、どのように接するのがいいかという点が、大切となってくる。そうなると、われわれはその行為が悪であると断定するだけではどうにもならず、むしろ、そのような行為の意味を考えることによって、その少年と接する道を探そうとしなければならない。それには、盗みということですべてを一律に判断することなく、その個々の状態について考察することが必要である。次にいろいろな観点から、盗みについて考えてみることにしよう。

判断力の低下

盗みが悪であるという判断力がないために盗んだ場合、それは厳密には「盗み」とは言えないかも知れない。たとえば、幼児とか知的能力が劣っている子どもとかのため、欲しいものをとってしまうような場合には、われわれとしては、そこで盗みの意味などと考えるよりは、ともかくその子にその行為が悪いことを教え、「しつける」ことが大切である。

ところで、それに近い例としては、小学生などで盗みは悪いと知っていても、欲望の強さに負けて「つい手が出てしまった」というときがある。友人が珍しい鉛筆や消ゴムなどをもってきて、見せびらかす。何だかそれが欲しくてたまらなくなって盗ってしまう。もちろん、盗むことが悪いと知りつつどうにもならないのである。なかには、後で良心の呵責に耐えられなくなって、もとへ戻したり、どこかへ棄ててしまうようなときさえある。このようなことは、案外、多くの人が体験していることである。

このような盗みを発見したとき、われわれはどのようにすればよいだろうか。そのときは、その子どもから事情を聞く間に、その子の年齢相応の自制心の程度、その子が欲しくてたまらないと感じた程度、それに、そのときその子の自我の統制力を弱めるような状況があったかなどについて推察し、その盗みがどの程度了解できるかを測る。それが、われわれにとって「わかる気がする」ものであり、その子自身が悪かったことを反省していることが感じられるときは、われわれとしては、むしろ、その子を傷つけることなく、できるだけ早く立ち上れるように暖かく接してやることが大切であろう。

しかしながら、ここで大切なことは、盗んだ気持が「わかる」とか、暖かい態度などといっても、それは決して盗みを許容しているのではないということである。このような態度で接しつつも、あくまでも盗みは悪であるという厳しさを、そのなかにもっていなければならない。暖かくて厳しい態度と、いわゆる甘い態度とを混同してはならない。このことは、子どもの反省が十分でないときには、非常に大切なことになる。子ども自身が「あれぐらいのこと」と思っているときに、大人がそれに対して「気持が解る」という点のみにとらわれて甘く接すると、子どものしつけの上で取りかえしのつかない失敗をすることになると思われる。

年齢にふさわしい判断力ということを述べたが、そのときの状態によっては、退行現象をおこしているために、年齢相応の判断力が低下することがある。たとえば、病気になったとか、大変な不幸にあったときとか、逆に祭などで浮き浮きしているときなどである。あるいは、集団で行動しているときは個人の判断よりも、いわゆる群衆心理が働いて、低次な行動をとりやすい。これらのことは、修学旅行のときなどによく生じる。修学旅行のときに、そんなことをしそうにない生徒が集団で窃盗をすることなどがある。このような点は、旅行に出る前に、生徒たちに前もって注意しておくことによってずい分予防することができるものである。旅行で見知らぬところへ行ったり、集団で行動したりしていると、判断力が低下することがあると、前もって生徒たちによく注意を与えておくとよい。

何が欲しかったのか

何かものを盗ったとき、いったいその子どもは「何が欲しかったのだろう」と考えてやらねばならない。腹が空いてたまらなくなり、パンを盗った子は、そのとおりパンが欲しかったのであろう。しかし、経済的に恵まれており、小遣いも十分にもらっている子が給食費をかすめとったりしたときは、簡単に、その子がお金を欲しがっているとは考えられないのである。しかし、その子はいけないことと知りつつ、敢えてとったのだから、何か欲しかったことは事実なのである。そこで、われわれはこの子の本当に欲しがっているものは何か、と考えてやらねばならない。

盗むものが一定である場合、それは解りやすいように思われる。たとえば中学生の男子生徒などにあるが、女性の下着ばかりを盗むものがある。窃盗といっても他のものを盗まず、ただ女性の下着だけを盗むのだから、何を欲しがっているかは一見明らかのように思われる。ところが、問題はそう簡単ではないのである。多くの教師や指導者たちは、この少年はともかく性的な問題をもっていると考える。あるいは、「変態性欲」などということを考える人もある。そのために、少年と面接して、何か性的な問題を探り出そうとして、徒労に終ってしまうことが多い。

こんなときに、この少年に会って、彼の犯罪行為にとらわれることなく話し合ってみると、話は案外な方に発展することが多い。ある少年は、自分の家は父も母も外から見ると、きびしそうに見えないが、何となく家中に無言の圧力のようなものが存在していて、自分は勉強することにだけ熱中しなければならないような仕組になっている。遊びにゆきたいと言えば敢えて反対はされないのだが、何だか後味が悪い。もし、正面から「遊んではいけない」と言われれば反発心もおこるだろうし、口論になるのだろうが、そんなこともない。ただ、母親は不機嫌になると口をきいてくれないので、家中に変な空気がただよってたまらない、などと話をするのである。そのようなとき本人はもちろん、父親もまったく無力で、何もできず、親子三人が口もきかず、一緒に食事をするときは、まったくたまらないというのであるが、確かに、外から一見すると、その親子はけんかもせずに平和にくらしているように見えるのである。

この子どもはどうして女性の下着など盗むのだろうか。一人の男性が成長して自立してゆくとき、彼がその自立性をはっきりと示すことができるのは、一人の異性と結婚し、結婚生活を築きあげることである。このような意味で「性」ということは、自立することと深い関連をもっている。ところで、この子どもは、陰気で家中に男性性が欠けているような家庭に育ち、そのなかで思春期を迎え、何とか自分の男性性を確立する方向に歩もうとするが、いったいどうしていいか解らない。女性を獲得する力を自分はもっていないので、結局は、その代償として女性の身につけるものを盗むという、弱い行為しかすることができないのである。

確かにここで問題になっているのは「性」ということであるが、大人が普通に考えるような「性」とはずいぶん違っている。人間における性は、単なる生理的な問題ではなく、測り知れぬほどの心理的な問題である。そのように広く性の問題をとらえて考えず、この子に対して、単純に変態性欲の子どもとでもレッテルを貼ってしまうと大変な誤りを犯すことになる。このようなとき、この子の欲しいものは自立性なのだと考えてやる方が、はるかに解決を早めることになるだろう。

このように、その子が「何を欲しがっているか」を知るためには、われわれもよく考えてみることが必要である。この際、盗品について考えるだけではなく、誰から盗ったのかという点が手がかりになることもある。家のものを盗ったのか、あるいは、級友からか、先生からか、などと考えてみるとよい。

「とる」という表現は盗みを表わすのに用いる表現であるが、広い意味では、われわれは、「とる」とか「とられる」ということをよく使っている。一番をとる、友人をとられた、優勝旗をとりかえす、などは、「獲得」を意味する言葉であるが、非合法な手段で「とる」のが盗むことにつながってくるわけであるから、子どもが何かを誰かから「とる」場合、誰からとろうとしたかということも大きい意味をもつと考えられる。

無意識的な心の動き

非合法な手段によって、とるわけであるから、盗むときにはいろいろな判断が必要である。見つからないようにという観点からすれば、盗むときには相当な思考力、判断力を必要とするものである。

ところが、実際には「見つけて下さい」と言わんばかりの盗みが、特に少年の場合、割りに存在するのである。家から持ち出した金で買った高価な玩具を、母親の目のすぐとどくところに置いていて、ばれてしまったとか、学級費を盗んだ子どもが、学校の自分の机の中にそのまま入れておいて、先生にすぐ見つかってしまったとか、こんな例が多いのである。このとき、「馬鹿な奴だ」という判断を下されることが多いが、これをもう少し違う観点から見られないだろうか。

意識的な判断力からすれば、そんなにすぐばれてしまうことを考えつくはずがないのに、そのような行為がなされたとき、われわれは、その子の無意識的な心の動きに注目してみる必要があるだろう。たとえば、母親にすぐ見つかる盗みをした子どもは、どんな無意識的な動機をもっているのだろうか。これをわれわれは、子どもが

「お母さんが私にくれるものには不足があるのです。だから、私はそれを無理にでもとらねばなりません」そして、その事実を「お母さん早く知って下さい」と言っているように思うのである。早く知ってもらうためには早く見つからねばならない。

「先生早く解って下さい。先生こそ私を助けてくれる人です」という隠された願いをもって、先生にすぐばれてしまう盗みをする子どもは、居なかっただろうか。このようなとき、先生が何と馬鹿な盗みをする子どもだろうと思って応対すると、せっかくの子どもの助かろうとする願いは、まったく踏みにじられたものとなってしまうだろう。

ところで、このような観点には、ひとつのおとし穴がある。というのは、子どもが助けを呼んでいるといえば聞こえがよいが、それを「盗み」という形で表明している点が問題なのである。たとえば、初めにあげた下着盗みの少年にしても、もっと力があれば、両親と話し合うとか、ガールフレンドをつくるとか、他の手段を選べたはずである。このように考えると、やはり、その子の成長する力は弱いと見なければならない。

ものを盗むとき、自分の家のものをとるのは罪が軽いだろう。学級費を全部とるよりは、そのなかの千円だけとる方が罪が軽いだろう。このような判断力をもつ子どもは、判断力のない子よりも更生しやすいであろう。しかし、それが、こうすると見つかりにくいだろうという方に用いられているときはどうなるだろう。巧妙な盗みに対して、われわれはその少年が悪質であるという。それは確かにそうであるが、それだけの「能力」があることは、やはり立ち上る力も強いことを意味していないだろうか。盗みをする子どもが、いろいろな意味で現実をどれほど把握しているかということも、われわれはよく考慮しなければならない。

反社会性と自立

盗みが反社会的な行為であることは当然である。最初に強調したように、それが悪であることを認めた上で、やはり、われわれは少年の立ち上りを期待するために、その意味を見出してやらねばならない。

反社会性の意味は明らかである。少年たちが成長してゆく上において、それまで与えられたものとして持っていた道徳観を、新たな観点から見直し、それをもう一度自分自身のものとして受けいれねばならないのであるが、その過程において、反社会的な傾向が表われるのである。つまり、見直してみるために反対し反抗してみる。これが建設的に行われるときは、教師や親に対して言語的な反対をしながら、社会から許容される範囲内で、自分の新たな観点をつくりあげてゆくのである。

しかし、これはなかなか難しい仕事であり、少しのところで間違いが生じやすい危険な過程である。こんなとき、少年は、思わず盗んでしまうことがある。それは不可解な盗みであるが、その奥の方に存在している心の動きは、何か自分自身のものを確立しようとする傾向なのである。

盗みの主体的な意味を明らかに示してくれるのは、昔の話によくあるような、剣の極意などを盗む話である。有名な剣の達人に入門するが先生はなかなか教えてくれない。一所懸命になって努力を続けるがどうしても解らない。ところが、ある日先生が一人で稽古しているとき、それを盗み見して極意を悟ってしまう。すると、先生がちゃんとそれを知っていて祝福してくれる。

剣の極意などというものは、教えて下さい、はい教えましょうなどと言って伝えられるものではない。先生はあくまで隠して教えようとしない。にもかかわらず、何とかそれを知ろうと、主体的にいろいろな努力と工夫を重ねたものだけが、それを「盗みとる」ことができるのである。達人はそのように考えているので、何も教えようとせず、弟子が盗みとったとき初めて、それを祝福してくれるのである。話が横道にそれて恐縮だが、最近の教育の現場では、このような意味での真剣なやりとりがなくなってきたようで淋しいことである。若者たちは「教えて貰う」ことや「指導して貰う」ことを要求することに熱心すぎて、極意を盗みとる意欲をもっていないようである。一番大切なものは、簡単に授けたり、貰ったりできるものではないはずである。

これは盗みのひとつの本質を示すものであるが、このようなことが無意識に強力に働き、しかも、それを本質的にやりぬく力をその人がもっていないとき、一番不可解な盗みが生じるように思われる。

盗みを働いた本人でさえ、後になってみてなぜそんなことをしたのかわけが解らないようなとき、このような観点に立つと了解できることがある。これについて事例でも示して証明しなければ納得がいかないかも知れないが、紙数の制限上、これは割愛することにして、今まで述べたことをまとめてみることにしよう。

盗みの相反する二面性

今まで述べてきたように、盗みという行為には自ら立ち上ってゆこうとする力が潜在している。本質的には、それは自立性や教育ということの根本にまで触れることになるだろう。しかし、その逆の面は、すでに明らかなように、盗みという非合法な手段に訴えねばならない弱さの存在である。端的に言えば、それは非合法手段を敢えてする強さと、それに頼らざるを得ないという弱さの二面性をもっている。

無意識的な傾向として、それは自立を志向するものであっても、それを自分のものとするためには、その人の自我が強くなければならない。たとえば、まったく不可解ですぐにばれてしまう盗みをした人は、自立への無意識的な傾向が強いという点では予後がいいように思われるが、その自我が弱いという点では予後が難しいと考えねばならない。

逆に、用意周到に見つからぬように盗みをした子どもは、その現実吟味の力が強いという意味で、教育の可能性を感じさせるが、そこまで盗みを肯定して生きている態度からみると、教育の可能性はうすいと考えねばならない。

このように盗みという行為は相反する二面性をもっているので、指導をする人はよほど、柔軟性のある考え方や態度をもっていないと失敗することが多いのではないかと思われる。すなわち、これは軽い行為だと思っていると、だんだん手のつけられぬことになってしまったり、指導の仕方によっては急激によくなったであろうはずの少年を、かえって悪くしてしまうような取り扱いをしてしまったりすることが多いのではないかと思われる。しかも、初めに述べたように、盗みは誰の目から見ても「悪い」ことが明らかなので、こちらの指導に手落ちがあったとしても、やっぱり悪い少年であったと考えられてしまって、安易に見逃がされることが多いのではないかと思われる。

このような両面性をもった行為であることが解ると、盗みをした少年に会う人は、前よりももっととらわれの少ない態度で少年に会うことができるであろう。悪いときめつけているのでもない。あるいは早く良くしてやろうと焦るのでもない。いったいこの少年は盗みという行為を通じて何をわれわれに訴えようとしているのか、その多くは少年の無意識内に存在していて、少年自身さえいまだ気づいていないのではないか、それをゆっくりと話し合うことによって二人で見出してゆこうというような姿勢で、少年に対することになるであろう。

実際に、われわれがこのような態度で接しないかぎり、少年たちも、その心の奥にあるものをわれわれに示してはくれないであろう。さもなければ、盗みは悪いことだ、すみません、これからは致しません、という表面的なやりとりが繰り返されるだけで、何ら意味のある発展が生じて来ないだろう。

しかし、実際的には盗みを働いた少年と、このようにして接してゆくことは非常に難しいことである。こんな人たちと難しい会話を続けながら、ひょっとすると、私の方が少年の心の奥底にある宝を盗みとろうとする者であり、少年は必死になってそれを隠しているのではなかろうかという錯覚にさえおちいるのである。

能力主義と平等主義

公平とは何か

能力主義か平等主義かということは、現在のわが国の教育界における重要な課題である。筆者は現場の先生方と話し合いをする機会が多いが、この問題が真剣に教育を考えようとする教師にとって、いかに大きい問題となっているかを痛感させられるのである。この課題の困難さのため、十分に論じつくせるかを危惧するものではあるが、その必要性を感じるあまり、敢えて筆をとることになった。

能力主義か平等主義かという問題は、現場の教師としては必ず直面させられるものである。筆者もかつて高校の数学の教師をしていたときに、この問題について迷い、悩んだ経験がある。特に高校生に数学を教える場合、生徒を能力別に分けて教えると、教える方にとっても、教えられる方にとっても効果や能率という点で便利なことは当然のことと思われる。ところが、問題はこのような能力差による編成を行うと、低い能力と判定された生徒たちが劣等感をもち、そのため学習意欲を無くしてしまったり、無闇に反抗したりして、教育上望ましくない結果を引き起こしてしまう。そこで、やはり人間を平等に扱うことが大切だというので、平等に教えてみると、これまた困難なことが生じてくる。

現在、筆者は心理療法を専門にしているので、いろいろな人の相談を受けるが、その中には高校生もまじっている。ある高校生は学校へ行って二、三時間すると腹が痛くなり、嘔吐をもよおすので医者に受診したところ、それは胃が悪いのではなく神経性のものだからということで、筆者のところにおくられてきた。初めのうちは身体の症状を訴えてばかりいたが、私と親しくなるにつれて自分の本音を語ってくれ始めた。彼は学校の勉強があまりにも難しいと嘆くのである。彼は教科書を見せてくれたが、私もその難しさに驚いてしまった。それは現在の彼の能力から考えて理解困難なことは明らかである。そして彼から面と向かって、どうして自分はこんな難しいことをしなくてはならないのかと問いかけられると、こちらも答に窮してしまうのである。彼らは平等な教科書で、平等に教えられるために大きい苦労を背負いこんでいる。

このように考えると、能力主義と平等主義のジレンマはなかなか簡単に片づかないように思われる。そこで、平等と似た概念であるが、少しニュアンスの異なる公平という点について考えてみよう。つまり、生徒に対して公平に接することを第一と考えてみるのである。ところが、ここにも大きい問題が内在している。筆者は最近アメリカから帰国したビジネスマンに次のような興味深い話を聞いた。

アメリカで人を雇ったが、一年経過した時に給料のことでトラブルが生じた。あるアメリカ人が自分たちの働きぶりが違っているのに給料が同じなのはおかしいと抗議してきたのである。ここで筆者が興味深く感じたのは、日本人とアメリカ人との間で、公平という言葉の使い方に喰違いがあったということである。日本人は同時に雇った人には公平に同じ給料にしてあると主張するのに対して、アメリカ人は働きの多寡を無視して給料を同じにしているのは、不公平ではないかと主張する。つまり、ここで公平という概念の在り方が両者の間で根本的に違っているのである。このような違いが生じるのは、筆者が以前から主張しているように、人間の心の中に存在する二つの原理、すなわち父性原理と母性原理の対立によるものと考えられる。

与えられた場に属するものに対しては、その能力の差などに注目せずに平等に扱うのが、母性原理に基づく公平であり、その人がどこに属していようが、その個人の能力に相応する扱いをするのが父性原理に基づく公平さである。従って、父性原理においては、個人の能力を測定し、評価することが公平さの前提として存在している。このような二つの原理による公平さに対して、われわれは簡単に優劣をつけることはできない。もちろん、この二つの原理は相補性を有するものとして、われわれ人間が生きてゆく上で、どちらか一方のみに頼ってゆくことは不可能であり、両者のバランスの上に立っているのではあるが、ある文化がどちらか一方をより優勢とすることは大いにあり得ることである。そして、以前から主張してきているように、わが国の文化が母性原理に基づいていることは明らかなのであって、このことが、これから論じてゆくように、わが国の教育において重要な問題を生ぜしめているのである。

日本人の〝平等信仰〟

わが国の母性原理に基づく平等性は、戦後の民主主義を推し進めてゆく上で大きな役割をもったことを認めねばならない。教育の機会均等をすすめ、戦前とは比較にならぬ多数の人間が高等教育を受けるようになったのも、このためである。しかしながら、このようにして進められてきたわが国の民主教育は、欧米のそれと非常に異なるものになっていることを、われわれは自覚しなければならない。

日本人の平等性の主張は背後に母性原理をもつために、能力差の問題にはできるだけ目を閉じてゆこうとする傾向をもつ。あるいは、時にそれはタブーにさえ近い。それが完全にタブーとなった状態を、筆者は〝平等信仰〟と呼びたい。ここに、わざわざ信仰などという言葉を用いたのは、能力差という事実は、真に残念なことではあるが、現実に存在するからである。このような断言に対して攻撃を加えたい人もあろうが、その点については後に述べる。能力差の存在の事実を、欧米の教育ははっきりと認めている。それを端的に示しているのは、小学校で落第や飛び級の制度があることである。

欧米の小学校に落第制度があることは、最近よく紹介されるのでご存じの人も多いと思う。たとえば、昨年（一九七四年）フランス全体で小学一年生の留年率が三三パーセントというのだから驚かされる。三分の一が落第しているのである。フランスで五年間一度も落第せず、ストレートで卒業した子は二七パーセントのみである（「いま学校で　ソ連・西欧」、『朝日新聞』連載六四四回）。これは日本ではとうてい考えられない数字である。筆者は十年前にスイス留学中、小学校に落第のあることを知って驚いたのであったが、そのとき、スイスの先生はまた日本に落第のないことを不思議がり、「そんな不親切な教育をしてもいいのか」と言われたのが、私には非常に印象に残った。能力差の存在を当然のこととすると、能力も無い子を無理に進級させるのは不親切であると考えるのであろう。この「親切」という言葉の使い方も日本人にはなじめないものだが、これも先程の「公平」と同じことである。考えてみると、初めに例としてあげた高校生など、今になって心身症的な悩みをもつに至ったのも、能力に無関係に進級させてゆくわが国の「不親切な」教育の犠牲であるとさえ言うことができる。

このような犠牲者を出さないためのひとつの方策は、個人の能力に応じた学校を作るということになろう。筆者がスイスにいたときに感心したことは、学校あるいは教育制度の多様性であった。実に多くの人が働きつつ学んでおり、それも職業に応じていろいろなコースがあるのである。スイスでは、たとえば肉屋さんになるにも資格を必要とする。定められた年限だけ肉屋さんに徒弟として働きながら、週に何回か学校に通い、必要なコースをとって資格試験に合格し、初めてメッツガー(肉屋)・マイスターとなることができる。筆者の知合いとなった人は、会社に勤めながら書記の資格をとるための学校に通っていた。彼にスイスの学校制度はどうなっているのかと尋ねると、外国人には簡単に説明できないと笑いとばされたことがあるが、もっともなことと思われる。筆者は先に例としてあげたような高校生に会いながら、スイスのような学校制度であれば、この人は何も苦しむことなく楽しい学校生活を送れるだろうにと思ってしまうのである。

ところが、筆者がこのような提言をしても一挙に否定されることは確実である。日教組の先生方はそのような差別を生む教育に反対されることだろう。これは先のような西洋流の考え方からすると、真に不思議なことであるが、わが国においてはそれ相応の理由をもっていると筆者は考える。

まず言えることは、母性原理に基づく平等主義といっても、すべての人をまったく平等にすることは、事実上不可能である。日本の現在の年功序列制は年齢による差を容認している。昔の日本においては、母性的な平等性と現実の不平等を調和せしめるものとして、「分」という概念をもっていた。つまり、身分という限界を生まれながらにもつものとして、それによる不平等は運命的に受けいれるという考えである。わが国の民主主義が、このような身分による差を破壊することに力を注いだのは当然のことである。そして、今なおそれが完全に成功したとは言い難い現状においては、われわれが学校差や教科書の差などの点について、非常に鋭敏になるのもそれ相応の理由をもっているのである。しかし、ここで注目すべきことは、われわれが戦後の民主化を推し進めてくるとき、母性的な平等性を旗じるしとしてかかげてきたのであり、そのため西欧の民主主義とは相当異なるものをつくりあげてきたという事実である。彼らの民主主義は能力差の存在の肯定を背後にもっている。

ひとつの文化なり社会なりは、そのなかに矛盾をはらんでいるように見えながら、それなりの全体的なバランスを取って存在しているものである。われわれが日本の社会における身分の考えを破壊し、なおかつ母性的な平等性を保持しようとするとき、それはどうしてもバランスを失い、どこかに歪みを生ぜしめてくる。日本人の平等信仰は非常に根強いので、日教組のみでなく文部省にしても、この旗じるしにはどこかで降参してしまう感がある。ある学校では、生徒の成績を差別してはいけないというので、全生徒に五をつけたり、三をつけたりする先生もある。運動会に賞品を無くした学校は非常に多いのではなかろうか。一番から十番まで差をつけないのだったら運動会で走るのを止めたらどうだろう。あるいは、各学年ごとに全員が一緒に走り、それぞれ一列横隊になってゴールインする百メートル競走でもやれば、まことに日本的と思えるが、ここまでやる運動会はさすがに未だないようである。

少し冗談が過ぎたかも知れないが、これに等しいほどの平等信仰が陽の当たるところに存在するとき、そのバランスを回復するための影の動きは勢い活潑とならざるを得ないのである。

繁栄する影の教育

今日、わが国において学習塾や家庭教師などの学校教育外の教育が非常に盛んであることは、論をまたないであろう。読者のなかで高校生までの子弟をお持ちの方は、これを身をもって体験しておられるであろう。いろいろな悩みの相談を受ける筆者としては、子どもの教育についての相談を受けることが多いが、いつも感心することは、日本の親が子どもの教育のための費用をあまりにも惜しまないということである。家庭教師や塾の費用は案外高額である。これを両親が家計全体のなかでやりくりする金額と比較するとき、特にその感じを受ける。筆者をますますやり切れなくさせるのは、私立校の裏口入学のためとか、果ては内申書をよく書いて貰うために教師につけ届けをするとか、常識あるものが聞くと無意味なことか、だまされているにすぎないと思えるようなことにまで、親が非常に不用意に金を使おうとすることである。もっとも、私は職業柄こういう相談を聞きすぎるのかも知れない。しかし、それにしてもその程度がひどすぎる。

ただ、受験競争の激烈さや、家庭教師の問題などを日本だけの特徴とは言えないことを知っておかねばならない。たとえば、ソ連では「十年生になると教育熱心な親は、たいてい家庭教師をつける」し、各大学には予備科という日本の予備校のようなものがあり、多くの生徒がここに通っているとのことである(前出『朝日新聞』六三六回)。これは後でも述べるように、受験や競争の激しさは、何も日本のことだけではないのだが、問題は塾やそれにかかわる両親の在り方である。

学校教育という表通りで、絶対的な平等感が強調されればされるほど、裏通りの塾では「差をつける」ことに価値がおかれる。子どもたちは、塾の先生の「これを知っておくと得をするよ」とか、「こんなことは他では習えないよ」などという言葉につられ、少しでも他人と差をつけようと必死になる。しかも、表看板が平等性にあることを知っている彼らは、学校では何も勉強していない風をよそおったり、友人が遊びに来ると参考書をこっそりと隠したりという、馬鹿げた苦労をしているのである。競争が影のものとなるだけに、隠微なものに堕してゆく。子どもたちはこれらすべての経験を通して、いったい何を学んでゆくのだろうか。学校では平等や仲良しということを学んだとしても、生活全体の中から彼らが学びとることは別のことではないだろうか。

影の教育を繁栄させるもうひとつのものとして、その「厳しさ」があげられるときがある。ある塾では少しの遅刻や怠けに対しても、子どもをはりつけにしたり首吊りにしたり、といってももちろんそのような真似ごとをするだけであるが、厳しい罰を加えている。そして、両親だけではなく子どもたちさえこれを喜んでいるのだ。

これは、学校における、あるいは家庭における母性原理の強調を何とかして補償しようとするこころみである。戦後の民主教育は子どもの自立性や自主性の尊重ということを題目としてかかげてきたが、これも今までしばしば指摘してきたように、日本的な母性原理によるものであったため、西洋のそれとは非常に異なった甘いものとならざるを得なかった。すなわち、父性を欠いた教育が優勢となったのである。その典型的な例としては、現在、高校で生徒が学業が面白くないために——既に述べたように彼らは難しすぎる授業に適応できない——学業を放棄したり、時には授業中に運動場を単車で走りまわったりしていても、教師がそれを取締まれなくて困っているようなことが多く生じている。これは、わが国の一般に容認されている母性的民主主義にのっとるかぎり、教師としても、簡単に生徒を取締まったり、処罰したりすることを後ろめたくさえ感じるからである。

このように、公認の原理が一面的となるとき、影の補償性も拡大されたグロテスクなものにならざるを得ない。従って塾の教育に不必要な厳しさが要求されたり、あるいは、各学校のクラブ活動のなかに、異様な礼儀正しさや厳しさがもちこまれたりする。教師に対しては、ぞんざいな口のきき方をする生徒でも、クラブの先輩に対しては妙な敬語を使っていることは多い。そしてクラブ内の「しごき」や階級性はまったく民主主義の裏がえしである。彼ら若者は、陰ではそれを望んでいるのである。

そこに働いている父性は、しかし、西洋における父性とは異なっている。それはいわば戦前の状態への逆もどりに近く、母性原理の遂行に父性が奉仕している形である。すなわち、個人の個性を尊重するのではなく、ひとつの集団なり場なりの維持のために厳しい父性を用いているのにすぎない。しごきは個性の確立よりも、むしろ集団のための個性の否定の方に用いられている。しかも、それが影のものとして存在するだけに、必要な歯止めをかけられることがないので、クラブのしごきが死につながるような、まったく馬鹿げた事件が生じてくるのである。

このような影の教育の偏倚した繁栄は、もとをただせば、公の教育があまりにも一面化し、その補償機能をそれ自身の中にもたなくなったからであると考えられる。戦後三十年の民主化を支えてきた日本的母性という原動力について、われわれはここで相当の反省を必要とするのではないだろうか。

一様序列性

先にも述べたように、欧米の諸国やソ連などでも受験や競争は激しいのに、日本で特にこれを問題にしなければならないことについて考えてみよう。まず、筆者の体験からいうと、落第することや、あるいは退学などに関して、日本人ほどその本人がみじめな思いをしていないことである。筆者が留学していたアメリカの大学では、一年から二年になるときに、自動的に半数に減らされるシステムであった。こんなとき、寮で隣室にいた学生が自分は一年間トライしたが大学生としては能力がないので、退学して就職すると言って去っていったが、そのときに印象的だったのは、去るものも送るものも実にあっさりしていて、そこにじめじめした感情の動きがないことであった。これが日本であれば、友人が引きとめたり、何とかしてみようと教師に頼んだりして、また実際何とかなることさえある。このように日本人はいったん形成された場をできるかぎり維持しようとする傾向をもつが、これを場の倫理と筆者は呼んでいる。

場の倫理においては、場から追い出されることは致命的である。このためわれわれは場から出されることには徹底的に抵抗するし、また友人たちも場からはずされぬように出来るかぎりの助力をすることになっている。このような倫理観に基づくとき、退学は決定的な敗北感につながることがある。これはアメリカのように個の倫理に従うときは、自分の能力にふさわしいところへ変わるのだから、決定的敗北感につながることもなく、またみじめな思いをすることもない。ただし、その当人としては、自分の能力が大学に適しないことを認識することは辛いことであろう。しかし、それはあくまで個人の責任において背負い処理すべきであり、彼らはそれをなし得る強さをもっている。

このような日本の現状を考えるとき、能力差の存在をはっきりと認めることは危険でもある。それは、そのことがある個人を簡単に場から外すための理由として用いられるからである。たとえば、知能指数が低いということで、その子に適した教育法を考える方向に向かえばよいが、たとい表面的にはそのような形をとりつつも、実際的にはそのようなレッテルによって、一般の場から彼を除外することになると問題である。というのは、場の倫理観によるときは、場の外の人に対しては何も責任を感じなくなるからである。このような傾向に抵抗しようとすれば、誰も彼も一様に同じ場に入れこむように努力しなければならず、さりとて、そのようにしたときは、教える方にとっても、教えられる方にとっても困難が生じてくる。このような点にジレンマを感じつつも、われわれ臨床家としては個々の場合に応じて、いろいろな方策を考えているのであるが、今はそのことには触れない。

能力差の問題が日本でタブーになるもうひとつの理由は、場のなかにおける序列の一様性ということであろう(中根千枝『タテ社会の人間関係』にこの点は十分論じられている)。場の倫理を維持するため、われわれは成員に対して序列をつける。いわゆるタテ社会の構造のなかで、能力によって順序づけられることは西洋社会におけるより、はるかに重みをもつことである。それは絶対的なものとして作用したり、受けとられたりする。西洋の父性原理は評価や測定をきびしくすることによって成立すると述べたが、個性の存在が確立してくると、ある次元での評価がその個人の全体的な評価にそのままつながらないという利点をもっている。先に例としてあげたアメリカの学生が大学を退学するときにしても、スイス人の青年が自分に適した職業学校を選ぶときにしても、各人はいわゆる学問という点で自分の能力の劣ることを認識しているが、個性に合った道を選ぶことに誇りをもち、自らの存在価値そのものをおびやかされてはいないのである。

日本の序列性が身分や年齢など運命的と思われるものによって基礎づけられているとき、その序列差によって不合理なことは多く生じるが、その個々人が自分の存在価値を疑うことがあるにしても、それは運命という不可解な、あるいは個人の責任を超えたものに向けられるものであった。それが、身分という不合理なものを破った後に、西洋の真似をして、われわれも個人の能力や努力を認める方向に変化してきたが、問題は未だ一様な序列性の意識を保存している点にある。従って学校における点数の僅かの差によって人間の存在価値がきまるように思い――子どもたちよりも親の方が強くそう思っている――少しの「差をつける」ための過当競争が生じる。また教師の方も過当競争のなかで差を見出すためには、それを可能にする試験問題を作成しなければならない。この点に関心のある方で小学生の子どもを持っておられる方は、その試験問題をこのような観点から見ていただきたい。

数学者の遠山啓氏は、はっきりと「テストの問題を読んでみると、どうかと思えるような愚問が多い。こんな問題はできなくともいいと思えるものや、なかにはできないほうがいいと思えるものさえある」と述べている（『朝日新聞』一九七四年八月二十二日夕刊）。うそと思う人は小学生の子どもの試験を自ら受けてみられるといい。余程の教育ママでない限り百点は取れないであろう。予想外の瑣末な知識と約束ごとに通じていないと駄目なのである。小さいときから、このようなことにエネルギーを注ぎつづけることは、教育的にどんな効果をもつのか。明確には解らないにしても、これが創造性ということとはもっとも関係のない教育であることは事実である。

能力差がみじめさにつながる基盤として、不思議なことであるが、日本人の平等信仰があることも見逃せない。われわれの平等信仰は非常に根強いので、すべての人間は平等の能力をもって生まれていることを無意識的に前提としている。そこで学力差が生じてくると、その差をそのままその人間の存在価値にまで拡大してしまうのである。差が無い筈だのにあるということは、本人の努力が足りないとか心がけが悪いと見なされる。これでは下積みになったものはたまらない。平等信仰と一様序列性が結びつくとき、実に多くの人に、みじめさや劣等感コンプレックスをもたせることになる。

生徒に劣等感をもたせないようにと教育者で注意する人は多い。しかし、自分が劣等であることを認識することと劣等感コンプレックスをもつこととは同じではない。人間である限り、誰しも何らかの意味で劣等な点をもつ。スポーツができないとか音楽が駄目だとか。しかし、その劣等性がその個人の存在そのものを脅かさない限り、それは劣等感コンプレックスには関係がないし、有害でもない。

外国でも競争は激しいし、受験は大変である。難しい大学もあれば易しい大学もある。ただ日本と異なる点は、学力差がすぐに劣等感コンプレックスにつながることが非常に少ないことであろう。劣等感コンプレックスが生じるもう一つの条件は、自分の能力の程度が明確に把握できないことである。自分が何かに対して劣等であることを認識し、それが自分の存在を脅かさぬことが解ったとき、人はコンプレックスをもたない。判断が不安定なときはそのこと自身が不安の源泉となり、コンプレックスを生み出す。このように考えると、教師が「劣等感をもたせない」ことを配慮して評価をあいまいにするとき、かえって問題が生じてくる。しかも、教師が表向きは、評価を下さないとか、皆平等であると言いつつ、背後では日本的序列性に拘束されていて――この拘束力から解放されることは実に難しいことだ――そのような見方で生徒を見ているとき、これは劣等感コンプレックスを培養するための好条件なのである。

創造性をどう獲得するか

以上述べてきた点に賛成された教師が、ここで簡単に、「では能力の無い生徒には無いとはっきり言うことですね」と言われると筆者としては困ってしまう。あるいは、学校の先生方に以上のような話をして、「よく解りました、結局は自分の力に応じて分をこころえろということですね」と言われて参ってしまったこともある。筆者の今までの論議を読んでいただくと解るが、決して分をわきまえることを主張などしていない。しかし、筆者の考えがこのような後向きの姿勢に結合されやすい危険性については、自戒しなければならないと思う。もっとも自己弁護的に言えば、このような誤解は日本人にとっては、父性原理による個性の確立ということがいかに解りにくいかということを示しているとも言うことができる。

ところで、生徒に対して、もしわれわれ教育者がその学力や能力の劣等性を確実に指摘するとするならば、そのことがその個人の人間としての尊厳性とまったく無関係であることを、われわれ自身が腹の底まで納得している必要がある。ある能力に劣る点があるとしても、あるいは、能力差の存在を肯定するにしろ、それを背負ったものとしての個人が、それなりに個性を生かし創造的に生きることに重きをおくとするならば、それを主張する教師自身が創造的に生きていることが必要となってくる。

日本人の序列をつけたがる傾向は大学にまで及び、受験雑誌を見ると解るが、日本中の大学が見事に序列づけて並べられている。本社の試験で何点をとると、どの大学に入学する確率何パーセントと出ているのだから見事なものである。かくて、高校生たちは大学を没個性的な順序づけに従って選択することになる。高校の先生も

「それだけの成績だと東大へ行かぬと損だよ」といった指導をする。これを打ち破るためには、個々の大学がもう少し個性的な顔をもつように努力し、かつ、高校の進学指導においても、生徒の個性と大学の特徴とを考えたキメの細かい進学指導が必要ではないだろうか。このようなことを今後行なってゆくためには、行政的にも制度的にもいろいろな改革を必要とするだろうが、個々の人間が一様序列性を破って、個性的で多様な価値観を確立することが大切ではなかろうか。しかし、これは予想外の努力を必要とすることであろう。

筆者のところに相談に連れてこられたある高校生は、ずっと学校を欠席したままであった。話し合いの中で彼が述べてくれたことは、父親が一流大学出身で非常に優秀な人であって、自分は何をしても父親に及ばないで叱られてばかりいる。父親は最高の人間で自分は最低だから、せめて父親のできない悪事をはたらいて無茶苦茶をして生きていくつもりだとのことであった。私は、君の言うことを聞いていると、一流大学を出たとか仕事ができるとかで威張ってばかりいる君の父親はむしろ最低の人のように思えますがというと、彼は喜んで同調してきた。「そうです父親は最低です」というのに対して、「では君の論法で言うと君は最高の生き方をしなければなりませんが」と言うと少年は黙って考えこんでしまった。

最高、最低という場合、どれ程学問ができるかあるいは金がもうかるかで判断することは容易である。この少年が父親のできぬ悪事でもせめてやってやろうなどというとき、反抗しているように見えて、実は彼もこの尺度にとらわれているのである。私は少年の心を動かすために、少し面白い表現をしたが、彼に知って欲しかったのは、そんな尺度ではない別の尺度が人生に存在するということである。どんな人にとっても能力に関係なく最高の生き方がある。

人間には無限の可能性があるという。確かにわれわれ心理治療家はこの言葉に大きい意義を見出している。さもなければ周囲のすべての人に見放された人の立上りを期待して、長期間(時には十年も)つき合ってゆくことは難しい。しかしこの仕事を続ければ続けるほど、無限の可能性という言葉は甘いものでなくなってくる。これがすぐ甘いものに堕してゆくことに対して、清水幾太郎氏は「私が特別に気が弱いのか、無限の可能性を秘めている……というような大袈裟な言葉に接しますと、ひどく恥かしくなってしまうのです」と述べ、そして無限の可能性という言葉によって、すべての子どもがノーベル賞受賞者や野球の三冠王などになると考えることの愚かさを指摘している(「戦後の教育について」、『中央公論』一九七四年十一月号)。確かに、私が会った高校生は三冠王はおろか、自分の父親と同じ大学に入学することも、金をもうけることも出来ないであろう。逆説的になるが、われわれは自分の無限性を知るためには、まず人間というものが限定された存在であることを認めねばならない。限定に関する痛い認識のなかに、個性の存在、すなわち無限の可能性の存在が意識される。この少年はその後、立ち直って高校を卒業し個性的な職業について努力している。彼は自分の責任において、父親とは異なる生き方を創造しようとしている。私はこれをこの少年の自己実現への努力と見たい。

平等主義と能力主義の問題は、わが国の歴史や国民の心性と深くからみ合っていて簡単には論じ切れぬものをもっている。またそれだけに教育現場においては大きい問題であり、混乱を生んでいることも事実である。本論にしても明確に論じ切ったものでないことは筆者も十分承知している。しかし最後に述べた創造的な生き方、あるいは自己実現と呼ばれるものは、この問題を超えてゆく方向について、ひとつの示唆を与えてくれるものではないだろうか。

テレビとイメージ

テレビというのは文明開化の先端をゆくようなものだが、文化とはどこかで競合するところがあるらしい。私の周囲には、テレビを持っていない人が割にいる。文化人という言葉も最近では蔑称として用いられることの方が多くなったようなので、わざわざ注釈をつけねばならなくなったが、私の周囲のテレビ無しで生活している人は、まったく正真正銘の文化人（なんだか、ますます軽蔑的に聞こえてきて申訳ないが）であるように思われる。この人たちは、テレビをむしろ文化の破壊者として認識する傾向があるようだ。

ところで、このようなテレビを持たない、日頃から尊敬している哲学者のU先生より突然電話がかかってきた。旅先の旅館でテレビがあったので、ひょっとツケてみると、偶然に筆者がブラウン管に登場し、「なかなか面白かった」ということである。文化の破壊者テレビに出たりして、筆者の非文化性をU先生に発見されたような感じになったところへ、先生の次の言葉が流れこんで来た。「うちにテレビが無いもんだから、見ると面白くてねえー」と、先生の声は実に楽しそうである。そして、あまり面白くていろいろと深夜まで見ていたので、翌日は寝すごしてしまって、研究会に危うく遅れそうであった、というのであった。尊敬する哲学者がこれほど喜ばれるのだから、というので、私のテレビに出ていることに対する劣等感も少し癒されたところで、会話は終りとなった。

U先生の愉快な笑声が耳に残っている状態のなかで、私は考えこんでしまった。いったい、テレビとは何ものだろうか。これは、U先生のユーモアに巧みに表現されているように、われわれにとって、なかなか厄介な代物のように思われる。しかも、私のように、のこのこと出ていって、ブラウン管に乗ってしまうような人間にとっては、ますます厄介なのである。

そこで、テレビという難問を考えるにあたって、自分の専門と関連させてみることにした。学者というものは悲しいもので、何を考えるにしても、自分の「専門」という鎧に守られていないと不安になってくるのである。ところで、私の専門とするところは、「イメージ」なのである。これには異論のある人もあろうが、私としては、「イメージの心理学」を専門にしていると思っている。そこで、イメージとテレビを関連させて考えてみようと思うのだが、これはあまり不自然なことではなかろう。テレビは映像を送るのがその特徴なのだから、もっともなことである。

イメージ

イメージの心理学を研究していると言ったが、私の研究しているイメージの主なものは「夢」なのである。毎夜毎夜、われわれは夢を見る。いうなれば、われわれは眠っている間に、不可解な放送局より送られてくるテレビの映像を見ているのである。私がこのようなことに興味をもつのは、「夢」という映像を通じて、この不可解な放送局、つまり人間の心の深層に存在する無意識の在り方を知りたいと思うからに他ならない。

ところで、イメージということを考える上において、テレビとの関連ということもあって、既に発表したものだが、ひとつの夢を例にあげてみることにしよう。これは学校恐怖症の高校三年生男子の夢である。

夢　小学校の同級生だった女の子の父親が幽閉されているので、それを自分が救出にゆく。それは城のようで、城が燃え落城のようだった。そして、その父親は焼死した。……(テレビのスイッチを切りかえた感じ)日本シリーズで巨人と阪急が戦うところ。

この夢を見た高校生はおとなしい、けんかなどしたことのない男性である。小さいときから、典型的な「よい子」だったのだが、その「よい子」が命取りとなって学校恐怖症となっているといってもよい位の高校生である。ここに詳述はできないが、要は「よい子」であることが自立を妨げ、その自立へのあがきのひとつとして、今、学校へ行くのを拒否していると考えていただくとよい。

ところで、この夢の中で、彼は実に勇敢に戦いの中に参加してゆく。実際、夢を見た彼自身もまったくこれは驚きであったらしく、こんな劇的で凄い夢は初めて見たと述べていた。ここで解釈をする余裕はないが、この夢によって私が強調したいのは、イメージの直接性ということである。ともかく、けんかもできなかった男性が夢の中で命をかけた戦いを「直接に体験している」のである。このような学校恐怖症の子に限らず、多くの人の心理療法をしていて、われわれが最も困難に感じることは、知的理解は治療にほとんど役立たないということである。たとえば、この高校生に、あなたは自立性が少ないとか、闘争心をもてとか言ってみたところで何も話にならないのである。忠告や助言で人間が変るはずがない。その点、直接体験としてのイメージは、個人の全人格に働きかけるものがある。

イメージは確かにその意味があまり明白ではない。しかし、生き生きとした生命力をもっている。この夢にしても、いったい、幼いときの女友達の父親が焼死したことを、何と意味づけるか、そこには明確な答はおそらく無いであろう。しかし、「父の死」を目のあたりに見た、彼にとって、それは生命力をもったものとして心を打ったに相違ない。彼はそのイメージのもつ迫真力によって、父について、女友達について、父の死について、自分の全人格をあげてかかわって行かざるを得ないのである。

しかし、実のところ、それは彼にとって余りに重すぎることであった。そこで、テレビが登場する！ ここで彼は覚醒時の経験をうまく利用して、チャンネルを切りかえて、見たくない映像を消し去ることを試みる。それは見事に成功するが、放送局もさるもので、次の映像においても、重要な「戦い」というテーマだけはキープされるのである。もっとも、それは彼にとって、はるかに受けいれやすい形態になっているが。つまり、それは命をかけた戦いではなく、スポーツに変形しているし、何よりも、彼は行為者ではなく、観察者になってしまっている。

受動性

イメージのもつ意味の重要性について述べているつもりであったが、それは結局のところ、またもやテレビの悪口につながるものになってきた。つまり、イメージのもつ直接性や生命力などについて述べてきたが、先に示した夢の例によって、テレビの映像は、むしろ、それらを欠いたものであることが逆に明らかにされてきたように見えるのである。

まず、直接体験という点から言えば、夢のイメージのように、われわれはテレビの中で行為者であることはできない。われわれは、あくまで「見る」人であって、行為する人ではない。もちろん、これに対しては、すぐ反論があって、演劇、映画、あるいは絵画などもすべて「見る」ものだと言うことがある。しかし、テレビを映画や演劇などと比較するとき、後者の場合では、「見る」ことに対する工夫がこらされていることに気づく。まず第一に、われわれはそれを見るために劇場に出かけてゆき、入場料を払わねばならない。つまり、見ることそのものは受動的であるが、その受動性をはたらかす前に、相当の積極性と主体的なかかわりを必要としている。その上、劇場の舞台は広く、観客は暗い場所にいる。これらのことは、われわれの「見る」受動的態度が感情移入という不思議な心のはたらきによって、相当な積極性へと反転してゆきやすい仕組みとして考え出されているのである。われわれは日常の生活を離れて、「舞台」の上に生きる経験を味わうのである。

ところで、テレビの方は残念ながら、これらの仕組みをまったく欠いている。まず第一に、テレビの枠はあまりに小さく、それは茶の間の日常的な空間の片隅にはめこまれている。その小さい限定された枠の中で、主人公がどれほど奇想天外の動きをしても、それは「日常」の枠内にうまくはめこまれ、視聴者の直接体験に訴えることは極めて難しい。それは、見る人の心をかすめることはできても、打つことはできないのではなかろうか。もっとも、かすめ、かすめ、かすめて、からめとるコマーシャルなどという技法は大いに開発され、それはそれで恐ろしいものではあるが、全人格に対するはたらきかけ、という点ではむしろ逆の性質をもつものである。

このように考えてくると、テレビのもつ限定性は極めて明白であり、むしろ、それがもつ速時性、大衆性などにこそ重点をおくべきであるとも言うことができるであろう。端的に言ってしまえば、テレビはニュースに限るということにもなろうが、それでは、せっかく、イメージのもつ意味の大きさを知るものとして、真に残念なので、何とかそこに突破口を開きたいと思うのである。また、そのような意図を全然もつことなく、テレビに出ているとするならば、安易すぎるとの非難は免れないであろう。

ところで、先ほどの「枠」論議にかえるが、ここで、まったく枠の無い場合について考えてみよう。枠のない演劇、それは「夢」がそのものズバリである。ところで、先に夢のイメージの意味について述べたが、実のところ、自分の毎晩見る夢について、筆者が述べたほどの高い意味を見出している人は、ほとんどないのではないだろうか。ほとんどの人は――実は毎晩夢を見ているのだが――忘れてしまっているのが普通であろう。なぜ、夢は忘れやすく、意味を見出しにくいのか、そのひとつの重要な点を端的に表現すれば、夢は枠をもたないからである。それは、スタイルをもたない現代詩のように難解である！

人間は自由を「わがものにする」ためには、何らかの枠をもたねばならぬという逆説的な存在である。枠のないとき、人間は自由にされるが、自由になることはできない。夢は枠をもたぬので、われわれは夢分析を行うときに、密室で時間をきめて会うという、素人目には少し奇異に見えるほどの限定を設定し、枠をそこに作りあげる努力をしなくてはならない。

夢と演劇の類似性に注目する人は数多くあるが、このように考えてみると、古来からある演劇というものは、夢に対して、もっとも適切な枠づけを与えたものということができるであろう。舞台というものは、まったく非常にうまくつくられているのである。

枠のことについては、もう一度考えるとして、演劇や映画の場合は、観客は劇場に出かけてゆくという積極的努力をするが、テレビの視聴者は日常的な世界にそのまま居るという、極めて受動的な状態である点について、もう一度考えてみよう。テレビの視聴者は受動的であるが、極めて積極的に行動しうる点を一つもっている。つまり、それはテレビのスイッチを切る、もしくは――夢を見た高校生がしたように――チャンネルを切りかえるということである。世の中のことは、すべての点において不思議な相補性によって、バランスがとられていることが多いが、テレビの場合の視聴者は、受動的な態度を補償する、極めて積極的な一点をもっている。

このことを映像の送り手について考えるならば、彼らは自分の送りたいものを勝手におくれるようでありながら、それを何時でも拒否される。あるいは、他と簡単に交換してしまわれるという極端な受動的立場におかれているのである。実際、演劇でも映画でも、嫌なら観客は何時出ていってもいいのだが、やはり、金と時間をかけると、人間というものは、なかなか簡単にそれを放棄して、外へ出てゆくのは難しいのである。ここで、夢の場合も考えてみると面白いが、それは読者の考察にまかせておこう。ともかく、例にあげた高校生のように、夢の中でチャンネルの切りかえをするような芸当は、それほど何時もできることではない。

ところで、テレビのイメージの送り手は、主体的なように見えながら、何時チャンネルを切りかえられるか解らないという、受動的な状態にあることを指摘した。それは、まるで最強の切札をもった相手とトランプをしているようなものである。どうしても弱気にならざるを得ない。

意外性

テレビの送り手は、従って、どうしても弱気になる。彼らにとって一番恐ろしいことは、画面に穴をあけることであろう。少しでも穴をあけて、視聴者に他のチャンネルに切りかえられれば、その後でいくら頑張ってみても取り返しがつかないのである。

視聴者をあかさずに引っぱってゆくために、画面に意外性をもちこんでゆくことが、まず考えられる。しかしながら、意外性、つまり、型破りということを試みるにしろ、その型破りは、今まで述べてきた強い枠内におさまっていなくてはならないのである。これは大変な逆説だ。テレビのコマーシャルつくりの名人が自ら命を絶たねばならなくなった事実も解る気がするのである。

枠にはまった意外性で人をひきつけようとするならば、勝負はテンポの早さということになってくる。息つく暇がない早さ、つまり、チャンネルを切りかえる暇を与えない早さが、そこに要求されてくる。ここまで道具立てがそろってくると、ドタバタの紋切り型より他に手がなくなるのではなかろうか。かくして、文化人たちはテレビを軽蔑することになってくるのであろう。

いろいろと述べてくるに従って、テレビにはますます救いがなくなってくるのだが、ここまで追いつめられると、最後の勝負手に頼るより仕方がなくなってくる。そして、多くの場合、最後の勝負手は自分の弱点を用いることしか考えられないようである。テレビの場合であれば、画面に穴をあけるというテレビにとって命とりとなりそうなことを用いるより仕方がない。これからテレビの分野で、新しいことを切り拓こうとする人は、画面に穴があくことを恐れてはならないのではなかろうか。

今まで、テレビの出演と言えば、秒読みに追われながらの丹念なリハーサル。視聴者をあかせることのない画面をすきまなく、いかに構成するかに力を注いだのではなかろうか。しかし、考えてみると、そこまで出来あがった画面を見せられて、視聴者はどこに自分の創造力をはたらかせられるのだろう。画面に穴があき、流れはとどこおる。そのとき、それらの間隙を埋めようとして、見る人の想像力がはたらきはじめるのではなかろうか。

もちろん、このように言っても、お粗末なぶっつけ本番の番組を私は奨励しているのではない。それらは、あくまで既成の枠内にはまるようになされているのであって、今まで述べてきたような、枠と意外性のぎりぎりのぶつかり合いのなかで出来てきたものではない。言うなれば、ぶっつけに本番にはいっても穴をあけない人をタレントとして重宝するのではなく、穴をあけても、そのまま視聴者をひきつける人をタレントと考えるべきではないか、ということになろう。

いろいろと勝手なことを述べてきたが、いざ自分が出る段になると、まったくうまくはゆかないもので、今やっている大学講座の心理学にしても、ぶっつけ本番であることは事実だが、なかなか穴のあけようのないものである。今のところ、ときどき黒板に書く漢字をまちがって、ディレクターをはらはらさせる程度の意外性にとどまっているようである。

テレビを見る側から言えば、以上のことは、少々穴のあいた画面でも、それをこめて全体として鑑賞する力を視聴者がもつということになろう。テレビのディレクターにお伺いすると、だんだんとそのような目の肥えた視聴者も増えてきたようで、それに応じてテレビ番組の方も変ってゆくのではないかと思われる。それにしても、自宅にテレビをおかず、たまに見たテレビのために、研究会の方に穴をあけそうになった哲学者など、テレビの視聴者としては超一流ということになろう。

子どもの「非行」をどうとらえるか

　今日は、このような伝統のあるシンポジウムにお招きを受けまして、光栄に思っております。こういう、現場の方と大学にいる者が対話をするというこのシンポジウムは、非常に素晴らしいと思います。そういう意味で、この会を企画された先生方のアイデアを素晴らしいものだと思いますし、私もここに呼んでいただいて嬉しく思っております。実際に教育学や心理学を勉強していましても、なかなか、現場とは結びつきにくいですし、また現場にいますと忙し過ぎて、教育学なんか考えておれない、と言うと言い過ぎかもしれませんが、目の前で暴れている子どもをどうするのかということになってくると、ペスタロッチが何を言っていたかなどということを、思い出す暇もなくて、とにかくその子どもを取り押さえねばならないということになり、知力よりも腕力の方を教育大学でも鍛えておれば良かったと思う時さえあるぐらいです。そういう現場において火がついているような問題と、一方、そうかといって、教育学というものは、大切なわけですから、こういう所で、両方が対話を重ねることは、非常に意義が深いと思います。

　ところで、私は、自分のことを、ちょうど、中間にいる人間だと思っています。現場にいるようなところもありますし、大学にいるようなところもありますし、どこにもいないような時もありますが、とにかく中間のところにいます。というのは、大学でも講義をしますし、実際に「非行」化している少年たちとも会っていますし、この頃は、「非行」少年にいびられてノイローゼになっておられる先生方にもお会いしています。皆さん方の中には、学生さんもおられるようですが、これから就職してノイローゼになる方もあるでしょうが、今の中学生にやられると、本当に大変なんです。小学生はそれ程でもないと思いますが、今の中学生や高校生が、本気になって先生のことをかまい出すと、先生方はたまったもんじゃないと思います。私は、そういう先生方の相談もお受けしております。だから、そういう意味で、私は現場にもいますし、やっぱり大学でも講義もしていますのでそういう者として、今日は「非行」という問題を考えたいと思います。

調べてこなかったんですが、誰が言い出したのか、「非行」という言葉は非常におもしろい言葉だと思います。つまり、「行いに非ず」と書いてあるんですね。物を盗んだり、人を殴ったりしておいて、「何をやった」と言われたら、「行いに非ず」と言うんだから、非常に不思議に思うわけなんです。これは、おそらく「少年犯罪」という言葉があったんでしょうが「犯罪」という言葉を嫌って、違う言葉を考えてきたんだと思います。「非行」少年などと言いますが、まあ「非行」教授なんていうのもいるかもしれませんが、我々が社会で生きていく場合、社会の規範というものがありまして、その規範を破壊する、破るという行為をやった時、普通はそれを「犯罪」と言います。そして、少年たちがやった場合、「犯罪」とは言わなくて、「非行」と言っています。私の考えでは、「犯罪」であるかないかの判断をしばらく留保しよう、つまり、大人の行いであれば、それが、良い、悪いの判断をしなければならないけれども、一応、少年の場合は「行いに非ず」ということで判断を留保しようという考えがあるように思うんです。何故、判断を留保するかというと、相手が少年たちであるということで、少年たちであるということは、我々、社会の規範を作り、守っていく大人たちが、子どもたちに社会の規範を教えていく責任を本当は持っているのではないかということなんです。それと、もう一つは、非常に大事なことで、これからの私の論点にもかかわってくることなんですが、社会そのものが進歩し、発展していくわけで、そう考えるならば、現代の社会の規範というものは、全く絶対的なものではなく、それを批判したり、それに抵抗を試みることはあっていいんじゃないか、あるいはありうるんじゃないかということも、実は、暗々裏に含まれているんじゃないかと私は考えるわけです。だから、そういうふうな、今、成長する盛りにあって、まだ大人になっていない人たちの行いに対して、しばらく「犯罪」であるかないかの判断を停止して、我々は、その人たちに対して、「どのように生きるか、どのように対応するか」ということを考えてみようじゃないかということで、こんな変な名前が出てきたんじゃないかと、私は思います。

「非行」の実態とは

ところで、「非行」少年というのは、皆さん御存知のように、我々が驚くようなことをするわけでして、もちろん一番多いのは盗みですけれども、盗むだけでなく、放火をしたり、時には殺人に及ぶこともあるし、この頃では、色々な暴力をふるうということもあります。今日は、非常に嬉しいことに少年鑑別所、及び中学校から先生方が来ておられますので、その実態を言ってくださることを私は期待しております。おそらく、皆さんは本当の実態を知られたら驚かれるでしょうね。現在の中学校にみられる学生の暴力というものは、相当なものです。そして、今一つのピークを迎えているわけですが、実は、昔にも「非行」少年が増加して困った時代があったんです。昔の一般的な我々の考え方からすると端的に言いまして、「非行」をする子というのは、可哀相な子なんだろう、そして、何か物がもらえないとか、時には、お父さん、お母さんが子どもを放っておいて、どっかへ行ってしまったとか、そういう気の毒なことがあって、子どもたちは心の中に色々な憤まんや社会に対しての敵意を持つのだろうということでした。そして、それに対して、我々は何を考えたらいいだろうという時代もあったかと思います。

しかし、今は、そうじゃないということを皆さんに認識してもらいたいんです。今は、学校で先生を殴りつけたり、色々やる子どもたちは、経済的にも、知的にも相当程度の高い子も多いようです。そして、これは「非行」と言っていいかどうか分かりませんが、皆さん御存知の、家庭内暴力をふるう子どもは皆さんが見られたらびっくりすると思います。家では、お母さんを殴り飛ばして、お母さんがムチ打ち症になったり、本当に殺されそうになったりしてるのに、その子は、家から一歩外へ出ると、もう外では、優等生で、我々に対しては、非常に礼儀正しいんです。そういうことを私は本にも書いたことがあるんですが、そういうムチ打ち症になったお母さんが私のところへ来られて、さんざん嘆かれて、「じゃあ、本人を寄こしてください」と言うと、本人がついにやって来たんですが、その本人が本当に気持のいい少年といいますか、礼儀正しくて、さっとお辞儀をして、「先週は、母がお世話になりまして」なんて挨拶するんで、私はたまげたことがあるんです。

だから、今までの、「非行」少年というと変な服を着て、馬鹿なことをやって目茶苦茶やっているという考えでは、律することが出来ない。外面的には、非常に優等生で、ひょっとしたら教育大へ来られてる方もおられるかもしれませんが、家へ帰れば、家では目茶苦茶やっている。今も申しましたように、経済的に不満があるわけでもない、親がそう無理解であるわけでもないのに、そんな問題が出て来ているということは、我々が少し今までのような単純な考え方を捨てて、「非行」ということをもう少し根本的に考え直してもいいんじゃないかというふうに思うわけです。

嵐のなかの思春期

社会の方から見て私が思いますには、日本に限定しての話ですが、実は、他の先進国でも少年「犯罪」の問題は深刻なんですけれども、今日は日本に限定して話を進めます。日本の今の社会で価値が多様化しているのか、していないのかという論議をしますと特におもしろいのは、非常に多様化していることを強調したい人と、いや全く日本は多様化していない、全く一様なんだという人とに論議が分かれるわけなんですね。

それで、私はどう言ってるかと申しますと、両方あると言っているんです。日本の社会の一番難しいところは、ある面から見れば非常に多様化していますが、ある面から見ると昔よりも、もっともっと一様化していると思うんです。そして、このことが、少年の「非行」と非常に関係していると私は思います。多様化ということから先に話を進めますと、多様化というとかっこがいいんですが、どうかしますと、価値観が色々あって、あり過ぎていったい何が正しいのか分からなくなってくるんです。

そして、この問題を考えるうえにおいて、少し横へそれますが、心理的な面をいれますと、中学生、高校生時代にある思春期というものの恐ろしさ、凄まじさということを我々は今まで知らなさ過ぎたんじゃないかと思います。私は、心理学をやっていまして、この思春期というのは、ものすごく大変な時代なんじゃないかと思います。どういうふうに大変かと言いますと、私なりの言い方ですが、思春期がくる前に人間として、一応子どもなりに出来上がる。子どもとして色々なことも出来ますし、しかも知識は、非常に豊富になっていきますし、色々な事の判断力もつく。しかし思春期は子どもなりに出来上がった人間が、もう一度、根本から覆されるんです。その根本から覆す、いわば心の底から人間を覆す、非常に強い力としては、セックスというものと、パワーというものがあると思います。今までは、それ程、性ということは、分からなかったんですが、セックスという問題が意識されてきますし、パワー、つまり誰かを動かす権力、そういうものが、心の底から湧き上がってきて、その人間を揺り動かすわけです。

その場合に、ある程度、社会の構造というものが、非常にきっちりと出来上がっている時には社会の枠組みの中に、くみ込まれて、その中で暴れながら、だんだん大人になっていくわけです。そして、この中にも色々な年齢の方がおられるわけですが、例えば、我々の時代でしたら、その時代なりに、結構、悪いこともしてきたわけです。なかには、今の若者は悪いとおっしゃる方もいますが「今の若者は悪い」というのは、すでにエジプト時代から文章が残っているそうでして、若者は常に悪いわけですね。つまり、我々が若い時も悪かったわけです。ところが、その頃、我々が悪いことをする時でも、家の構造や社会の構造を揺り動かすほど悪いことは出来なかったんじゃないかと思うんです。

人間というのは、不思議なもので、何か枠があると、なかなか、枠外で考えられないんじゃないかと思うんです。皆さん、おもしろいパズルや、なぞなぞなどで、へんてこな問題を出されて、こっちの方ばっかり考えていると全然出来なくて、ふと違うことを考えると解けるということがよくありますね。「ナポレオンは、何故、ワーテルローの戦いで赤いズボン吊りをしていたか」などと言われると、いくら考えても分からないんだけれども、答は、「ズボンが落ちないように」なんていうことでして、そういう当り前の話ですが、ワーテルローとかナポレオンとか言われると、他のことばかり考えてしまいます。それと同じことで、社会の枠というものが、きちっと決まっていると、いくら思春期のものが暴れようとしても、その中で料理されてしまうということなんです。

この中で、旧制高校の中で暴れた方もおられると思いますが、旧制高校時代には俺は、暴れた、ストームをやったなどという方もいらっしゃるでしょう。しかし、あの暴れ方というのは、いくら暴れても、先生の存在そのものを決して揺るがさない暴れ方をしているわけです。あるいは、いくらストームといったって、あの時の高等学校の先生はピリッともしていません。それは、高等学校の先生を揺るがす方法を彼らは知らなかったからです。ところが、一九六九年、一九七〇年の頃に、暴れた人は、先生の存在を揺るがす程暴れたんです。あれは、やはり、昔のストームの時代と時代が変わってきているわけです。そして、その暴れた結果のことまでは言いませんが、ともかく、今の中学生の暴れ方というのは、先生の存在そのものを揺すぶるものだと思います。単に、無茶苦茶やっているとか、ガラスを割っているとかいうもんじゃないんです。それは、何故かと言うと、少年たちがそんなことを意識はしていないんですが、私の心に響いてくる彼らの声は、「私が思春期で、これだけ暴れて、大変な体験をしているんですが、私は、いったいどんな大人になったらいいんですか。先生は答えられるんですか」ということを言いたいんだと思います。「私は、今、思春期で、これだけふらふらになっています。この私をどういう入れ物に入れようとするのですか。その入れ物はあるのですか、ないのですか」ということを少年たちは問いかけていると私は思います。そして、それは、非常に厳しい問いかけなんです。その時に、我々が昔のように、一億一心で日本は神国だと思っている時だとみんなそう言っているから、言っとけば、良かったんです。嘘か本当かはともかくとして、みんながそう思ってましたからね。だから、嘘か本当か分からないにしても、わりあい、そういう価値観みたいなものがピチッとある時には、青年は暴れはするけれども、元へかえりやすいわけです。

価値観の多様化と画一化

ところが、今の時代に、これから先生になる方は、よく聞いて欲しいんですけれども、中学生は、私の言ったようなことを自分で問う力を持っていません。

「先生、私は大変なんです。私はものすごく変わりつつあるけれども、私はどういう大人になればいいんでしょうか。私は、大人になるということが分かりません。先生は大人として、どういう価値観を持っていますか」ということを問う中学生はいないと思います。問う力もありませんし、問うても、先生が答えられないことを知っているから、彼らも問わないんだと思います。そういうことで、ただ、力をぶっつけるということになり、ガラスを割って、先生を殴るなり、蹴とばすなり、色々なことをやってみたくなるところへ、彼らは来ているわけです。

そのことは、何故かと言うと、我々が今、それほど単純な価値観で生きていないからです。どの先生も一億一心と思っているわけじゃないですから。そうすると、我々が中学生たちに尋ねられて本当に答えられるのかどうか、非常に怪しくなってくるんじゃないでしょうか。そういう意味におけるあやふやな、何か根本的にこれだというものがないあやふやな感じと、片一方でものすごくはっきりしているのは、いったい、どれくらい勉強が出来るのか、どこの大学に入れるのか、どこに就職出来るのかというように、今、日本人全体がものすごく縛られてしまっているということです。そして、みんな、偉そうなことを言ったって、自分も縛られているということを認めざるをえないと思います。他人のことは誰でも偉そうに言えますけれども、いったん、自分のことに返ってきますと、すごく、その考え方に縛られていると思うんです。そうしますと、今の子どもたちは、非常に可哀相なことに、何か価値が多様化しているというような言い方で、もやもやしているのに、片方では、非常にはっきりした尺度で計られているというわけです。

そうすると、そんな尺度というのは、たった一つの尺度に過ぎないわけですが、その尺度で下の方へ行った子どもたちというのは、もうたまらないんじゃないかと思うんです。だから、それをぶっ壊したい、つぶしたいという気持になって、とにかく、今の社会が持っている規範に対して、それを揺すぶってみたいと思うわけです。だから、彼らは、タバコを吸ってはならないと言われればタバコを吸うでしょうし、シンナーをやってはならないと言うとシンナーをやるでしょう。それは、タバコがうまいから吸っているわけじゃないんです。ようするに、やってはならないと言われていることをやってみたいんです。そしてやってはならないと言われることをやった場合に、大人どもは、どういうのかということを一番知りたいんです。ところが大人の方もだんだん答が、わからなくなってくるんです。それで、大人の方もあいまいなことを言うから、余計に、彼らも色々なことをやってみるんです。そして、ことがだんだん、難しくなってきているわけです。

先回りが「非行」を生む

こんなことを言っておっても、わかりにくいかもしれませんので、ひとつ、例を挙げてお話したいと思います。ある子どもさんですけれども、お母さんが非常にしっかりした方で、この頃、しっかりしたお母さんというのは、子どもの先回りをするお母さんが多いようです。つまり、子どもが、学校へ上がると、こういう本を読んだらよろしい、と言って買ってくれるし、あるいは、ちょっと子どもが大きくなっていくと、家庭教師をつけた方がいいんじゃないかとお母さんは考えて家庭教師をつける、というように、お母さんが、子どもの先へ先へ回ってくれるんです。子どもは嬉しいから、良い成績を取っていたんだけど、だんだん、子どもは、それに飽き足らなくなってくるわけなんです。何故かと言うと、それは、自分の人生というものを子どもは、生きていないわけで、自分の人生のいいところをお母さんが、先に食っちまうみたいなもんですから、子どもは、よく分かりはしないんですけれども、これは、おかしいと思うわけです。そして、先回りするお母さんよりも、もう一つ先へ回らなければならないと思うわけです。しかしいいことでは、先回りが出来ないんですね。というのは、いいことは全部お母さんが先にやってしまいますから。それで、お母さんの出来ない先回りということになりますと、盗むことぐらいしかないということなんです。お母さんもやっていないから、ちょっとやろうかという、これは、私の解釈なんですけれども……。

さて、先程の子どもが万引きをしだしたわけです。そして、それをお母さんは、長い間知らなかったわけです。ところが、ある時、万引きして捕まって、警察から電話がかかってきたわけです。お母さんは、とんで行って、警察の人と話をしたんですが、何でも先回りをするお母さんが、茫然自失なんです。それで、お父さんに、子どもが変なことをしたと言って、電話をかけようと思うんですが、お父さんのところの電話番号が、もう思い出せなくなるんです。それで、電話もうまくかからず、お母さんが電話の前で、立ちすくむわけですが、その時に子どもが、ものすごく感激して、「お母さん、すみません」と言うんです。そして、お母さんと二人、抱き合って泣くんです。ここが、ハイライトでして、そこから良くなるんだけども、これが、子どもの一番見たかったことなんです。何故なら、先回りすることの出来ないお母さんだからです。今も言いましたように、人間というのは、単純な尺度が決まっている時には、先回りすることが出来るわけです。私が、A地点からB地点へ行くことが決まっていると先回りが出来ます。この先回りは、お母さんの考えているところでは、何々中学、何々高校、何々大学、さらに何々会社、そして死ぬときは、どうか知りませんが、とにかく、そういうことです。これでは、この少年は、生きたことにはなりません。生きているということは、自分の道を歩むということです。だから本当に一人の人間が、自分の道を歩もうとする時に、そんなに他人が先回りすることは出来ない、と私は思うんです。

母親が母親になるとき

皆さんがどう思われるか知りませんが、私は、学校へ行かない子どもに会う時でも、その子どもを学校へ行かそうとは思いません。学校へ行かないでこの子どもは、どういう道を歩むのか、どういう人生を作るのか、それを一緒に考えようとは思いますが、学校へ行かそうとは思いません。というのは、そういう考え方は、単純な線だからです。今の少年で言いますと、少年はお母さんの路線に沿って、ずっと行っていたんだけれども、僕だってこっちへ自分で行けるんだということを示した時に、お母さんが茫然自失して止まってしまい「私は先回り出来ない」ということを示したのです。その時に、お母さんはその子にとって一番好きなお母さんになっていたわけです。何故なら、子どもの前に自分の全存在をかけて、「あんたも分からないの。私も分からない」というところまできて、初めて親と子であることを実感するわけです。

こういうのを見ていると、私は、この子が「非行」少年になった、あんないい子が盗むようになって、「非行」をするようになったと言いたくありません。一番言いたいのは、この子は、お母さんを教育する為に、何と頑張ったんだろうということです。お母さんに「お母さんの思っているように、人間が生きることは筋が一本なものではなく、私が本当に生きる限りにおいて、お母さんは一歩も私の前へ進むことは、出来ない」ということを教育した凄い力が、この子どもにはあると思うんです。ただし、ここで、この少年を教育者として、表彰しようなんて、思わないのは、この少年は、盗みをしたからです。それで、非常におもしろいのは、私のような見方をしますと、ほとんどの「非行」は、ある意味では、非常に素晴らしいものです。あくまでもある意味でですけれども……。というのは人間が生きるということの、根本が関係しているからです。しかし、ここで申し上げたいのは、だから「非行」は素晴らしいなどということではありません。この少年が盗んで良かったなんて言うのは、やはり間違いで、盗まないで良かったらもっといいんです。うまくいっている家では、盗みもなにもしなくてもうまくいくんですからね。そこのところを間違ってもらったら困ります。

話を元に戻しますけれども、この少年が親に、あるいは、先生に訴えたかったのは「お母さんが考えている一筋の道を私は歩んでいるんではない。人生の筋というのは非常にたくさんあるんだ」ということじゃなかったのではないでしょうか。そして、おもしろいのは、お母さんが、そこでテキパキと、その子の前で働いたんではなくて、その子の前で何も出来なくなった時に、子どもは感激したということです。つまり、この頃の親というのは、出来る人が多すぎるんです。先生でも、親でも、この子にこうしてあげよう、ああしてあげよう、次にこうしてあげようと考えることが多すぎるわけで、むしろ、茫然自失した姿に親の姿を見たということは、現代社会の一つの様相を示していると思うんです。

社会変化と「非行」の要因

ここで、もう一回、社会の問題にかえってきますと、私は、今の若い人が、昔の若い人より悪いとは思わないのと同じように、今の親が、昔の親よりぼけているとは、決して思いません。この頃、こういうことを言う人も多いんですが、明治の親は偉かったけれども、今の親は悪いと言うわけです。私は、明治の親も結構悪かったと思うんです。まあ、今の親も、あまり良くないですけれども、そう変わるわけじゃありません。それで、何が変わってきたかと言うと、昔の親にしても思いは、今の親と同じだと思うんですが、出来ることなら、その子のためにしたいし、この子の母親と同じように先回りをして、本も買いたかったでしょうし、先回りをして、色々なことをしたかったでしょう。しかし幸いなことに金と時間がなかったんです。これは、非常に大事なことだと思うんです。つまり、昔の親だって、なろうことなら、子どもの為に何でもしたいと思ったでしょうが、幸いにも、お金もないし、時間もないし、親たちは、子どものことを考えながらも仕事をしなければなりません。だから、子どもは適当に放っておかれるから、子どもの自由な道があったわけです。

今の社会というのは、非常に物質的には、恵まれてきました。だから、親が子どもの先取りをしようと思えば出来るんです。本当に感激するような親がおられまして、家庭教師を六人も雇ったなんて話があります。嘘みたいな話ですが、それが出来るんですね。これは、もしかするとすべての親の願いかもしれません。なろうことなら、家庭教師を十二人雇ってもいいから、うちの子どもは、いい大学へ入れたいと思っているんじゃないでしょうか。とにかく、そういう無茶なことが出来る時代になったのかもしれません。

昔の私の親などは、そんなことをしようと思っても、お金がなかったですから、絶対に出来ないし、私が悪いことをしないように監視をしようと思っても時間がないんです。そして放っとかれた私は、あちこちへ行って、柿や苺を盗んだりして、色々、社会の勉強が出来たんです。そういうことが、今の子どもは出来ないわけです。だから、今の社会は、貧しい為に「非行」がおこっているわけじゃなく、色々なものが、物質的に恵まれてきて、それに対して「非行」が行われているわけですから、非常に難しいと私は思います。そういう意味で、子どもたちも親たちも、非常に難しいところへ追い込まれていると思うわけです。

個としての強さと父親の役割

次に、親子関係のことで少し申し上げたいんですが、この頃、誰でも気が付くことですけれども、日本の父親が弱い、あるいは、父性が弱くなっていると言われます。たしかにその通りで、こうしなければならない、こうあるべきだという厳しさが父親になくなっていると思います。だから、特に、社会的規範という点で申しますと、社会的規範を受け持っている象徴的存在というのは、だいたい、父親です。その父親が弱いから、こういう問題が起こっているわけです。たしかに、その通りなんですが、そこで簡単に論議を展開される人は、もっとスパルタ教育をせねばならないとか、あるいは、もっと父親が子どもを殴り飛ばさねばならないとか、そんなことを言うんです。あるいは、こういうことを言う人もいます。先程も申しましたが、明治の父親は、非常に強かった、怖かった、厳しかった、だから、明治の父親を見習わなければならない、と。しかしそんなに簡単ではないと、私は思います。

これは、私の考えですが、父親という場合、二つの面に分けて考えた方が、分かりやすいんじゃないかと思います。「厳しさ」これは、よく分かると思いますが「個人」というものを守る、「個」というものを大事にするという面も、父親には、含まれていると思います。これは、母親と比較してもらうと分かりますが、母親というのは、暖かく、優しいから、全部を包んでしまうわけで、「個」というより、「みんな、一緒にやりましょう」という「みんな」という考え方が入るわけです。ところが、みんな、みんな、と言う時には「みんな同じだ」ということが大事で、これは母親的なものです。が、父親的な「個」の厳しさというものは「これとこれは違う」ということを言うんです。だから、出来るものと、出来ないもの、頑張るもの、頑張らないものを、はっきり分けてみせるというのが、父親の厳しさだと思います。それで、私は、このことを言う為によく例を挙げるのですが、父親の公平さと、母親の公平さは違います。例えば、その「公平」という言葉、つまり、フェアーということですが、フェアーという言葉で、私の知人がアメリカで失敗した、非常におもしろい話があります。向こうへ行って、その人が、アメリカ人の女の人を三人雇ったそうです。そして、一年目に、月給を上げなければならないんですが、日本的年功序列の癖がついているもんですから、三人とも同じ額だけ上げたわけです。すると、ある人が「三人の中で、私は一番よく働いている。そして全然働いていない人もいるのに、何故、同じように月給を上げたのか」と文句を言いに来たわけです。そこで、その人は、英語で「あなた方は、同じ年に勤め始めたのでフェアーに、三人とも上げた」と言ったら、相手は、ものすごく怒り出して「そういうのをフェアーとは言わないんだ」と言うんです。つまり、フェアーというのは、よく出来る人を高く、あまり出来ない人を低くするのを言うということです。だからフェアーという考え方が、日本とアメリカでは違うんです。つまり出来る人は高く、出来ない人は低くというのは、父親のフェアー、公平さで、出来る人も出来ない人も一緒にというのは、母親の公平さなんです。そうしますと、日本の大学というのは、非常に母親的公平さを持っているとみなさんも、お分かりだと思います。出来ない人も、結構、卒業出来ますし、日本という国は、すごく母性の強い国だと思います。今日は、もう詳しくは申しませんが、私は、アメリカやスイスに住んでおりましたから、こういうことは、何度も何度も体験しました。

もう一つ、ついでに言っておきますと、スイスでは、小学校から幼稚園への落第があるんです。それで「小学校から、幼稚園への落第があるんですか」と私がびっくりしてますと、幼稚園の先生が「日本ではないんですか」と問い返してきたんです。そして「日本にはありません」と私が言った時の、相手の言い草が傑作で「そんな不親切な教育をしてもいいのか」と言うんです。つまり、出来ない子を幼稚園に入れてあげるのが親切だというわけです。一年では、苦しいから、幼稚園に、六年では苦しいから四年にしてあげよう、これが親切なわけで、これは父親の親切です。それで、日本の親切というのは、「出来ないですか。でも六年生にしましょう」とか「出来ないですか。でも教育大に入れましょう」というのが、日本の親切なんです。日本人の考え方と西洋人の考え方とどちらがいいかなどとは、私は言っていませんが、西洋的父親の持つべき父性というのは、日本人は、非常に弱いのです。

昔の父親は強かったのか

そして、私は、よく言うんです。人は、よく昔のお父さんは強かった、怖かったと言いますが、そんなものは、ひとつも強くない。本当に強かったのならば、戦争に反対すべきですよ。反対も出来ないで、戦争へ行って死んだだけですから、あんなのは、弱かったんです。つまり、突撃する時だけ強いんです。誰かが命令すれば、後は死にもの狂いになって頑張るけれども、命令に反抗する強さは全然持っていないというのが、日本の男なんです。つまり、個人として戦うということを、日本人はしないんです。みんな一緒にやりましょうということでやっていくのが、日本人の考え方で、それが悪いとは言っていません。ただ、日本は、そういうふうにやってきた国ですが、これだけ西洋と付き合うようになったなかで、個としての強さを、日本人の心の中に求めようとする気持が、今の若い人の中から出てきていると思うんです。

だから、今の若い人たちが、一番大人に聞きたいのは「お父さん、あなたは、いったいどう思って生きているの」ということなんです。それに対してお父さんは「そうですなあ、皆さんはどうでしょうなあ」とか「会社へ行って聞いてくる」とか、あるいは「隣りはどうしてる」とか、必ずそういうことを言うんです。だから、子どもに「それは、もういいから、無茶苦茶でもいいから自分の生き方はどうなんだ」と問いつめられた時、日本の親父は、ものすごく弱いんです。それは、私自身もそう思います。何か聞かれたら、必ず横を見ますからね。というのは当り前でして、日本で「私はこう思う」なんて言っておったら、絶対に生きていられないんです。絶対、月給貰って勤めていられないです。月給貰って勤めているということは、みんなの顔色を見ながら生きているから出来ることです。だから、そういう日本の伝統の中で生きてきてはいるんだけれども、今の若い人たちは、どうもそれに飽き足らなくて、心を揺り動かされるなかで「あんたは、どう思う」ということをぎりぎり聞きたいのです。彼らは、そこまで自覚していません。しかし、心の底には、私が言ったようなものが動いていると思います。この中におられる学生さんたちの心の中でも、そういうものが、うごめいていると思います。みんなそうじゃないでしょうか。

この中におられる若い人たちは、自分の親に対して、私の言ったようなことを聞きたいでしょう。ところが、そう思っておられる皆さんが、今度教師になって、生徒が問うてきたら、なかなか答えられません。もう、その時は「私は……」などと言わないで「あんたどう思う」と必ず聞きたくなります。それ程、日本人というものは、私が今言いました、個としての生き方というものが訓練されずにきているわけです。今の若い人たちもそうで、何も変わっていないと私は思います。話がすごく、横の方へ行くようですが、こういうふうなことを考えないと、現代の「非行」の問題は分からないんじゃないかと、私は思います。それで、今、「非行」をやっている少年たちは、本当は、自分が何を問題にしているのか分からないんだけれども、一番欲しいのは、「個としての親父」というものだと私は思います。

父権の保持と自己認識

ところが、今の時代というものは、こういうことを知っていても、父親にとって、非常に難しい時代だと、私は思います。というのは、社会の変化が激しくない時は、父親は、安泰だからです。社会というものが、決まりきっている場合は、その社会がそのまま続くわけですから、今までやってきたことも、そのまま継承されるわけで、今までやってきたことを一番良く知っているお父さんというのは、一番偉いわけです。例えば、江戸時代に私が百姓をしておりまして、その時代に百姓の父親であれば、私は安泰です。何故なら、子どもが大きくなってくる時に、私は、あっちに雲が出て来たら雨が降るとか、色々と教えることが出来て、その通りになるから、子どもにとっては「父親を尊敬せよ」とか「父親の権威を認めよ」とか、言わなくても、生きていることすべてに、父親の権威というものは、しみ通っているわけです。あるいは、もっと大事なことに、行事というものがあります。例えば、正月の行事において、しめ縄は、どこに飾るか、神様はどう拝むか、お酒を注ぐ時にはどう注ぐか、こういうことが、全部継承されていたなら、知っているのは、お父さんだけです。そうすると、子どもというのは、生まれた時から、お父さんは偉い、何でも知っていると思って大きくなってくるわけですから、父親の権威なんて、言わなくても、保たれていくわけです。

ところが、今の時代は、どうでしょうか。例えば、今、私が農業をしておったとしますと、私が一所懸命、田植えの技術を覚えたとしましても耕うん機というやつが来たらさっぱりで、「どうやって動かすのやろか」なんて言いますと、息子が「お父さんは、立って見とり」なんていうことになって、バーッとやり出したら、親父はだめです。だって、子どもの方が素晴らしいんですから……。今、一つの例を挙げましたが、これだけどんどん社会が変わっていくということは、父親は、のんびりしていても権威を保てるという時代じゃなくなってきているんです。だから、算盤が出来るといくら親父がいばっても、子どもがコンピューターを使い出すとやられてしまう。そういう時代ですから、いったい、親父というものは、自分の権威をどこに持つかという、大変な時代だということです。

私は、こういうおもしろいことを言っているんです。私には絶対、息子には負けないことがある。息子がどんなに努力しても、絶対に負けないのです。何か御存知ですか。私の方が年上だということです。息子がいくら徹夜して頑張ったところで、私の年齢を絶対抜かすことは出来ません。もう、そのぐらいしか、守るところはないんじゃないでしょうか。勉強ということにしても、息子が勉強し出すとすぐにやられてしまうし、何でも息子に聞かなければならないようになってくるでしょう。ところで、息子よりも年が上だなんて当り前だとおっしゃるかもしれませんが、これをもう少し違う言い方で言うと、こうも言えます。私の方が死ぬのに近いというんです。人生にとってものすごく大切な、もしかすると、一番大切かもしれない「死」に関する限り、子どもには絶対に負けないということです。そして、この辺のところに、勝負どころを持っている親父というものは、非常に強いんじゃないでしょうか。技術や知識、あるいは腕力にしたって、勝負すれば負けるに決まっています。

今のは、ちょっとへんてこな言い方で、今みたいなことを言うと、皆さんもびっくりなさるかもしれませんが、どういうことかというと「私は、どういうふうに生まれて、どういうふうに生きるのか、そしてどこから来て、どこへ行くのか」ということは、技術にも、知識にも関係ないということなんです。皆さんが、いくら本を読んでも、これは分からないと思います。私という存在がここにいるということ、そして、この前はどこにいて、今ここにいて、これからどうなるのかということに対して、私は、私なんです。これは、近頃流行の英語で申しますと、アイデンティティということになるんじゃないでしょうか。そういうところで、親父が自分というものをがっちり知っていると、子どもが、よほどの天才でない限り、子どもには負けないと思います。英語の単語の量とか、フランス語の会話とか言われると、親父は、だいたい息子に負けてしまうでしょう。しかし、勝負の一点をここにかける限り、我々は負けないし、この一点こそ、私たちが、「非行」少年に会える唯一の点であると私は思います。

不純異性交遊がなぜ悪いのか

ところで、私は、こんなおもしろいことを言ったことがあります。例を挙げますと、「非行」をする子どもの中で、不純異性交遊というのをする子どもがいます。これも、ものの本に書きましたので、読まれた方もあるかと思うんですが、不純異性交遊というのは、高等学校の女の子なんかが、たくさんの男の子たちと付き合って、性的な関係が出来たり、泊まりこんだり、色々するわけです。そして、そういう子どもを先生が呼んできて、「お前は不純異性交遊をやっとるからいかん」と怒ると、その女の子は反対するわけです。「先生、なんでいかんのですか。私が好きでやっているだけで、誰にも迷惑かけていません。喜んでいる人がいてるだけですよ」というわけなんです。すると、先生の方も、だんだん心配になってくるんですが、論理的に進んでいる子は、さらに「何で好きなもの同士がすることが不純なんですか。好きなもの同士なら純粋じゃないですか。先生が、好きでもないのに奥さんと触れ合っているのは、不純じゃないですか」とたたみかけてくるんですね。すると、先生も「なる程」なんてことになったりしてしまいます。

このように、性の問題が入ってきますと、しかも論理的にそういうことを言う子どもが出て来た場合、先生の方は、たじたじとしてしまいます。先生の方が参ってしまいます。「先生、うらやましいんやろ」などということを、ずばずば、言ってくるような子どもも実際にいます。私が、そういう女性に会った時に、その人が、そのように私に言うので「世の中に悪いことというのは二種類ある。理由があって悪いことと、理屈抜きで悪いことの二つで、あなたのやっているのは、理屈抜きで悪い方だ。だから、あかんのや」と言ってやったら「ああ、そうですか」と言っていましたが……。それでその子は、やめていきます。その子は、そういう不純異性交遊といわれるようなことをしながら、一番欲しかったものは、わけが分かろうと分かるまいと、どなる親父が欲しかったんです。

子どもが大きくなっていく時には、みんな、何か自分のぶつかれるもの、あるいは、最後のところで、自分を抱き留めてくれるもの、あるいは、飛び出そうとする時に、たたきつけてくれるもの、こういったものが欲しいんです。また、こういったものがなければ、大きくなれないんです。そして、今の子どもたちには、非常に残念なことに、自分のお父さん、お母さんは、どうも満足出来ない存在で、お父さんと、いざ対決しようと思ったら出張でどっかへ行ってしまったり、付き合いでどっかへ行ってしまうし、お母さんに本当に抱き留めて貰おうと思った時には、お母さんは、どっかへ仕事に行ってしまっています。そうしたら、当り前じゃないでしょうか。何もセックスが楽しいわけでもないし、それ程、男が好きでもないんです。ともかく、自分という存在を何かにぶつけたい。そして、一番、無茶苦茶にぶつけられるものというと、セックスぐらいじゃないでしょうか。ただし、それは、彼女たちにとって、我々大人が考えているような性としての意味を持っていません。だから、私が、そういう子どもに会って、私がその子の一番欲しいものを与えるとするならば、わけの分からないのにどなる親父になって、わけの分からないことを言うのが一番いいわけです。「あんたのやっていることは、理屈抜きで悪い」と言えば、そういう男の人がいるなら、ということでやめてくれるわけなんです。

そこを間違うと「非行」少年の気持を理解しなければならないという時に「理解する」ということを甘くとりすぎるんです。分かっていないのに、分かっているという顔をすることが理解だと思う人が多すぎます。不純異性交遊にしても「あの子も遊びたいんやろなあ。そりゃあ、セックスもしたいやろなあ」なんて言うのは、理解じゃなくて、自分のことを言ってるだけです。その少年たちは、そんなことをしたがっているわけじゃないんです。その少年が、本当に欲しいのは、そうまでして、社会の規範を蹴飛ばしている時に、前面で立ちふさがるものは、誰なのかということに対しての答です。だから、私たちが、それが分かったのなら、それになるべきなんです。それになって、ぶち当たるべきなんです。「あんたの気持は、よく分かる」なんて、分かりもしないのに言うことではないわけです。そして、これは、今の中学校で、色々と学校内で暴力をふるっているような子どもたちの多くにあてはまると思います。

教育の出発点と大人の役割

ただし、難しいのは、私が、今、言いましたように、私のように、こういう子どもに、一対一で立ち向かっている場合には、相当、その子の嫌がることを言っても、どなっても、私が何をしているかが分かる限り、その子たちは怒りません。が、しかし、学校の中で、みんなが集団になって「非行」をやっている時には、なかなか、うまくいかないようです。そして、これは、非常に難しい問題で、私にもよく分からないんですが、やはり、思春期というものは、心と身体が、非常に密接な時期ですから、どこまでが心の問題で、どこまでが身体の問題なのか、よく分からない時代なんです。だから、私が、自分をぶち当てでと言う場合、それは、心のことを指しますが、中学生たちは、本当に身体を当てたいんです。そして、それが、集団になってきた場合には、これは、なかなか難しいんじゃないでしょうか。

だから、私は、本当は、勝負は、そうなる前にあると見ています。そうなる前に、個々の先生たちが、どれだけ、私の言ったような意味で立ち向かえるかなんです。これをやっていなくて、一つの集団が形成された場合は、これはもう、力でつぶすより仕方がないと思います。一度はですよ。しかし、それは、教育的には、終わったわけではなくて、始まりだと思います。抽象的に言いましたが、もう少し具体的に言いますと、今実際に新聞にのっていますように、ある中学校では、もう仕方がなくなって、警察の力などを入れています。あれは、もう、ある線までくるといたし方ないんじゃないかと私は思っています。ただし、それは、話の始まりであって、終わりじゃないんです。ここで、みんながよく失敗するのは、警察が来て、生徒が静かになると、その時に問題が解決したと思ってしまうことです。そうじゃなくて、そこから本当の教育が始まるんです。

では、本当の教育とは何かというと、彼らが、集団を作って暴れてまで、先生方に求めようとしていたものに、個々の教師が答えていくことです。また答えねばならないわけで、そこに教育の出発があると、私は思います。そして、これは、大変に難しいことであると思います。教壇の上に立つと、みんな、自分のことを忘れて偉そうに話をして、私なんか、時々自分のことを思い出して、寒気がするんですが、何かイイカッコウをしてしまう。今日は、中学校の先生がいらっしゃるので、実際に言ってもらうとありがたいと思うんですが、本当に、身体の大きい中学生が「おい」と来たら、怖いですよ。しかしその時に、本当に、正しい線というのは、あり得ます。逃げるのも、殴り合いもダメ。だけど、本当に自分の気持というものが、スッと、向こうに伝われば、どんなに凄まじい子どもでも相手に出来ます。ただし、それが、どんなに難しい道であるかということを私は知っています。これは、親子の間でもそうでして、親子の対話でも、非常に難しいところに来ているということで、本当に、心と心で当たれるということは、非常に少ないいんじゃないでしょうか。それを避けて、我々は生きて来ているけれども、今の少年たちは、それに満足が出来ないいんです。

もう一度親の役割を問いなおせ

もう一度だけ言っておきますと、父親の方ばかり言ってきましたので、母親についても言わせてもらいます。実は、母親の問題も、非常に深刻です。色々な言い方が出来ますが、今日は、女性の方もたくさんおられるので、強調したいんですが、今の女の人たちは、単なる母親になるということには、どうも我慢がならないということです。結婚して、子どもを産んで、子どもにベタベタひっついて、子どもを育てるだけでは、どうも我慢がならず、もっと自分として、個人として生きたいという願いを持っているんです。だから、日本においては、個というものを考えているのは、女性の方だと、私は思います。男性の方は、あまり考えていないと思います。考えていたら生きていけませんから……。だから、非常におもしろいことに、女の人たちにとって、女性ですが父親的な個というものが、課題になってきているわけです。ところが、人生を生きるということは、本当は、両方を生きなければおもしろくないいんで、せっかく生まれてきたんだから、男であっても、男性的にも女性的にも生きると非常におもしろいいんですが、なかなかそうはいきません。女の人たちが、少し個という病気にとりつかれると、お母さんというものになりにくくなってきます。それで、ともするとお母さんというものが不在になってきます。だから、日本の今の現状では、非常に不思議なことに、父親も母親も不在になりがちなんです。そして、また、これは、父親不在と関係して、母親が、どうしても父親代わりをしているうちに、お母さんが、だんだん父親的になってきてお母さんがいなくなってしまうという傾向がたくさん見られます。

それで、私はよく言うんですが、過保護で子どもが悪くなると言われますけれども、あれは嘘で、ベタベタの過保護であっても、本当の過保護をやっている限り、子どもは、滅多に悪くなりません。子どもの方がよっぽど強いですから、本当にベタベタひっついてきたら、子どもの方がお母さんを蹴散らして強くなっていきます。ところが、この頃あるのは、ニセの過保護が多くて、それは子どもにひっつく代わりに、物をやったり、お金をやったりすることで、保護したかの如く感じているというもので、これは、絶対だめです。本当にひっついているんだったら、そんなのは、ほとんど恐ろしくないと私は思います。問題を起こす子どもがいても、それはすぐに治ると思います。ところが、ニセの過保護というのは、母性の欠如みたいなものを、物質的に補おうとするものでして「うちは、ちゃんとやっています」などというのは、単に物質的に与えているだけであって、子どもが一番欲しいもの、つまり「お母さん」というものがないんです。そして、そんなのは、過保護でもなんでもなく、先程から申しますように、ニセの過保護です。そして、そういうことも、現代では、起こりやすくなっています。

そういうふうに考えますと、結局、こういう社会の状況とからんで、父性も母性も、どうしても不在になりがちで、家庭でないものを学校でというんですが、学校でもなかなか難しいと言うことが出来ると思います。そして、そういう状況に対して「非行」少年たちは、我々大人の生き方に対して警鐘を打ちながら「もっとしっかりせよ」と言っているように、私には、思えるわけです。

これで終わりたいと思います。

学校教育相談の今日的意義

児童生徒の問題行動

今日のわが国の学校は多くの問題点をかかえているが、児童生徒の問題行動が増加し、その対応に困難を感じることが多いという事実は、特に注目すべきことと思われる。その一例として、中学校における校内暴力の問題をとりあげてみよう。中学生の校内暴力は最近になって激増し、そのために教師が欠勤したり、ついには警察力を動かして事態を収拾しなくてはならぬようなことさえ生じている。生徒が教師に対してふるう暴力にしても、質的・量的に一般の予想をはるかにこえるすさまじさをもっている。生徒が先生をなぐることは、戦前の中学校でもあったなどと言う人があるが、現在の校内暴力の程度は、往時のそれとまったく異なるものであることを認識しなくてはならない。暴力的状況が一度広がってしまうと、少数の教師の努力では如何ともし難いものとなる。生徒たちの力は強くなるばかりで、そうなると授業を遂行することも不可能となってしまう。このような生徒に対して、われわれはどのようにすべきであろうか。

登校拒否の現象も、ひろく広がっている。かつては都会にのみ見られるものであったが、現在では都会、田舎を問わず全国に広がっていると言ってもよいであろう。別に明確な理由があるわけでもないのに、児童生徒がどうしても登校できなくなってしまう。無理に引っ張り出して登校させたりすると、頭痛、腹痛などの身体的な症状が出てきて、どうしても休むことになってしまう。このような登校拒否と結びついて生じることが多いが、最近になって増加してきた家庭内暴力の問題も深刻である。新聞紙上に報道されたので周知のことであるが、これは親子相互間の殺人事件にまで発展することさえある。家庭内暴力をおこす子どもは、それまではいわゆる「よい子」であることが多いので、どうしてそれほどのひどいことが生じるのか親たちが理解に苦しむことが多い。家庭では暴力をふるっていても、家庭外では「よい子」として行動していることも多いので、親から相談を受けても、「あんなよい子がまさか……」と教師が信じ難く感じることもある。こんなわけだから、教師にしてもこれにどう対処し、あるいは親にどのように助言したらいいのか分からないのである。

以上のような目立った問題行動として現れていることに加えて、教育における画一化がすすんできたために、やり切れない思いをしている児童生徒たちが多くいることを、われわれは忘れてはならない。これは単に学校とか、教師の在り方の問題としてではなく、日本人全体にかかわることであるが、日本人のすべてが学歴にこだわり、従って学業成績にこだわるため、子どもたちは小学校——あるいは既に就学以前——から、良い点をとるための競争にまきこまれてしまう。このため、個性を育てるために必要なゆとりとか、「遊び」の世界が極端に少なくなってしまうのである。個性を伸ばす道をふさがれた子どもたちは、そのやり切れなさをどこにぶち当てたらいいのか分からないままに、悩んでいるのである。このような一般的な状態が、前記のような問題行動を多発せしめる背景として存在しているのである。

現在の児童生徒を考える上において、彼らを理解することが、教師や親たちにとって極めて困難となっている事実を指摘しておきたい。特に、現在の親たちは子どもの行動を理解しかね、どのように子どもに接したらよいのか分からず困っている人が多い。これは、昔から存在していた、大人と子どもの間にある世代間のギャップなどということを越えて、何か新しい把握し難い動きが子どもの心のなかに生じつつあるように予感されるのだが、このような事実も現在の学校の現状を考える上で見逃すことのできないことである。

いろいろと問題点を書きつらねてきたが、そうすると、このようなことに対して教育相談はどれほどの意義をもつのかという疑問が生じてくる。現場では、教育相談のような「生ぬるい」ことでは役に立たないという批判もよく聞かれる。

教育相談の役割

教育相談は教師と生徒あるいはその親とが、一対一で話し合うところにその本質がある。ひとつの例をあげよう。ある中学校の先生は、学級費を集めて引き出しに入れていたが、千円足らなくなったことに気づいた。念のために生徒たちの引き出しを点検すると、ある生徒が引き出しに千円札を入れており、学級費から盗んだことをすぐに告白した。あまりにもあっけなく見つかって不思議に思いながらも、当人を相談室に呼びゆっくりと話を聞いてみると、その子の父親が働かずに酒を飲んでばかりいて、母親が苦労している事実がわかってきた。このことがきっかけとなり、先生は家庭訪問をして両親と話し合ったり、努力を重ねて問題解決の方に進ませてゆかれるのだが、その詳細は略するとして、ここで話の始まりが、盗みという事件によって始まっていることに注目したい。後になってこの先生は、あの事件は、生徒が先生と一対一で深く話し合うためのきっかけをつかもうとしていたのではないかとさえ感じられる、と言われたのが印象的であった。生徒は家庭の事情で困っている。しかし、なかなか先生に分かってもらう機会がない。一対一でゆっくりと落ちついてこそ、人間は自分の深い問題を話すことができるのである。この例において、先生が生徒の問題行動をとらえ、頭ごなしに叱るのではなく、それをひとつの機会として話し合いの場をもったことが大きい意味をもったのである。子どもたちは先生に何かを話したい、訴えたいと思ってもその機会をつくることが難しいのである。何かの問題行動と思えることが、教師に対する呼びかけであることが、あんがい多いのである。

学校内で暴力をふるうような子どもに教育相談は無力であろうか。これは簡単には答えられないことなので、教育相談の根本的な問題について少し考えてみよう。教育相談やカウンセリングを非難する人は、その「生ぬるさ」を指摘する人が多い。ただ、相手の言うことを聞いているだけでは何もならないとか、それは子どもの問題行動の安易な黙認につながるとか、非難する人がある。これらのことは確かに、正当だと言いたくなるような教育相談や、カウンセリングが存在していた(あるいは、今も存在している)と言えるだろう。しかしながら、教育相談の本質に存在する一対一の人間関係についてよく考えてみると、そこには相手を受容すると共に対決するという姿勢が必要であることに気づくであろう。

筆者は長期間にわたって教育相談やカウンセリングの実際活動に従事してきた。自分の実際経験に照らして言えることは、教育相談と言っても特効薬ではないし、何に対しても有効というものではない。(教育の分野で果たして特効薬などあるだろうか。特効薬を期待する教師は、その心のなかに怠慢さを蔵していることを知るべきである。)しかし、教育相談が相当に困難と思われている問題に対しても、効果をもつことも事実である。私は相当な暴力をふるう児童生徒たちに会ってきたし、それ相応の効果も得てきている。ここで大切なことは、子どもたちは、われわれ「生きた人間」としての全存在をかけたぶつかりを期待しているということである。確かに、教育相談では、まず相手の話を聞くこと、その気持を理解するところから話がはじまる。しかし、そのように気持が分かってくれると思ったとき、生徒が「あの先生をなぐってしまいたい」とか、「学校のガラスをたたき割りたい」と言ったらどうするのか。あるいは、「自殺したい」と言うときもあるだろう。

このようなときでも、どのような方法があるのかと一般的な答を期待される人がある。しかし、実のところ一般に通用する答のない世界で、教師と生徒が会うところに教育相談の本質的意味があるのである。教師はその教科に関して教えるとき、出題される問に対して、その答を生徒よりよく知っているし、それは一般に通用する答である。ところが、教育相談で、たとえばある生徒がある先生をなぐってやりたいと言ったとき、「生徒は教師をなぐってはいけない」という「一般原則」だけで、われわれは応答できるだろうか。生徒の話をきけばきくほど、生徒がある先生をなぐりたい気持は理解できるかも知れない。しかし、いくら気持が分かっても、やってはならないことはやってはならないのだ。このときに、教師が生徒に示す答は、ぎりぎりのところに追いつめられて生じてくる、その教師の個性に基づいたものでなければならない。このような真の「対決」が含まれることにこそ教育相談の意義があるのである。つまり、既に述べたように、子どもたちはあまりにも画一化された教育環境のなかで、どうしても大人たちの「個性」に触れたいと熱望しているからである。

昔と違って、先生が生徒に与える教材やテストの問題なども画一化されてしまっている。先生たちは雑用が増えて忙しいかも知れない。しかし、自分の個性によって教育するという点においては、昔よりも相当少なくなっているのではなかろうか。このように考えると、一対一で教師と生徒が個性と個性のぶつかりを体験する教育相談の場は、今日的意義を大いに持っていると言わねばならない。

何が必要か

教育相談を行なってゆく上で、児童生徒、あるいは親たちが何を必要としているのかを知ることが大切である。ある小学二年生の子が万引きをしてしまった。普段と違った文房具をもっているのに気づいた担任教師が不審に思って尋ねるとすぐに告白して、申し訳なさそうにしていた。早速、親に伝えるとすっかり驚いて、これまで悪いことを決してしないように厳しく育ててきたのに、まったく申し訳ないことだとあやまられたのはいいが、すぐにその子に盗品をもって文房具屋にあやまらせに行かせるし、先生はうちの子の万引きをクラスで話をして、今後このようなことを他の子どもがしないように注意して欲しいと言う。担任の教師は、親のあまりにも厳しい態度に驚いて話し合ってみると、父親が学歴の低いことを不必要につらく思い、学歴は低くても親としては立派であると言われねばと思いすぎ、子どもに対して過酷な厳しさをおしつけてきていることが明らかとなってきた。担任としては、むしろ今回の子どもの万引きは、親のしつけのあまりの厳しさに耐えかねて、子どもが、何とか助けを呼ぼうとした行為であるかのように思われた。そこで、子どもの教育について両親とよく話し合い、今までの態度をあらためてもらい、文房具屋へは親がつきそってあやまりにゆくことにしたのである。

ところが、万引きについては、まったく反対の現象も存在している。小学生の万引きが発覚して先生が注意したところ、父親が学校にやってきて、近ごろは万引きなど「みんながやっている」し、盗んだものは返せばそれでいいじゃないか、と言うのである。こんな場合、教師は父親のそのような考えに対して正面から対決する姿勢を崩してはならない。しかし、その一方でその言い分は聞くことが必要である。「対決」は「戦い」ではない。戦いは自分が勝てばいいのだが、カウンセリングには勝ち負けはない。どちらが勝つかが問題ではなく、いかにして教育に必要な真理に到達してゆくかが問題であり、そのためには対決の姿勢が必要なのである。

万引きについて極端な例をふたつあげたが、このように、現在の状況では親の教育観や人生観などが定まらず、そのために子どもが苦労していることが多いのである。そのときに、教師はその生徒にとって、その家庭にとって何が必要かを見極めて適切に対処することが大切である。あるところでは甘さを必要とし、あるところでは辛さを必要とするであろう。教育相談は画一的な処方をもっていない。

教育相談において、もっとも難しいことはその場で真に必要とされることが何であるかを見抜くことである。それは時に少しの情報を与えてやるだけで十分なときがある。進路の決定に関して、こちらが情報を与えると、自分で決める生徒もいる。しかし、進路の相談できたように見えながらよく話を聞いていると両親の態度に不満をもっていることが、一番大きい問題であることが明らかになるときもある。あるいは、前記の万引きの例にあげたように、ある家庭に対して何が必要かは、その場合によって異なるのである。従って、一回かぎりの短い話し合いで解決がつくときと、相当な話し合いの継続を必要とするときもあるであろう。その点の判断をもたずに、ただ漫然と人に会っているだけでは、本当の教育相談にならないのである。

家庭内暴力をふるう子どもに対して、親は何とか「よい方法」がありませんか、という形で相談にやってくる。そんなときに相談を受ける教師が、そこには単純なよい方法など無くて、親と子との真剣なぶつかりのなかからこそ答が生まれてくることを弁えていることが大切である。といっても、そんなことを親に「説教」してみても何もはじまらない。このことを知ってもらうためには、われわれはわれわれ自身の態度、生き方を通して、知ってもらうより方法がないのである。一対一の真剣な対話によって、現在に生きる子どもたちの心の底にあるものに触れるとき、われわれは自らが新しい体験をさせられ、新しい世界に触れたように感じることがある。現在の子どもたちは理解し難い面があると先に述べたが、このような深い接触によってこそ、これからの社会に生じてくるものの萌芽を、子どもを通じて知ることができるようにさえ思われる。社会の変動が激しい今日において、このような点においても教育相談の意義は大きいものがある。教育相談を通じて、教師自身が多くを学び、結局は自分の個性を伸ばしてゆくことになっている。考えてみると、教師自身の個性の伸長なくして、子どものそれを期待できるはずがないのも当然だが、教育相談はまさに、そのような相互に鍛え合う場としての要素ももっているように思われるのである。

日本の教育土壌と想像力

ある小学校の教師から、昔話のような非合理で荒唐無稽な話を小学生に聞かせると、子どもたちが合理的に考えられなくなったり、現実を逃避してしまって空想世界に逃げこむようなことになりませんか、と真剣に尋ねられたことがある。「打出の小槌」などという話をすると、子どもたちは打出の小槌で好きなものを出してくればよい、というので、熱心にはたらいたりしなくなるのではないか、と危惧されるのである。

このことに対しての直接的な答は後で述べることにして、次のような事実に注目してみよう。日本と西洋とを比較するとき、西洋の方が合理的思考に優れている、ということには誰しも同感するであろう。われわれ日本人は、西洋と接触することによって、その合理的思考法を学んだと言ってもいい。ところで、西洋と日本とを比較して、文学としての「ファンタジー」作品について考えてみると、西洋の方がはるかに素晴らしいファンタジー作品をもっていることが解るのである。子どもの読むものに限定してみても、『ナルニア国物語』、『指輪物語』、『ゲド戦記』などという、まったく素晴らしい作品があちらには存在するのに対して、日本にもある程度のファンタジー作品はあるが、比較にならぬほど少なく、また内容的にも豊かではないのである。

あるいは、日本の作者で子どものためのファンタジーの傑作を書いた人というと、宮沢賢治を思いつく人が多いと思うが、宮沢賢治は、よく知られているように、日本の作家には珍しく、極めて理科的な思考のできる人であった。筆者は、宮沢賢治が日本の作家にしては素晴らしいファンタジーを書いたことの一因として、彼が合理的思考法を身につけていたことがあげられると思っている。自分を対象から引き離し、対象化されたものを合理的に把握する力をもってこそ、ファンタジーの世界を創出できると思うのである。

以上のような事実から考えても、昔話とかファンタジーなどが、人間の非合理的態度を助長するものではないことが解るであろう。実のところ、子どもたちはファンタジーはファンタジーとして楽しみつつ、それを現実と混同したりするようなことはしないのである。ウルトラマンの話に感激して、ウルトラマンごっこをし、空を飛んでいるつもりで走り回ったりはするが、本当に空が飛べると思って、二階の窓から飛び出したりは決してしないのである。

寺田寅彦はかつて、物理学を研究するためには、ギリシャ神話を読むべきである、と言ったとのことである。「物理学」から見て、ギリシャ神話はまったく馬鹿げているなどという発想ではなく、あらゆる物理学的創造的思考の萌芽が、ギリシャ神話のなかに読みとることができる、というのが寺田寅彦の強調したいところなのである。つまり、自由に想像力を羽ばたかせることが可能なものこそ、物理学の世界で新しい研究ができるというのである。

想像力というものは、あらゆる創造活動の源泉である。与えられた枠組内で思考するのではなく、敢えてその枠を超えて想像力を飛翔させる。そこから創造的なものが生まれてくるのである。従って、一見するとまったく相容れないことのようだが、ファンタジーの壮大な体系をつくりあげる能力と、科学の新しい体系をつくり出す能力が平行的な関係にあり、西洋ではそのどちらもが盛んであるのに対して、日本ではどちらもあまり豊かに育たないのである。よく言われることだが、日本人は小さい改良や発見はするが、まったく新しい大発見とか、新しい科学体系をつくり出すことなどは苦手なのである。この点について、わが国の教育の在り方との関連で考えてみることにしよう。

わが国の教育においては、個性の伸長とか創造性を身につけることなどが大いに重要視されている。それは、かけ声としては大であるが、実状においてはどうなっているであろうか。ちょっと、小学校のホームルームを覗いてみよう。ホームルームには確かに先生が背後に退き、生徒が運営し、すべてが自主的になされているように見える。しかし、少し注意深く見ると、すべては先生の意のままに動いていると言っていいほどである。自主的に動いているはずの子どもたちは、先生の気持を「察して」、先生の好む方向に動いているのである。日本人は子どもの頃から、人の気持を察して、それに従って行動することを身につけているのである。しかも、このときに生徒はもとより、先生にもこのようなことが行われていることに自覚がなく、すべて「自主的」に運営されていると信じこんでいるならば、それは大きい問題と言わねばならない。

筆者はかつて、日本の社会は西洋の社会と比較するとき、「母性社会」として特徴づけられることを指摘した(『母性社会日本の病理』中央公論社)。そのことを簡単にここに述べると、日本人にとっては母—息子のモデルが、西洋の父—息子のモデルに対して優位しており、すべてが母親によって暖かく包まれるというイメージが、人間関係の根本に存在している、と考えるのである。日本人が何らかの集団をつくるとき、ひとつの場が形成され、その場全体が母性的な安全感に包まれていることが理想とされるので、個々の成員は、おのおのの個人的欲求を満たすよりも、全体の場の平衡状態を維持することの方に優位をおくことになる。「がやがや騒がなくとも、黙って待っていたら、お母さんが必ずよくしてくれるのだから……」という態度を身につけることが大切なのである。そして、母なる存在は、子どもの行動に対して許容度が高いので、何をしても許されるようなところがあるが、ただひとつやってはならないことは、母の膝元を離れてしまうことである。母の領域から外に出たものは「赤の他人」であり、それに対しては母は何らの責任も持たないのである。したがって、日本人にとって一番大切なことは、自分もその場に「入れて貰っている」かどうかということにある。

このようなことはもっと詳細に論じるべきかも知れないが、日本人論が盛んになった昨今においては、あまりくどくど説明しなくとも了解していただけることと思う。このような日本的特性は、若い人によって相当破られてきているかのように見えるが、もっとも基本的なところにおいては、ほとんど変わっていないと見るのが妥当のように思われる。既にあげたホームルームの例のように、それは表面的には「自主的」であるが、根本的には日本的母性社会のパターンに従って運営されているのである。

真の想像力というのは、与えられた枠を打ち破って生じるものである。従って、それは母性社会のなかでは最も危険視されるのではなかろうか。あるいは、まったく馬鹿げたこととして無視されてしまうのではないかと思われる。

国語の時間に、バラについての詩の鑑賞がなされた。先生は「バラについて何を思いつきますか」と生徒に尋ね、一人の生徒が「バラにはとげがあります」と答えた。先生はバラの花の美しさのことばかり考えていたので、一瞬不愉快な顔になった。そのとたん、級の多くの生徒が、「トゲがある」と答えた子どもに嘲笑をあびせかけた。つまり、子どもたちは先生の気持を察して、その子を「笑い者」にすることによって、その場からはずしてしまったのである。このとき、先生はその子に直接に非難を浴びせなくとも、その子はひどく傷つくか、のけ者にされる危険を強く感じるか、どちらにしろ、その後は自分の意見や考えをすぐに言うのではなく、先生の考えや、皆の心の動きの方に自分を合わせることを重要と思うようになるだろう。このようなことの日々の積み重ねによって、われわれは子どもの個性の芽を知らず知らずのうちに摘み取っているのである。

このような傾向を助長する大きい因子として、現在の試験の在り方も無視できないであろう。問題に対する「正解」が既に与えられていて、それをできるかぎり速く選択することが要請される場合、それがどれほど想像力の飛翔を排除するものとなるかは、すぐに了解できるであろう。筆者の雑文も時には大学入試に使用されたり、予備校の模擬試験に登場したりしている。そこで、「ここで作者の真の意図はどのようなことであったか」などという設問がなされ、四つ、五つの文章があって、「正解」を探さねばならない。その「正解」を読んで、筆者もなるほど私の真の意図はこれだったのかと解って感激させられることが多いのだが、その答の当否よりも、このような設問に慣らされることの方が大問題ではなかろうか。ある受験生はこのような問題を解く「秘訣」として、「なるべく自分で考えず、常識的にはどうなるだろうと考えてみる」ことだと述べたことがある。確かにそれはひとつの秘訣であろうが、それはまさに、その個人の想像力の翼をもぎとることではなかろうか。

このことに対してはもっと他の重圧がかかってくる。日本の母性社会においては、「一様序列性」ということが極めて大切である。個性を尊重すれば、個々人はそれぞれ固有の価値をもつし、価値判断も多様化する。しかし、日本では、すべての人間に一様の序列をつけることが必要なのである。従って、高校生にとっては、共通一次の点数が強烈な序列づけの意味をもってくることになる。あるいは、小学生、中学生にとっては、標準テストの点数が人間的価値の唯一のスケールとなってくるのである。

教師も親も子も、この重みにはなかなか抗し難い。そこにはがっちりとした順序づけが成立してしまって、そこをはみ出してゆく想像力のはいりこむ余地がないのである。そして、標準テスト自身はよく精錬され、客観テストとしてはなかなかよく出来ているので、ひとりの教師がそれに対抗し得るものが簡単にはつくれないように出来ている。しかし、ここらで教師は標準テストにのみ頼るのではなく、教師の個性と、生徒の個性がぶつかるテストや課題を考える努力をしてはどうであろうか。これは大変難しいことであるが、個々の教師の工夫によって解決が見つかってくるのではなかろうか。生徒の想像力を育てるためには、教師の想像力が必要なのである。教師は生徒に対して課題やテストを与えるとき、そこに自分自身の想像力が生かされているかを反省すべきである。いつも、おきまりの問とおきまりの「正解」を用意して、生徒に接していては、生徒の想像力がしぼんでゆくのも当然のことと言わねばならない。

子どもの想像力を弱める要素として、現在の物質的な豊かさをあげることができる。その背後に強力にはたらいているものは、あくまで既に述べた日本人の母性なのであるが、それが物質的豊かさのためにますます強化されているのである。たとえば、子どもに与える玩具をとってみても、ますます精巧なものになっているので、そこに想像力のはいりこむ余地が少なくなってしまっているのである。ラジコンで精密に動くロボットはロボットでしかあり得ない。ところが、木でできた素朴な人形は、いろいろなものに子どもの想像力とともに変化するのである。このことに、日本的序列性の観念が加わってくると、隣の子どもの玩具とうちの子の玩具は、どちらが精密か、どちらが高価であるか、ということに重点がかかってくる。「お金」というものは、すべてのものを一様に順序づける魔性をもっている。その玩具は誰から貰ったのか、いつ貰ったのか、そんなことにお構いなく、値段の高低によって順序づけられる。しかも、困ったことに現在の経済状況では、親は相当に高価なものを子どもに買ってやれるのである。そして、親たちは立派な、つまり高価な玩具を与える競争をすることによって、自分の子どもたちの想像力を奪っていることに気づかずに居るのである。

うそと思う人は、子どもたちを出来るかぎり既製品の波から守ってやり、子どもたちを自然の状況において観察されるといい。暫くは子どもたちも苦労をするが、そのうちに彼ら自身の想像力によって、いかに興味深い遊びを考え出し、それを楽しむかは大人の推察をはるかにこえるものがあることに気づかれるだろう。そして、そのことを知った子どもは自分の考えに誇りを持ち、高価な玩具なんかに見向きもしなくなるのである。われわれ大人は、子どもの想像力に信頼を置くことによって、日本の教育土壌の改良をはかるべきであると思われる。

暴力と人間の心

「現風研」(現代風俗研究会)というところで、「暴力と人間の心」について話をさせていただいた。私は話すことと書くことは異なることと思っているので、「録音を取って活字にすることがないように」とお断りしておいたが、主催者からの「強い要望」で、やはり活字に残したいからと録音記録が送られてきた。大変なことになったと思ったが、どうしたことか(あるいは必然的に)私はそれを失ってしまった。せっかく労力を費して下さったことに対しては申訳ないと思ったが、これでともかく一件落着と思い、喜んでいた。ところが、驚くべきことに、記録のコピーがとってあったので、ということで、それが再度送られてきたのである。ここに至って、私はテープレコーダーとかコピー機などというものが、近代的兇器として、私に暴力を加えつつあることを思い知ったのであるが、ともかく、ここまで熱心にされると、私としても何らかの務めを果さねばならぬので、ここに当時の講演内容からその要点を取りあげて述べることにした。

なお当日は遊戯治療室内で「暴力」をふるう子どもの例をあげて説明した。この点については、その治療担当者の方にお許しいただいて、プライバシーの侵害にならぬ点を考慮しつつお話をしたのだが、それを活字にすることは未だはばかられるので、特にその録音記録を活字化することに私は賛成できなかったのである。

それに一般的に言っても、講演というものは私にとっては、その「場」に居られる人に向かって述べているのであり、活字によって不特定多数の人々に伝えられるのとは、少し次元の異なることをしていると思っている。活字にして誰にも読めるものにするなら、わざわざ講演などしなくてもいいし、聞きにくる必要もない。生きた人間が生きた人間に直接に接することは、マス・メディアによる伝達と本質的に異なるのである。この点、現代人は機械の暴力に対して、自分の魂を踏みにじられ放しにしているように思われて、残念で仕方がない。そんな堅いことを言わずに、はじめから活字になるようなことを話せばよい、と言われそうだが、たとえば、今回でも、桑原先生や鶴見先生などの顔を見ていると、ついつい何かオモシロイことでも言わねばという気になって、言わずもがなのことを言ってしまうことになるのである。そんなわけなので、録音記録については御容赦願いたい。

＊

暴力は広義に解釈するといろいろに取れるが、狭義にとれば、身体活動によってなされるものである。暴力は近代社会においては特に評判の悪いものであるが、それはどこか、身体の心への反乱とでも言いたくなるようなニュアンスをもつからではなかろうか。人間存在を心と身体とに分ける。そして、心のはたらきのなかでも、その知的側面が重視されてきたところに、近代の特徴がある。近代の心は自然科学を生み出し、多くのことを可能にしてきた。そのため、人間の知的機能についての評価が極めて高くなってきた。このこと自体は別にどうということもないのだが、ものごとは何でも行きすぎると困ってしまう。

それに知的なコントロールによって、人間の身体の暴発を防ぐというイメージが妙に汎化されると、人間社会においても管理がゆきとどいてしまって、画一的なパターンに誰もがはめこまれていって、例外的な動き(実はそれが創造につながることもあるのだが)が許されなくなる。

たとえば、われわれの相談室に連れられてくる子どもに接すると、彼らが大人の考える「よい子」の枠に閉じこめられ、そのために問題を生ぜしめていることが多い。親の考える「よい子」は知的に偏りすぎ、人間の全存在としての在り方を歪ませてしまっているのだ。このような子どもに対して、われわれのできることは、この子たちと「自由に遊ぶ」のである。「自由に遊ぶ」ことこそ遊戯療法の本質である。これは簡単に聞こえるが実際にやってみると、非常に困難なことなのである。しかし、この点については省略しておく。ところで、遊戯療法をはじめると、それまでは大人のことをよくきく「よい子」だった子どもが、そこでは猛然として「暴力」をふるいはじめることがよくある。ここに「暴力」と「　」つきで示したことは、子どもにとっては「遊び」なのであり、治療者を相手にして、チャンバラごっこなどをしてくれるのだが、それは治療者にとっては「暴力」に近く感じられるのである。治療者には短いプラスチックの刀をもたせ、自分は長い棒をもって、力いっぱいなぐりつけてくる。治療者の方も泣きたいくらいである。なかには、バッティング練習をやろうと言って、至近距離から治療者目がけてボールを力いっぱい打ってくるようなこともある。このようなことに接していると、この子の存在の歪みを是正するために、心の存在の奥深くから湧きあがってくる力を何とかそこに表出させることが必要なのではないかと思われるのである。思い切った言い方をすれば暴力というものは、人間存在の深層から外界に向かってなされる直接表現であるとさえ言えるように思われる。

しかしながら、単なる力の「放出」は建設的効果を生み出さない。それが建設的なものとなるためには、そこに何らかの生きた存在が、全力をかけてそれを受けとめることが必要である。従って、遊戯療法の場合であれば、そこに治療者が存在していることが重要なのである。治療者は単純に子どもの「暴力」を禁止するのでもなく、それを肯定するのでもない、自分の存在をかけてそれに立ち向かうのである。

ここに「存在をかける」という表現をしたが、それはどのようなことであろうか。人間存在を心と身体に分けて考えることは、西洋の近代から行われてきたことであり、そのことによって、それ相応に自然科学が発展してきたのであるが、われわれのように重い神経症、精神病の人や心身症の人などに接していると、心と体の二分法に不満を感じることが多い。心と体とを合わせ、人間を一個のトータルな存在たらしめるために、第三領域として、たましいというものの存在を仮定する方が、話が合うことが多いと私は考えはじめている。これについては、今立ち至って話すことは省略するが、たましいということに抵抗を感じる人は、身体と心とに通じる人間存在の深層領域とでも思っていただくことになろう。ともかく、そのような、たましいの存在を現代人は忘れてしまっているので――あるいは、心と体の統合性がうまくいっていないので――たましいは直接表現として、身体的に表現するなら暴力という形をとらざるを得ないのである。

暴力をたましいの直接表現ということは、何もそれを肯定していることを意味しない。直接表現というものは危険性に満ちているからである。暴力は外へばかり向くと限らず、内に向かうこともあろう。そのときは、自殺をひき起こすことにもなる。しかし、自殺や他殺を防止しなくてはならないからといっても、その背後にはたらいているたましいの動きまでも完全に押さえこもうとするのは、角をためて牛を殺す類のことになるだろう。

コンプレックスというものは、「直接体験」のバリヤーとして役立つものである。たましいの表現としての強い怒りがこみあげてきたとしても、もし変なことをして笑われると困るとか、嫌われると損をするとか、自分の感情は人と異なるのでまちがっているのではないか、などとコンプレックスが適当に作用して、たましいから自我へのコミュニケーションは弱められたものとなり、だんだんと常識的なものになって、破壊力を失う。それに対して、コンプレックスの弱い人は暴力をふるいがちとなる。暴力をふるいがちな人で、困りものだと思われつつ、どこかその「純粋さ」のようなものが評価されることもあるのは、上記のことのためと考えられる。

暴力はたましいの直接的表現であるが、それは危険なものである。特に思春期の子どもは、心の奥深い層にうごめく力が強く、大人に比して暴力的になることが多い。このときに大人が退くことのない「壁」として、その前に立ちはだかることが大切である。「壁」は立っていて、ぶつかるものに対してがっちりとはねかえすが、自ら動いて何かを取りこもうとしたり、取りしまろうとはしないものである。思春期の子どもの力は厚い壁に当たってみて、はじめて建設的なものとなるのである。

暴力と性の結びついたものとしてレイプということがある。わが国においては、それほどでもないが、アメリカにおいては、レイプは大きい問題となりつつある。既に述べてきた状況において、アメリカにおける現代人は極度の疎外感をもち、己が己の身体性を回復すること、心と身体の結びつきの回復、などのことがまったく暴発的に生じて、レイプという行為になると思われる。アメリカにおいては、身体の意味を再発見しようとする動きが強く、たとえばデメトラコプーロスという女性が『身体に聴く』という本を書いている (Demetrakopoulos, Listening to our bodies, Beacon Press, 1983)。この本のなかで、彼女は現代人、特に女性にとっての身体の重要性を強調し、女性にとって身体は聖域であり、レイプは聖域に対する瀆神行為とさえ言える、と烈しくその行為を責めている。

暴力はたましいの直接表現と言ったが、たましいのはたらきが、心の側でとらえられると、ファンタジーになる。ファンタジーこそたましいの言語なのである。現代人の孤独を解消し、たましいとのつながりを回復することを、もっともプリミティブに表現するものとして、レイプのファンタジーが、現代人の男性に、あんがいな重みをもって受けとめられる。しかし、ファンタジーすることと、それを実際に行動化することには、絶対的な差があることを忘れてはならない。レイプ・ファンタジーが意味をもつとしても、その行為自体は、デメトラコプーロスも言うように、女性に対する聖域の破壊とも言うべきことなのである。時に、レイプを扱っている心理職の人たちが、若いときはそのファンタジーの意味にひかれて、甘い判断を下しそうになるが、その点はよく心しなければならない。

日本人と子離れ

欧米のビジネスマンの御夫人たちに、日本の事情を話したことがあった。日本人の母子の結びつきの強さについて話しながら、私は冗談まじりに次のように言った。

「日本の母親は自分が七十歳になっても、五十歳近い息子に対して、それが会社の社長であろうと大学の教授であろうと、「雨が降りそうだから傘を持っていった方がいいよ」「帰りに忘れて帰っては駄目よ」と言いたがるのです。」

ところが、それを聞いて、ある上品な年配の婦人が微笑しながら、「私たちもそうしたいのですよ」と言われた。すると聴衆の婦人たちが俄然活気づいてきて、母と子の絆というものは一生切れぬものだという話になってきた。生き生きとして自然なその会話を聞きながら、私は母性というものに対して目の開かれる思いがしたのである。

母と子の絆は、切っても切れないものだ。それはどちらかが死んだ後も保たれるものではなかろうか。私はアメリカ留学中に、尊敬する教授の母親が亡くなられ、おくやみを申しあげたことがある。そのとき、その先生が、「私は日本人の親子の結びつきの深さに心をうたれている。私は私なりに亡き母と自分の結びつきをどのように保つかを考え、母の骨の一部を庭に葬ることにした」としみじみと言われ、深く感動したことがある。このように母との強い結びつきを持つ教授は、アメリカの一流教授として、極めて自立的であり、対人関係やその他に問題があるなど、とうてい考えられない人である。母と子との結びつきが強すぎて困るなどということは、一切ないのである。

それでは、なぜ「子離れ」などと言わねばならないのか。そもそも「子離れ」などということは必要なのであろうか。この点について、もう一度考え直してみたい。

「子離れ」の重要性については、もうあらためて言う必要がないのではなかろうか。家族のことや親子関係のことを論じる際に、誰もが「親離れ」や「子離れ」のことを説いている。その論拠は一様で、親子の結びつきが強すぎるため、互いの自立性が損なわれる、というのである。簡単に図式化すると、自立＝善、依存＝悪、ということになり、その自立の達成のため、親と子との依存関係を取り除こうとするのである。一応これを正しいと考えておこう。とすると、次のような例は何を示すのだろうか。

われわれ心理相談をするもののところへ、ある母親が幼稚園児の息子を連れて相談に来られた。その子が知能が遅れているとは思えないのに、言語に著しい障害がみられるために来訪されたという。確かに、子どもさんはまったく言葉がうまく話せないのである。不思議に思って母親と話し合ってみると、次のようなことが解った。彼女は子どもを早くから「自立」させようと思って、なるべく抱かないようにし、寝るときも幼いときから一人で寝させるようにした。はじめのうちは子どもも泣いていたが、ほっておくと慣れて泣かずに寝るようになり、親類の人たちもそれを見て「よい子」に育っていると評判だったという。

実は、このことこそが、子どもの言葉の発達を遅らせる大きい要因であった。子どもは発達に従って自立してゆく。しかし、そのためには、母と子との緊密な触れ合いを必要としているのである。母と子とが肌を触れ合って感じる一体感こそは、子どもが健康に育ってくるための土台なのである。そのような基礎があってこそ、子どもは育ち、言葉も獲得してくるのである。残念ながら、その母親はこのような点を知らずに、あまりに性急に子どもの「自立」を焦りすぎたため、問題が生じてきたのである。

このようなことをよく説明して納得していただいたが、子どもはそれからだんだん母親に甘えるようになり、赤ん坊に立ちかえったように母親に甘え、その後にだんだんと普通に育ってゆくようになったのである。

このような例に接すると、「子離れ」が必要であるにしろ、性急にすると失敗することがよく了解される。それよりも、なお大切なことは、十分に接触を体験したものこそがうまく離れることができるという、一種の逆説めいた真理に気づくのである。既に述べたように、最近は「子離れ」の必要性が一般に意識され過ぎているので、離れるためにはまず十分な接触が必要であるという事実は、特に強調しておきたいと思うのである。実際、われわれのところに相談に来られる重い事例は、「子離れ」の問題などではなく、母と子の十分な接触がなかったために生じているものと言っていいのである。

それでは、「子離れ」はどうして必要なのか。それは親が子に対する愛というときに、それが「所有的」(あるいは「占有的」と言っていいかもしれない)になるか、「育てる」ものになっているかの差が問題になってくると思われる。

「所有的」というのは、子どもを「自分のもの」と考える。それも、「自分だけのもの」と考えたくなる。このことは親子と限らず、すべての「愛」において人間が経験しなくてはならぬ問題のようである。われわれは何かを愛するかぎり、それを「占有」したくなってくるものだ。われわれは自分が占有したものの自由は認めたくない。子どもが旅行に一人で行きたいとか、遠くの大学を受験したいとか言うとき、親は「それは危ないから……」とか、いろいろな理由を言ってやめさせようとするが、その実、それは子どもの自由を喜ばない気持がその裏に隠されていることが多い。

これに対して、「育てる」愛は、子どもを育てることに愛情を感じ、育ってきた子の自由を許すところがある。それは無理に「子離れ」などと焦らないが、育ってきた子が自然に離れてゆくことを許すのである。こんなことを言っても、私はすべての親に「所有愛」を棄てて「育てる」愛を、などと叫ぶ気は毛頭ない。パスカルは「人間は天使になろうとすると悪魔になる」と言ったそうだが、まったくそのとおりで、はじめから「育てる」愛一辺倒で頑張ったりすると、困ったことが生じるのである。

ある社長さんは、自分は息子に対してまったく自由を許している、と自慢していた。確かにそのとおりで、彼は息子のわがままをほとんど聞いてやり、息子は遊びを覚え、父の会社を継ぐ気など一切ないと公言していた。社長はそれに対してまったく不満を言わず、自分は自由主義教育だからと威張っていた。ところが、彼は会社のなかで自分が後継者と見なしている人に対しては、まったく口うるさかった。その行動のひとつひとつに干渉してくるのである。その人は会社の跡継ぎになるという期待をもって、それをひたすら我慢していたが、それは傍目には気の毒に映った。

これなどは、息子に対して天使になろうとして、後継者を息子代理とし、それに対して悪魔になっている例と言える。息子に対しても、本当のところは天使であったかも疑わしい。そんな育て方をされて、子どもがうまく育つはずがないからである。

天性の良さをもったような人も居るだろう。しかし、われわれ凡人ははじめから高望みをしないことだ。「所有愛」と「育てる愛」との差を知りながら、前者の泥にまみれて、後者に気づくくらいがいいところではなかろうか。

子どもは育てていると自然に離れていく、と言った。それは子どもにとって「自然」であっても、やはり親にとっては淋しいことである。そのときにあまり見苦しいことをしないために、われわれは「育てる」楽しみを味わうことが必要のように思われる。子育ては確かに大変である。しかし、大変ななかにある楽しさを自覚することによって、子どもが離れてゆくのを見守ることができるように思う。

子どもを苦労して育てたので、後になって恩を返して欲しいと思う人もある。しかし、子育ての楽しさの方を考えてみると、苦しさと楽しさで大体プラス・マイナス・ゼロになっているのではなかろうか。こんなことを考えると、離れてゆく子にしがみつく必要もなくなる。子離れを上手にするためには、子どもとの接触の楽しさを十分に知ることである。

最初にあげた例で、ヨーロッパの婦人が「私たちもそうしたい」と言われたが、「そうしている」とは言われなかったところが意味深い。するかしないかは考えねばならぬところだが、自分の占有的な愛を微笑しながら認めることも、また必要ではなかろうか。せっかく生まれてきて一回かぎりの人生を歩むのだから、自分の心のなかに存在するものはしっかりと認めてやりたい。それをどのように具体化するかは、各人の個性にまかされているのだが。

その上、最近の心理学は自立と依存とを反対概念として捉えるのではなく、両者の共存ということを大切に考えはじめている。適切に依存し、依存の自覚と感謝のある人こそ自立していると考える。ただやたらに他と離れるのは、孤立であって自立ではない。

親子の間もそうであって、親子の絆は何も無理に切る必要もなく、切れるものでもない。問題は、その絆の在り方がどのようであるかなのである。母との結びつきが濃い教授が自立的であるという例は、はじめにあげておいた。

われわれは「親離れ」・「子離れ」の言葉におびやかされて性急に親子の絆を切ろうなどとしないで、いかにして、自由度の高い、深い絆へとそれを変革し得るかを考えるべきであろう。単に離れるだけでは人生の面白みがない、と言うべきである。

「ユキコ現象」への一視角

岡田有希子の自殺をひとつの契機として、思春期の子どもたちの自殺を報じる新聞記事がよく目につくようになった。新聞はこれに関しては自粛気味で、ひと頃のようにあまり騒ぎたてないようにしているが、やはり急激に増加している印象を受けるのである。特に自殺の問題は、いじめの問題と関連して報じられることが多く、「いじめを苦にして自殺」などという報道が重なったため、一般の人の注目を余計にひくことになった。

十歳代の子どもたちが自ら命を絶つなどということは、まったく見ず知らずの子の場合でも、聞くだけで胸の痛むことである。教育者のみならず、多くの人々がこの問題に対処することを考え、「いじめをなくそう」とのキャンペーンがひろく行われたり、各地方自治体の教育委員会も、いじめや自殺を防止するための通達を各学校に送ったりした。これらのことは極めて大切で、やはり自殺などの現象には一種の流行性があり、偶発的になされたとしても結果は取り返しのつかぬことになるので、それらを防止するための役割を果すことができると思われる。

ここに残される問題は、このような一般的防止措置ではどうともならない、常識を超える例が相当数存在することである。たとえば、いじめが原因で自殺に追いこまれたという場合でも、なぜそれほどまでに非常識ないじめが行われたのか、なぜそのようなことを大人たちがとめることができなかったのか、などと考え出すと、単にそれはけしからんなどと怒っているだけではすまされない問題であると気づかされる。自殺してゆく子どものなかには、遺書がないことはもちろんのこと、そのようなことを家族も同級生たちも考えても見なかった、というようなケースがある。その子が本当は何で悩んでいたのか、見当がつかないのである。

鎌倉時代の名僧、明恵上人は十三歳のときに自殺をしようとして、「今ハ十三ニナリヌレバ、年スデニ老イタリ」という言葉を残している。十三歳にして既に年老いたとは不思議に思えるが、筆者は、これは現代にも通じるひとつの真理ではないかと思われる。もちろん、個人によって多少のずれはあるが、子どもたちは十二、三歳くらいで一種の「完成」に達し、どこかで老成するところがあるように思われる。しかし、それはまったく束の間で思春期という、まったくわけの解らぬ暗黒の時代がそれに引き続いてやってくるのである。せっかくの完成を守り、それに引き続いて生じる凄まじい混乱から逃れようとして、そこで自分の生を終えようとする子どもが居ても、別に不思議ではないかも知れない。

あるいは思春期の混乱をもろに引き受け苦しんでいる子にとって、それを誰もが理解してくれず、解決の望みが感じられぬとしたら、ともかくその苦しみから逃れようとして自殺することがあるかも知れない。自殺を試みて幸いにも助かった子がその心境を、「部屋のなかに酸素が欠乏して息苦しくてたまらぬので、ともかく隣の部屋に行きたい」という感じだったと話してくれたことがある。「隣の部屋」というのが、その子にとって「あの世」だったのである。

この子は未だしも後で語ってくれたが、多くの子どもたちは、その苦しみがほとんど言語表現不能であるために、大人に対して何も語らないことが多い。「悩みごとがあれば何でも言うように」と親や教師がいくら言っても、こちらが余程、子どもたちの表現に——言語的とは限らない——敏感に反応するのでないと、子どもたちは何とも表現のしようがないのである。その苦しみは大人たちの常識をはるかに超えている。

明恵のような天才は別として、それではこれまであまり生じなかった思春期の子どもの自殺が、なぜ現代において急に増加してきたのか、について考えなければならない。思春期の心の深層に生じる嵐はまことに凄まじいもので、昆虫で言えば、「さなぎ」の時期に匹敵するだろう。堅い殻のなかでは、これまでの内的構造がまったく変ってしまうほどの変化がそこに生じているのである。さなぎの殻がそれを守っているように、思春期の子どもたちには守りが必要である。このために、それぞれの社会は思春期の子どもの「守り」の制度をうまく利用してきた。

たとえば、昔はこの期間に男女を分離するという制度を用いたところも多い。あるいは、特にこのあたりの子どもを集団で住まわせて監督することを考えたところもある。特定のクラブ、あるいは集団などがそれに利用される。そうしてある程度の守りのなかで、許容範囲内での馬鹿げた行為が、祭りとか何とかの行事と結びついて存在していた。あるいは、ある程度の「悪事」が自然発生的に生じ、適当に見逃されたり、適当に罰せられたりした。ここに一つ一つ取りあげないが、各人は自分の思春期時代を思い出されると、そこに適切な荒れと適切な守りが存在したことに思いあたられることと思う。

このように言っても、筆者は、時に他の人々が主張するように、昔の制度を復活すべきだとは思っていない。社会は時代と共に変化してゆくものであり、簡単に昔にかえれなどということは出来るものではないし、どのような社会であれ制度であれ長所短所を有しているので、ひとつのことだけで善悪など論じられないのである。

われわれ日本人は一応西洋の個人主義的な生き方を相当に真似をして、核家族になり、各人ができるだけ個人の欲求を満たすことのできるような生き方をよしとして、古い生活の在り方を短期間の間に相当に改変してきた。

しかし、それと共に古くからあった、それと気づいていない、子どもたちを守るための仕掛けを知らず知らずのうちに随分と放棄してしまったのである。両親がそれほど意識しなくても大家族のなかの誰かによって、あるいは地域のなかの人間関係によって行われていた「守り」の力は今では相当に弱くなってしまっている。

西洋の場合はキリスト教によって、はっきりと自殺は罪であることが小さいときから教えられている。個人主義の生き方の守りとなっているキリスト教を不問にして、表面の生き方のみを真似してみても、われわれはどのような宗教によって、自殺をしてはならぬと言えるのだろうか。

生命の尊重などなどの美辞麗句は、本当に苦しんで死のうとしている人にとっては役に立つものではない。彼らも本当は生きたいのである。しかし、それほどに苦しんでいる人間がなぜ生きのびねばならないのか、生き続けて果してどうなるのか、これらについて明確に答えてくれない限り、どうしようもないのである。これらの人を励ましたり、説教したりする人は、病気の人に病気の手当もせず健康にいいからジョギングをしなさいというのと同じことなのである。

子どもの苦しみを倍加させる要因として、現代の物質的豊かさに見合う、大人の精神的努力の不足があげられるであろう。物が豊かなことはいいことである。しかし、それを享受するためには、それ相応の工夫がいる。物が少ないときは、人間はあんがいに生きやすく、かえって自殺も少ないのである。つまり、生きようとする目標が外に目に見えるものとしてあるので、心の内界の落し穴にはまりこむことが少なくなる。家族一同が何とか一軒の家が欲しいということで、互いに節約したり、手に入れるべき家のことを心に描いたりしているとき、それは心の陥穽への落ち込みを防いでくれる。

子どもたちもあれが欲しいこれが欲しいと思い、それがもう少しで手にはいるなどというところでは、思春期の恐ろしさをうまく飛びこえて——もちろん、少しは混乱はあるが——成長してゆく。しかし、今の子どもたちは割に簡単に物が手にはいりすぎるのである。

東洋の宗教は「無」ということの認識についての長い伝統をもっている。もちろん、この絶対無は絶対有にもつながるのであろうが、一般的受けとめ方としては、無常などの感じと結びつき、「何もない」ことに対する一種の耐性のようなものを、伝統的に日本人の身につけさせたようなところがあった。何もなくとも、あんがい楽観して生きるような態度を日本人は持ち続けてきた。しかし、逆に外界に物があふれ、あまりにも「有」の世界のなかにいると、それをいったいどのような宗教、どのような世界観によって支えていいのか、本当のところは解らなくなってきたのではなかろうか。

それでも物があるのは楽しいことなので、大人たちはそれを喜んでいるとき、その裏側の正真正銘の「無」が子どもたちの心を捉えたように思われる。それは有につながらぬ無として体験され、子どもは途方もない無気力に陥るか、死を選ぶか、のどちらかになってしまう。こんなにいろいろな物があるのに、と大人が言ったとしても、「そんなのはまったく無意味だ」と子どもが言った場合、大人はそれにはっきりと反論できるだろうか。何もかもが本来無であり、従って自分も無の世界に行くと子どもが言った場合、何をもって「有」と言えるのか、どのような宗教性をもってそれを語れるのか。大人たちは子どもたちにごまかしなく答えられるだろうか。

物が少ないときはユートピアを心に描きやすい。そして、ユートピアに到達するための正しいイデオロギーに頼って希望をもって生きて行くことができる。しかし、物があまりにもたくさんあり、しかも「正しい」主義主張によって、人間がどれほど多くの殺人をなしてきたかを知っている時代に生まれた子どもたちは、それほど簡単にイデオロギーや希望に支えられて生きてゆくことはできないのである。最近の統計を見ると、青年期の自殺がぐっと減少し、四十代の男性の自殺が多くなっているのに気づく。これは、かつては青年期において自分のイデオロギーを確立するときに悩みが生じ、そのときに自殺する人が多かったのだが、現代ではそうでなくなったことを示している。現代はむしろ、ひとつのイデオロギーに頼って世界を観るようなことではなく、もっと多様で複雑な世界観をつくりあげることが必要であり、その課題は四十歳代のことになってきている。思春期、青年期をある程度の「守り」のなかで通過し、真の世界観をつくるための仕事は四十歳以後に取っておかれるのである。

ところが、何らかの事情で「守り」の薄かった人や、極めて感受性の鋭敏な人にとっては、本来ならば人生の後半になすべき課題が思春期や青年期にのしかかってくる。それが特に思春期に襲ってくるときは、本人にとってそれを言語化することは、ほとんど不可能であろう。ただ感じられることは「無」からの強烈な呼びかけと、言葉で言うことのできぬ重苦しさ、だけであろう。

自殺する子どもの表面的行動を見る限り、「衝動的」だったり「簡単に」と思われたりするかも知れない。そして、筆者の述べてきたことも勝手な推察をして、と非難されるかも知れない。しかし、筆者は自殺未遂に終った子どもや、死のう死のうとする子どもたちに接した経験を通して、このように考えざるを得ないのである。彼らは大人のわれわれの生き方の根本をつくるために文字通り命を賭けているのである。

障害児と「共にいる」こと

一　愛育の子どもたちとの出会い

愛育養護学校の教育の状況をビデオで見せていただいた。その後の座談会でも語られているように[1]、それは深い感銘を与えるものであった。現代社会のなかで、このような「教育」が行われていることは、実に高い意義をもっているように思われた。そのことについて、以下に述べてみたいと思う。

障害児の教育には多くの困難が伴う。子どもたちがすでにもっている何らかの障害によって、困難が生じてくるのである。目の見えない子、耳のきこえない子、歩けない子、それぞれが何らかの障害をもっており、なかには多くの障害を重ねてもっている子もいる。それらの子どもたちに対して、障害を何らかの方法で克服する道が考えられ、教育がなされる。

たとえば、目の不自由な子に対しては、ことばを教え、点字を教え、そうしてだんだんと知識を増やしてゆく。耳のきこえない子には手話を教えてゆく。そこにもちろん困難はあるけれども、しだいに進歩してゆくさまを見ることができるし、本人たちもその過程で少しずつ、自分の進む方向を見出してゆくであろう。このようなとき、教師としても教育のし甲斐を感じると思われる。自分の努力によって、一人の子どもが障害を乗り越えてゆくさまを目のあたりにすることができるからである。

ところで、愛育養護学校に来ているような子どもたちに対する教育はどうなるのだろうか。教頭の岩崎禎子先生によると、そのハンディキャップの程度は、「ことばの出ていない子がほとんどです。中程度の子が五、六人いて、あとは重度と考えていいのではないでしょうか」ということである。何かを「教える」ことが、この子たちにとってそれほど容易でないことは誰しも感じるところであろう。そして何かを教えることで「進歩」があるとしても、それは一般的な見方によれば、相当に遅々としたものであろう。こうしたときに、われわれはいったい何をどのように教えたらいいのだろうか。

障害の重い子に対する教育について考えはじめると、教育の本質について考えざるを得なくなってくる。こうした子どもたちに何かを教えても、「進歩」は望めないのではないかという声もあろうが、それでは「進歩」の早い子どもの場合はどうなのか。ある子どもの例をとると、彼は極端に「進歩」が早かった。勉強は何でもできて、中学も高校も「一流校」に進み、両親の自慢の種であった。そして、「一流大学」に楽々と入学した。ところが、大学に入学して下宿したとたん、彼は何もできなくなってしまった。誰もこれまでのように「勉強するべきこと」を指示してくれない。その上、彼は母親の作ってくれた料理以外のものが食べられなかった。まったく新しい環境のなかでなすすべもなく重症の拒食症となり、結局、心配した親が訪ねて行ったときにはもう救いようがなく、彼は死んでいった。

こんなとき、この青年を責めるのは酷であろう。両親や学校は、どのような「教育」をこの青年にしてきたのかを考えてみる必要がある。死ぬまでは、彼こそ教育の模範的成果と思われていたのではなかろうか。両親や学校の考える「教育」とは、大人たちがすでにもっている知識をできるだけたくさん記憶し、できるだけ効率よく再生可能にすることであろう。彼は「与えられた課題」には素早く反応するが、自ら課題を見つけ出したり、臨機応変に事態の変化に対処するすべなどは、何も学んでこなかったのである。

これはもちろん極端な例だが、しかし、現代日本の教育について考えさせるのには、ぴったりの例である。われわれは現代の教育が知識を教えこむことに性急にすぎて、人間を育てることを忘れているのではないかと、この例からも反省させられる。「教育」の「教」に重点がおかれすぎて、「育」がなおざりにされているのである。「教える」ことによって、子どもがどんどん「進歩」するとして、その行きつく先は何なのか。そう考えると、別に「進歩」とやらをしなくとも、自分の人生を真に自分のものとして生きる人間に「育つ」ことの意義の深さが感じられてくる。

障害児の場合も、もちろん「教」も「育」も共に大切であり、「進歩」ということも考えねばならない。しかし、小手先だけの「進歩」という考え方が通用しないことが明らかなだけに、「育」の意味がよく見えてくるのである。障害児教育の場合、「教」と「育」とはあまりにも強くからみ合っていて、どちらか一方だけということはできない。しかし、現代の日本人はどうしても「教」にとらわれすぎていて、障害児に対しても、ややもすると「教」に傾きすぎたことを強行しようとしたり、それができないときには、障害児の「教育」は不可能であるとか、面白くないとか言ったりする。

愛育養護学校は、その名の示すとおり、他の学校に比べて「育」に根ざした教育を実践する姿勢がしっかりとできあがっている。しかし、そういうことがわからない人が見ると、「これが学校ですか」ということになりかねないのである。

「育てる」ということには、もちろん食物や休息など生理的なレベルの問題も大切であるが、この際、それは一応家庭で行われることとして(そうでないときは、これらについても考えねばならなくなるが)、「心を育てる」ということになると、むしろ「育つ」ということ、子どもたちの自ら育つ力を中心におくべきであると思う。子どもたちの自ら育つ力に頼るためには、われわれは何をすればよいのだろう。そこに、子どもたちと「共にいる」という課題が浮かびあがってくる。

二 「共にいる」ことの意味

体験してみないとわかりにくいことではあるが、子どもたち(実は大人もそうなのだが)は、誰かが彼らと共にいる、それもただ何もせずにいるだけで(つまり、下手な邪魔をしないでいると)、思いがけない能力を出してくるものなのである。

「希望を失わずに、傍にいること」は、心理療法の根本ではないか、と筆者は考えている。多くの遊戯療法で、根本的にはこのような治療者の態度に支えられ、子どもたちは自らの力で立ち直ってゆくのである。

そのように言っても、子どもが危険なことをしようとするときにはどうなるのか。確かにそれに対しては充分に配慮しなくてはならない。「共にいる」ことのひとつの機能として、危険防止は大切である。しかし、「危険」ということにびくびくしすぎると、子どもの自発性を奪ってしまうことになる。共にいる大人自身の不安が高いときには、ちょっとした危険性に対してもすぐに反応してしまう。ところが、大人の許容度の高いときには、子どもの自主性が出て来やすいのである。前述の座談会にも出てくるが、たとえば「火を燃やす」などという行為に対してさえ、じっと見守っていると、子どもたちに面白い変化が生じてくる。

この際、いわゆる「腹をきめる」態度が大切である。「よし最後までつき合うぞ」と思っているのと、「危なくないかな、もうやめてくれないかな」と思っているのとでは、結果はまったく異なってくる。大人の方が不安定な気持でいると、それを感じとった子どもはますます不安定になって、そこでしていること――たとえば火を燃やすこと――を本当に「体験」できないので、ますます行動がエスカレートしたり、パニックになったりして、ついには大人が子どもを拘束せざるをえないようなことになり、逆効果になる。

「共にいる」とは、文字どおり子どもの傍にいるのだが、これも自分が本当に「共にいる」のかどうかを考えはじめるとむずかしくなってくる。子どもの傍にいながら、「三時になって子どもが帰ったら、あの本を読もう」などと他のことを考えていたら、それは「共にいる」ことにならないであろう。

死を迎えるホスピスにいる重症の患者さんが、体温やその日の様子を訊きに部屋にはいってくる看護婦には、「体だけがはいってくる人」と、「体も心もはいってくる人」とあるのがよくわかると言われた、という。(2) 体は部屋にはいってきても、心はどこかに行っている、あるいは死んでゆく人の傍に「共にいる」ことができない心がある、ということは、患者の立場からすると、すぐにピタリとわかるのである。これは、子どもたちの場合もまったく同様である。彼らは非常によく知っている。

次に、心も体も「共にいる」として、それは、どの程度の「共にいる」かという問題が生じてくる。たとえば子どもが何かのことで悲しく感じている場合、こちらもその悲しさを共に感じているときと、そうでないときとでは、「共にいる」ことの度合いは異なってくる。しかし、子どもの悲しさと「同じように」悲しんだとしたら、子どもは不安になるのではなかろうか。子どもは悲しさを共有してほしいだろうけれど、こちらも「同じように」なっては支えを失うように感じないだろうか。また大人の方としても不安に感じ出すかもしれない。このあたりのことは大変むずかしいことだから、もう一度後に論じることにしよう。

子どもと「同じように」悲しむかどうかはともかくとして、「この子はよく泣く子だ」とか、「弱い子だ」という判断を下して見ていると、子どもはその大人とは「切れている」と感じてしまう。もっと極端に言えば、「見棄てられた」と感じるかもしれない。大人が傍にいても、「客観的観察の対象」として子どもを見ているのでは、子どもは自主的に動くとか、自ら育つ力を発動させることができなくなってしまう。大人の冷たい目が、子どもを化石のようにしてしまうだろう。

「共にいる」ことの次の大きい問題として、子どもが悲しんでいるときにどうすればよいかなどということではなく、そもそも子どもが何を考え何を感じているかわからないときにどうするのか、ということがある。たとえばストローにさわってばかりいる子の場合、あの子は何を感じ何を考えているのか。それはなかなかわからない。わからないときは、まず「何もわかっていない」という自覚が必要である。そして、わかりたいという気持、せめて心がつながっていたいという気持をもってそこにいることが大切であろう。そのようにしているうちに、心が通じたと思ったり、子どもが自分の存在を認めてくれているようだと感じたりする時が来る。そうしたら、その感じを続けてゆくのである。

「何もわかっていない」という自覚は、相手に対する畏敬の念を生ぜしめる。このような態度によって、大人は「教える人」と「教えられる人」という上下関係的な関係の把握の仕方を超えてゆくことができる。そしてこのことをもっと推しすすめてゆくと、泣いている子の傍にいて、「悲しいのだろう」と感じたとしても、果してそれは「わかっている」のだろうかという反省をもたらすのである。その子がそのときに体験している感情Xは、おそらく簡単には言語化し難いものであろう。それをごく大まかな分類にいれるとすると「悲しい」ということになるのだろう。従って、その子が悲しんでいるのだろうと考えるのは間違いではないにしても、その子のことが「わかっている」などと言えるものでもない。

愛育養護学校の子どもたちに会うことが、教育の本質について考えさせられることになるというのは、このようなことのためである。教師は普通の学校で普通の先生をし、普通の反省力をもって生きている限り、自分は教育者として子どもを「教育」していると思っていられる。しかし、愛育養護学校にいるような子どもに会って少し考えはじめると、果して自分のしていることは「教育」なのか、自分は子どもたちを「理解している」のか、などと考え直さざるを得ないのである。そして、自らに対するそのような疑問を失ってしまった人は、本当の教育者と言えないのではなかろうか。

話が横道にそれたが、「共にいる」ことにはこのようにいろいろな次元があり、多くのことを考えさせるものである。もう一度この問題に戻って、考えるべきことは、一対一関係ではなく、学校のように多くの教師と多くの子どもがいる場合、「共にいる」ことはいったいどうなるのか、ということである。自分は教師として一人の子どもだけを相手にするのではなく、すべての子どもと共にいるのだ、などということは、実際にはほとんど不可能であろう。

ある子と「共にいる」関係が成立した、と思っているところへ、他の子がやってきて、「先生！」と呼びかけてきたときにどうするのか。その子に応じると、前の子との関係は切れるだろう。さりとて、前の子との関係を保つために、せっかくの「先生！」という呼びかけを無視すると、その子は失望するだろう。それではいったいどうすればいいのだ、ということになる。

三 「教える者」と「教えられる者」

先にあげたようなジレンマに陥ることは、ときに生じてくる。そのときわれわれにできることは、どちらかを選ぶより仕方がないが、そのことによって生じる事態をよく認識しておくことである。もちろん、先生が非常にベテランの教師で、子どもたちの方もある程度の人間関係をつくる力がある場合には、教師は片方に気を配りつつ、片方には無言のうなずきで応えるということも可能かも知れない。しかし、いつもそうできるとは限らない。「先生！」と言った子に対して、たとえばそれがその子にとってはじめてのことだったりすると、ぜひとも応じなくてはと考えて教師がそれに応じたとき、一方の子がスーッと部屋を出てゆくとする。そのときは、そこで壊さざるを得なかった関係をどこかで後に修復しようと心がけていると、うまくゆくものである。問題はそのような子どもの心の動きに気づかず、今まできげんよくしていた子どもが、「何もないのに、急に冷たい感じで部屋を出て行った。わけのわからない子だ」などと考えてしまうことである。

しかし、考えてみると、ジレンマのなかでどちらかを選ばなくてはならぬことは、人生でよく生じることである。また、思いがけないことによって、心が傷つけられることもある。こんなことを全部ひっくるめて人間は「生きる」ことをしているのだ。障害児と「共に生きる」ということになると、傷をつけられたり傷をつけたりに、それほどやたらに反省したり、むきになってみたりしてもどうにもならない、とも感じられてくる。

大江健三郎の『人生の親戚』(3)のなかに、不治の病いと闘いつつ作品を残したアメリカの女流作家フラナリー・オコナーのことばとして、「現実での過程をとばして、安易にニセの無垢《イノセンス》に戻ることが、センチメンタリティだ」という趣旨のことが述べられていた。現実に生きるということは大変なことである。それをすっとばして、安易に障害児と共にいる、と感じたり、障害児の成長に役立っている、などと感じたりするのを、センチメンタリティと言っていいと思うが、共に生きる次元にまでなってくると、センチメンタリティとは無関係になるようである。

座談会で野村庄吾さんが言っているように、愛育養護学校の先生方は、あまり子どもをほめない。これは前述のことと関係があると思われる。安易に「目標」をつくったり、安易に自分は障害児のために何かをしていると思ったりしている人は、やたらに「頑張れ」と言ってみたり、やたらにほめたりするのではなかろうか。毎日の「現実での過程」を踏みしめていると、そんなに安易になれるはずがないのである。

あちらも生きているし、こちらも生きている、ということになってくると、生きている自分自身が問題となってくるだろう。「共にいる」などと言って、自分は果してどれだけの存在感をもってそこにいるのか、を考えねばならなくなる。このことは、自分自身をよく「見る」必要を生ぜしめてくる。

自分を見つめること、つまり、自分を「対象化」する力がなければ、教育はできない。ここに言う「対象化」は自然科学における態度とは異なり、見る主体も見られる客体も自分自身なのである。どれほど感情の嵐にまきこまれていようと、自分自身を見る「目」を完全には失ってしまわないことが、人間が自分の統合性を保つためには必要なのである。そして、その「目」の厳しさの度合によって、その人の成熟の度合も異なってくるであろう。

子どもと共にいるとき、「対象化」してはだめであると先に述べた。しかし、それは子どもと自分とをまったく切断してしまっている場合のことであり、自分自身を対象化するような「目」で子どもを見ることは必要である。このような「目」を失ってしまうと、センチメンタリティが強くなったり、子どもの不安を増加させることになる。

すでに述べたように、子どもが悲しんでいるとき、それと「同じように」悲しむのがいいのかという問題に対しては、自分自身を対象化する「目」を失っていないかぎり、それは有意味である、というべきであろう。そのような「目」をもっているという点では、子どもと「同じよう」ではない、と言っていいかもしれない。このことがわからないために、障害児に単純に同情したり、やたらに「子どものために」努力したりしても、自分が疲れるだけであまり意味のない結果になってしまっている場合がある。

自分自身を見る「目」に自信がないと、どうしても自分を他との比較によって見ることになる。たとえば自分が何かをできないなりに努力してやっているとき、自分としてはこのあたりかな、とか、自分としてはよくやっている、とか、いろいろな見方があろう。そのときに、他人との比較にのみ走ってしまうと足もとをすくわれてしまう。最初に一流大学に入学して拒食死した青年の例をあげたが、彼にとっての自己評価は、おそらく常に他人との比較の上で行われていて、自分が自分をどうみるか、ということは一切なかったのであろう。受験勉強の間に行われる試験の結果が、常に彼にとっての「自分の位置」を確かめる尺度であったのだ。そのような支えをなくしてしまったとき、彼は生きてゆくことができなかった。

障害児の子どもと接していると、自分が生きている支えがどこにあるのかを深刻に問われることになる。他との比較を安易に行うと、何のために生きているのか、などということになりかねないことになる。自分が何をしたか、何ができるか、などとはあまり関係なく、自分が生きている、存在している、という実感をもつことが大切となる。そのような存在感をもって、子どもと共にいる、ということが、障害児の教育の根本にあるのではなかろうか。

ここに述べたことは、ある時点において「達成」される類のことではなく、常にそれに向かってゆく過程を大切にするものであり、そのような過程を歩む上において、逆に、障害児たちは大人を「教育」してくれているとも考えられる。「教える者」と「教えられる者」との互換性が高い関係においてこそ、真の意味で「共にいる」ということが言えるのであろう。

注

（1）「実践を批評する」、『シリーズ　授業10　障害児教育』岩波書店、一九九一年、所収。

（2）淀川キリスト教病院副院長、柏木哲夫氏との対話中に、教えられたこと。

（3）大江健三郎『人生の親戚』新潮社、一九八九年。

ひろがる「授業」の世界

授業——教育の原点

京都大学の数学科を卒業したとき、一生、高校の教師をすることが私の念願であった。「大学の先生みたいなアホなものには、絶対ならん」などと豪語して、喜び勇んで高校の教師になった。しかし、こと志と違って大学の先生になってしまったが、教育現場で活躍している先生方には親近感が強く、今日に及ぶまで、現場の先生方との接触を保ってきたし、京都大学の教育学部には、「臨床教育学」という新しい講座を設立するほどになった。

そんなわけで、東京大学教育学部の稲垣忠彦先生から「授業」の研究会をしようと誘われたときは、大喜びで参加させていただくことになった。それに、研究会メンバーの顔触れを知って、ますます嬉しくなった。稲垣氏に加えて、詩人の谷川俊太郎さん、演劇の竹内敏晴さん、認知心理学の佐伯胖さん、授業研究の佐藤学さん、発達心理学の野村庄吾さん、それに、現場で授業の実践に力をつくして来られた、前島正俊、牛山栄世、石井順治さんたちも加わっての討論というのだから、心をわくわくさせて参加した。

教育の原点とも言うべき「授業」をめぐって、これだけ専門の異なるものが現場の先生方も共に自由に話し合うなどということはかつてなかったのではなかろうか。ともかく、われわれはまったく理屈抜きに、実際の授業が行われている場面を撮影したビデオを見て、思いつくままに話し合うということから始めた。結局このような作業のなかから、今度、岩波書店から発刊された、『シリーズ 授業』が生まれてきたのであるが、このような形態になるまでに、われわれは何本かのビデオを見て検討を繰り返した。

専門の異なる人の発言は、自分のまったく気がつかなかったことを指摘し、はっと気づかせてくれる、という点で実に得難いものである。あるとき、長野県のある先生の授業で、山羊を学級内で育て、そのことを中心にあらゆる学習が展開してゆく、というユニークなものをビデオで見せてもらった。子どもたちは山羊に名前をつけてかわいがっているが、昔も村では山羊を飼っていたことを知って、調べにゆく。祖母に聞くと、祖母が子どもだったとき飼っていた山羊が売られてゆき、それを涙ながらに見送った話などをしてくれる。そのことがクラスで発表されたとき、子どもたちは色めきたった。山羊を売りとばすのはけしからんと言うのだ。全員が次々と発言し、「かわいい山羊を売るなんて許せない」とある子が発言したとき、生徒たちの怒りと興奮は頂点に達した。

先生は静かに、「皆は山羊がかわいそうということを言ってくれたけれど、山羊が売られてゆくのを見て泣いていた、その子はどんなこと思っていただろうね」と問いかけられた。子どもたちの視点が、山羊から少女——祖母の少女時代——に移行した。しばらく沈黙があった。一人の子がつまりつまり言った。「山羊もかわいそうだけれど、山羊を売らないと生きてゆけない。」

先ほどの元気さと打って変って、生徒たちが言葉を探し探ししながら、山羊をペットとしてではなく、家畜として飼わねばならない人間の暮らし、生き方というものを反省しつつ話をする。これを見て、私は深く心を打たれた。そして、さりげなく子どもたちの視点の移動をうながされた先生の素晴らしさに、感心してしまった。

このとき、竹内敏晴さんが、前半の子どもたちが全員で元気よく発言していたときは、「声が頭から出ていたでしょう」、それに対して考え考え言葉をつまらせながら発言していたとき、子どもの「声は腹から出ていたでしょう」と言われた。これには私は驚嘆した。そう言われればまさにそのとおり、ぴったりと感じられるのである。

この授業で、後半の展開や竹内さんの発言がなかったら、前半を見るだけで、私は「全生徒がしっかりと意見を発表して、活発な授業ですね」などと言ったのではないか、と考えた。「活発」とか「しっかり意見を発表」などということを、「よい授業」という固定観念を固める素材として安易に使っていないかと反省させられた。後半での子どもたちは、決して「活発」ではなかったし、「明確な意見」を発表しているわけでもなかった。しかし、その声は彼らの「腹から出ている」のである。

授業――個性発見の場

「障害児教育」についての討論では、愛育養護学校の授業のビデオを見た。子どもひとりひとりの個性が尊重される、という点で、これだけ徹底した学校はおそらく他にないだろう。子どものひとりひとりの動きに、その子の個性が輝いて見えるのだ。「授業」とは何かを「教えこむ場」であると捉えている人にとっては、おそらく、「こんなのが授業ですか」と言いたくなることだろう。しかし、生徒たちはビデオで見る限り、的確に「学習」している。各人が自分の人生を生きるのに必要な課題をマスターする――それも自分の個性とのからみのなかで――のである。

ビデオを見てすっかり興奮したわれわれは――何とよくしゃべる人が多いグループであろうか――つぎつぎと感想をのべた。私も調子よく話しながら、現場の教師である牛山さんがずっと沈黙しておられることが気になりだした。「先生方は、個性とか何とか調子のよいことを言っておられるが、現場では教科をどれだけ正しく早く教えるかが大切なのです」などと言い出されるのではないか、と危惧していたのである。

司会役の稲垣さんにうながされて牛山さんがやっと発言した。「現場のわれわれが「理想」と思っていることを、当り前の現実としてやっておられるから、凄く感激した」というような発言を聴きながら、「あっ、この人の声は腹から出ているな」と思った。

このときになって牛山さんの沈黙の意味がわかってきた。おそらく彼は愛育養護学校の授業を見ながら、自分のこれまでにしてきた授業と照らし合わせ、今後、自分はどのような授業をしてゆくかと考えておられたのであろう。個性を見出そうとする授業を見ることによって、教師の側も自分の個性を打ち出す方法を考えさせられる。「正しい」、「おきまり」の授業があるのではなく、ひとつの授業が新たな個性発見の場の環をひろげてゆくのである。これが「授業」を研究することの面白さではなかろうか。

算数の分数の引き算の授業も面白かった。このときは日頃から尊敬している銀林浩先生も出席されて嬉しかった。分数の引き算をやらせると、生徒たちが見事に(!)こちらの思ってもみない誤りをしてくれる。ところが、先生は「間違い!」と言ってすぐに正しい答を与えたりしない。考えてみると、生徒たちの誤りには「なるほどな」と思わされるところがあるのだ。先生はその「なるほど」に寄り添いながら、子どもと一緒に考えを確かめながら、正しい方向を模索してゆかれる。

これを見ていて、子どもたちが「正しい答」を与えられ、それを記憶しようとするのではなく、正しい考え方の筋道を発見してゆこうとする、それを楽しんでいる様子がわかって、凄いなと思った。

このような経験を重ねていくうちに、参加した人々の多彩さも反映して、「授業」というものの面白さを新たに思い知らされたのである。それは思いのほかの多重構造をもっている。単に知識が伝達されているだけのように見えるときでも、その背後ではさまざまのドラマが進行しているのである。『シリーズ　授業』がそのような面白さを伝え、現場の先生方の個性発見への刺戟剤になればありがたいと思っている。

生活科と動物

一　教育における「生活」

小学校の教科として「生活科」が導入されることになった。生活というのは、人間が日々生きていく上での営みを総称している言葉である。とすると、学校などというものができる以前には、子どもたちはまさに「生活」のなかにいるわけで、毎日が「生活科」の学習に満ちていたというべきであろう。したがって、生活科がそれほど大切なら、学校制度などはやめてしまうといいのだが、そうではなく、学校においての「生活科」を設定しなくてはならなくなった。ここには大きい矛盾がある、と言ってもいい。

矛盾があるからナンセンスだ、などというのは非常に単純な考え方である。人間存在は多くの矛盾を内包している。その矛盾を否定するよりは、矛盾の意味を深くさぐってゆく方が、人生に実りが多いように思われる。たとえば、生活は家庭、勉強は学校と割切ってしまえば、そこには矛盾はない。しかし、それを現在の日本でほんとうに実行することは、はたして可能であろうか。学校の教師たちはその方が楽だから、そうしたいという人もあろうが、親たちは賛成するだろうか。

ある校長先生に聞いた話である。ＰＴＡの有力者が真顔で、「先生、勉強の方は家で十分にやらしていますので、しつけの方を学校でして下さい。よろしくお願いします」と言ったそうである。校長先生はあきれてしまったと言われたが、これも、勉強は家庭、生活は学校、と割切って矛盾がない、と言えば、まさに矛盾がないのである。

しかし、この話を聞いて思ったことは、現代では、学校も家庭も勉強を教えることには自信があるが——と言っても家庭は塾を利用するのだろうけれど——「生活」に関しては、どちらも敬遠気味だ、ということである。そして、このような状況であるからこそ、小学校に「生活科」を取り入れようなどということが、真剣に考えられるようになったのではないだろうか。

人間存在は矛盾を内包していると言った。人間は自然の一部でありながら、自然に反するような傾向をもっている。近代になって、人間は自然科学を利用した技術を急激に発展させることによって生活を豊かなものにしてきたが、その行き過ぎが目にあまるようになってくると、それが真の意味で生活を「豊か」にするものであるかどうかに疑いをもつようになった。自然を自分の思うように支配する、という考えよりも、自然のなかに生きる、という考えの価値をもう一度見直そうとする態度が望まれるようになってきた。

このような考え方の変化は、人間は自然を支配するために多くの知識を身につけねばならない、というだけでなく、自然のなかに生きるということ、あるいは他の人々や生物と共に生きるということを可能にするような「生き方」を身につけることが必要であるとの認識をもたらすことになった。これまでは、知識を身につけることが大切なので、「学校」という囲みのなかで守られながら、大人になるまではそれを効果的に行うことを目標としていたのだが、学校教育のみならず、家庭教育までが知識偏重の方に引き寄せられすぎたので、それをもう少し均衡のとれた姿に戻すために生活科が生まれてきた、と考えられる。

文部省の一九八九年の新しい学習指導要領によると、生活科の目標を示す文章のなかに、「遊び」という言葉が二回も出てくる。これはまったく画期的なことである。「教科」の目標として「遊び」が出てくることなど、今まで誰が想像したことだろう。昔から「よく遊び、よく学べ」という言葉はあったが、そのように並列するのではなく、学びのなかに遊びが、遊びのなかに学びがある、と考えられているのである。

ここで心配になってくるのは、マジメな先生が、「皆さん、しっかり勉強しましょう」というのと同じ調子で「皆さん、しっかり遊びましょう」と手取り足取り「遊び方の指導」をしたり、「正しい遊び方」を教えようとするのではないか、ということである。遊びの一番素晴らしいことは、そこに人間の精神の自由、ということが存在するところである。

自由を真に味わうためには、規律がなくてはならない。これも人間存在にかかわるパラドックスかも知れない。遊びにもルールがつきものである。したがって遊びの意味を知るためには規律を守ることが必要になってくる。生活科においては、生活上必要な習慣を身につけるための「しつけ」ということも大切だが、ただ、しつけることのみを目標にすると、本来的なねらいからはずれてくる。しつけは必要であるし、厳しくしなくてはならぬが、その背後に遊びの精神が存在することを忘れてしまうと、昔の「修身」に逆戻りしてしまうだろう。

二　子どもと動物

人間が生きることに、動物がいろいろとかかわってくる。食糧として、労働力として、それに愛玩用として。それらに対して野生の動物がいて、それらは時に人間に危害を加えたりもする。動物ぬきで人間の生活は考えられない。動物に囲まれて生きているのが人間だが、そのかかわり方はいろいろである。好きとか嫌いとか、無関心というのもある。しかし一般的に言って、子どもは動物が好きだと言ってよいだろう。好きというよりは、一体感のようなものさえ感じるらしい。

子どもたちの立場に立って考えるとわかりやすい。彼らにとって両親、特に母親は自分の存在の基礎と言っていいくらいのものであろう。自分を無条件に受け容れてもらう、という体験は人間が成長してゆくための土台である。しかし一方で、人間は成長を続けてゆくためにはそこから離れてゆかねばならない。実際、子どもたちにとって、小学生くらいの年齢になると、母親は両価的《アンビバレント》な対象になってくる。いつまでも傍にいたいという気持と、その反面、うるさいので敬遠したい気持と、その両方を味わっている。多くの母親は子どもに「命令」を下す。子どもたちにすれば、ただ黙って自分と一緒にいてくれるのが一番いいと思っている人に、口うるさく言われるのはたまらないことだろう。

動物は子どもに「命令」を下さない。これはすごいことだ。子どもたちの好きなだけ、ずっと一緒にいてくれる。それに動物を抱いたり、さわったりしてスキンシップを楽しむこともできる。

学校へ行かない子が最近増加してきて問題視されている。不登校にはいろいろ要因があって簡単には論じられないが、そのなかで、本人は学校へ行きたいと思っているのだがどうしても行けないという類の子どもたちは、動物との関係をもつことが多い。動物たちとの関係によって、心が癒される子もたくさんいる。不登校の子どもたちは、動物が黙って一緒にいてくれることによって癒されるのである。

ところが、すでに述べたように、母親に対して両価的な心情を強くもっている子は、動物に対して優しくばかりはしていられない。やたらにかわいがるかと思うと、急に虐待したりする。動物がある意味では自分自身の分身になっているときもあり、自分を徹底的に否定したい気持が、そうさせるのだ、と言いたいときもある。自分の心のなかの葛藤を犬や猫などにぶつけても、動物の方はそれでも飼主になついていて、虐待されながらも関係を切らずにいてくれる。そのようなことが癒しに通じるのであろう。

しかし、時には悲劇的なこともあって、虐待が過ぎて殺してしまうようなことさえある。このようなときは回復が非常に難しい。あるいは、不登校の子が犬や猫を飼いたいと言っても、「学校にも行っていないのに勝手なことを言うな」と親が許さないこともある。もっと極端なときは、子どもが友人に鳩をもらってきて飼おうとすると、親が「うるさいから」と言って、子どものいない間に逃がしてしまうようなこともあった。しかし、考えてみると、このような動物をめぐる親子の争いのなかに、その親子関係の本質が露呈されてくる、とも思えるわけで、それをめぐってのやりとりが、結局のところ親子関係の改善や、本人の成長へとつながってくる、とも言えるのである。

「家には犬が必要」と主張する子ども、「犬は不要」と主張する親。そのときに、「犬」というところに、何か他の文字、「暖かさ」とか、時には「愛」とか、を入れかえてみると、その親子の争いの意味が見えてくるように思えるときがある。いのちあるもの、というのは不思議な存在である。それは実に多様な「意味」を背負っているし、その意味も人により時により変化するものなのである。そして、それが「いのち」を持っているために、思いがけない現象を引き起こすのである。

子どもと動物との印象的な関係の例は、すでに他に論じたので(拙著『子どもの宇宙』岩波書店、一九八七年。本著作集第六巻所収)、省略するが、それだけで一冊の書物を書くことができるほどたくさんある。教師は、動物が子どもにとってどれほど大切なものであるかを、よく知っている必要がある。さもないと、善意や教育的意図で行なったことが、知らぬ間に子どもに深い心の傷を与えたりするものである。

三　教材としての動物

生活科の目標のなかには、「自分と身近な動物や植物などの自然とのかかわりに関心をもち」とか、「動植物を育てたり」というような表現が認められる。このようなこともあって、生活科の教材として動物が利用されることは多くなると思う。そのことは非常にいいことであるが、よほど注意深く行わないと、大きい失敗を犯すことになるだろう。

生活科に限らず、動物が教材として用いられることは多い。理科の時間には観察の対象になる。飼うだけではなく、蝶の採集をしたり、蛙の解剖をしたり、ということもあろう。この際は、「教材」としての動物の意味は明確で、あまり問題はないであろう。しかし、生活科として、たとえばヤギを飼ったり、チャボを飼ったりするときは、難しい問題がはいりこんでくる、と思われる。

人間はその「生活」のなかで、動物や植物に対して、ずいぶんと異なるかかわり方をしている。人間と動植物との関係をどう考えるかは、その人の人生観・世界観にもかかわってくることである。クジラを捕るということについて、非常に感情的な反発を示す人たちが多くいる、ということは周知のことである。文化により社会によっても、かかわり方は非常に異なってくるのである。菜食主義を貫いている人たちもいる。このようなことを少し考えてみるだけで、生活科で動物を飼うことの難しさが了解されるであろう。子どもたちひとりひとり、受けとめ方が異なってくるのである。

難しいからと言って、それを中止せよとか、避けろとか言うのではない。難しいだけに、それは人間の「生活」を体験し、深く考える上で非常に意義深いことも事実なのである。動物を飼うことが、どれほど広範な「学習」につながってゆくかは測りしれぬものがある。それは国語にも算数にも社会にもつながってくる。

「生活」という面で言えば、自由には規律が伴うことなど、動物を飼っていると自然に体得されるはずである。『シリーズ 授業6 生活科』の座談会にも述べられているように、子どもたちはまったく自己中心的な方法で動物を「かわいがろう」とする。しかし、そのうちにそんなのは本当にかわいがっているのではなく、動物に喜んでもらうためには、それ相応のルールがあることがわかってくる。動物は「黙って傍にいる」と述べたが、動物の存在そのものが、ルールの重要性ということを無言のうちに教えてくれるのである。

動物は世話をしないと死んでしまう。あるいは、非常に不愉快な状態に追いこまれてしまう。食事の用意はどうするのか。ひとつひとつ具体的に「工夫」を要するのである。ただ、えさを小屋のなかに放りこんでいるだけではだめなのだ。工夫がいる。努力がいる。「いのちを大切にしましょう」とか、「愛は大切です」というお題目を唱えるよりも、ひとつひとつの細部のことに心を配ってゆくことによってこそ、体感として、「いのち」や「愛」を知ることになるのではなかろうか。

そのような心をこめた接触があるからこそ、子どもたちはヤギの「メリーちゃん」に会いにゆくだけで心がなごむのである。顔を見ているだけで心がおさまってくる。こうなってくると、メリーちゃんを「教材」と考えていいのかというきわめて難しい問題が生じてくるのである。「材料」とは、人間が使いこなす対象に対していう言葉である。子どもたちは、メリーちゃんを「使いこなして」などいない。むしろ、メリーちゃんの方が子どもの心の中心に存在していて、それをめぐって子どもたちの生活がある、と言ってもいいぐらいではなかろうか。

先にも述べたように、近代になって、自然科学を基礎とする技術が急激に発展し、人間は自然を相当に「支配」できることを知った。この方法があまりにも有効なので、何に対しても、時には人間に対してまで、これを用いようとした。それはそれで絶対的に悪いことではなく、多くの益もそれによってもたらされている。教育技術の開発などというときにはその考えが用いられており、多くの成果をあげているのは周知のとおりである。こうした意味で「技術」という場合、技術の使用者と被使用物(者)との間に、深い関係がないことが前提とされている。対象との間に明確な切断があるからこそ、客観的に正しい方法が使用できるのだ。

動物も植物も教育技術の対象になりうる。一匹のヤギも、観察の対象になるし、必要とあれば解剖もできるであろう。解剖までしなくとも、食糧がどのくらい必要か、体重はどのように増加するか、運動量はなどと、ヤギについて「研究」することは可能である。このようにして、多くの「学習」ができるのだが、子どもたちは、まったく思いがけない方向に動き出す。子どもたちにとって一番大切なのは、「ヤギという教材」ではなく、「メリーちゃんとの関係」なのである。

そのような「関係」は、人間と人間との間でこそもっと体験すべきことだったかもしれない。しかし、多くの子どもは、自分が今まで体験しなかったような「関係」をそこに体験し、それを自分の生活の中心とさえ感じはじめたのではないだろうか。これはすべての子どもがそうだというわけではない。心の中心はもっと他のところにあるかもしれない。しかし、メリーちゃんという、いのちあるものとの関係性が強くなるとき、それは教育技術における「教材」の範囲を、はるかにこえてしまう。

従来からの「学習」にこだわり、科学的に教育をしたい人なら、ヤギなどを飼うのをやめるか、ヤギと子どもとの「関係」が生じないように教師が努力すべきか、ということになる。しかし、人間が「生活」することを学習するというのなら、ことは簡単にゆかないのである。人間は「関係性」のないところで生きてゆくことはできない。はじめに述べたように、「生活科」というもののもつジレンマは、動物を飼うことのなかに、集約的に示されているとさえ感じられるのである。

四　いのちあるもの

いのちあるもの、というのはまったく不思議なものである。まず、自分のいのちということについて考えると、自分が自分の意志とまったく無関係に生まれてきて、そして、死んでゆく。そして、その「いのち」をながらえるためには、他の「いのち」を犠牲にしなくてはならない。いのちを大切になどと言っても、植物にも生命があることを考えるなら、毎日毎日、いのちを食い荒して生きていることをどう考えるのか、ということになる。

ここで極端に割切った言い方をするならば、「いのちを大切に」というような表《おもて》の道徳は「学校」で習い、「殺さないと食っていけない」というような、「生活の知恵」は学校の外で習う、というようなことを、今まではやってきたのではなかろうか。ところが、学校外教育が弱体化してきたことと、すでに述べたように、対象化の論理が強くなりすぎる弊害が生じてきたために、生活科がそれらの葛藤をもろに背負いこむことになったのである。

このようなことが明らかになってくると、教師として、「いのちあるもの」を何であれ生活科のなかに導入してくるときには、それ相応の覚悟と見とおしをもたねばならない、ということになる。ウサギを飼うなら、繁殖したウサギをどう取り扱うか、それはいかにして教育的でありうるか、について事前によくよく考えておかねばならない。ヤギを飼うのなら、ヤギといついかにして別れるかについて、よく考えておかねばならない。

実のところ、「考えておく」というのは、少し言いすぎである。というのは、いのちあるものとの真の関係が成立するとき、人間の考えだけではどうにもならないことが生じるからである。「考える」とするならば、子どもたちを信頼し、ヤギを信頼し、自分も「いのちのある限り」それと共に歩もうと考えておくぐらいのことであろうか。

　前述の座談会で、石井順治先生が、一人の子どもが犬を拾ってきて内緒で飼いはじめた話をしておられる。その子のことを考えると、援助してやりたい。学級会で話し合う。飼うとなると校長先生とも話し合う必要が出てくる。狂犬病の危険が問題になる。しかしこれらのことのひとつひとつこそが、「生活科」の学習ではないだろうか。一匹の犬のいのちが広がって、一人の子ども、学級の子どもたち、学校、社会へと波紋を投げてゆく、その動きに伴って、子どもたちは多くのことを学ぶのだ。そして、必死に考えることによって解決策を考え出してゆく。

　学校に一番近い子どもたちの家にあずかってもらい、学級全員で世話をする。こうなると、犬は「教材」ではなくなってくる。したがって、卒業に際して、教材を「処分」することができなくなる。この際は石井先生が自分で引きとられたが、もしそれも不可能となればどうすればいいのか。

　答は、子どもたちを信頼し、全員で必死に努力することである。時に悲しい結末に至ることがあるにしろ、本当に全力をつくした後では、どんなに悲しいことであれ人間は受け容れられる。ここで間違ってはならないのは、悲しみをおさえることによっておさめるのではなく、いのちのある限り悲しみを「体験」することによってこそ、それが受け容れられるのである。

　幸いにも、子どもたちは目を未来に向けているので、悲しいことを乗り越えてすぐに新しいことに関心を移してゆくだろう。その点、子どもたちの心は「残酷」とさえ言いたいところもある。理想を言えば、メリーちゃんが子どもたちの「中心」にいるのも、すでに述べたような関係性を具体化したものとして存在していることを考えると、メリーちゃんがいなくなっても、子どもたちの心の中に「関係性」が継続して存在してゆけばよい、とも言えるであろう。教師としては、子どもたちが真に獲得し、その後も持ち続けてゆけるものがあるかどうかに注目すべきである。そのような配慮なしに、「教材」としてメリーちゃんを与え、三年たってそれを処分するだけのことだったら、それは教師の横暴と言ってもいいのではなかろうか。

最後に、座談会でもふれられている、ヤギを飼うことをめぐって子どもたちが行なった「誕生」や「別れ」などのさまざまの儀式について一言いいたい。儀式にはいろいろな意味があるが、人間が別れの悲しみなどの直接体験をすると、自分のいのちが危うくなることがある。そこで、自分のいのちを守りつつ、かつ深い体験をするために、儀式というものが考案されてきた。それは深い体験をうながすということと、いのちを守る、ということの二面性を持っている。儀式が自分を守る方に傾きすぎると、形骸化が生じ無意味になる。皆がワーワー泣いたとしても、泣くことによって真の体験を避けることになるのである。

儀式の形骸化を避けるひとつの方法は、自然に発生してきた心の動きを中核として、儀式をその場で創造することであろう。それはお仕着せのものではなく、子どもたち全員の心のなかに熱い流れが生じたことが認められるようなものになるだろう。教師がもし儀式を演出するとしても、子どもたちの自由な心の動きに敏感になり、創造の一瞬をとらえて真の儀式にすることに、常に心を配っている必要がある。さもなければ、死者との別れに際し、形を整えることによって、できる限り死の現実から遠ざけようとしている葬儀屋の役割を、教師がつとめることになるであろう。これは、真の意味の教育とは程遠いことになってしまうといわねばなるまい。

算数における「納得」

一　数学ぎらい

「数学ぎらい」を自称する人が、他の分野においては才能があり知能も高い人のなかに、わりにいるものである。「数学がきらいなので」文科系の学問をしたとか、「××大学を受験しなかった」などと言う人もある。何しろ、数学という学科は大学受験の際に強いキメ手になるところがあるために、「数学ぎらい」のことは、特に話題になるように感じられる。

筆者も高校の数学教師を三年間勤めたことがあるので、他の教科では優秀な点を取りながら、数学のみはまったくだめな生徒を、何とか数学が理解できるようにしようと、いろいろと苦心した経験がある。そのときに感じたことのひとつに、その生徒たちに共通した特徴として、数学の考えは説明してもらうとそんなものだろうということで反対はできないのだが、「何となく納得がいかない」という感じをもっていることがあげられる。論理の筋道をたどる限り、それは正しいので反対できないのだが、「納得がいかない」ので、自分のものにならず、どこか借りものの感じがして、公式などでもうまく使いこなせないのである。

アナトール・フランスの小説に次のような話がある。主人公の子どもが小学校に入学するが、算数の時間になると困惑してしまうのである。この子は他の教科は何でもよくできるのだが、先生に「一二から四つを引くと後にいくら残るでしょう?」ときかれてもまちがってしまったり、残りは八ときかされても、それが八つの帽子か、八つのハンカチか、それとも八つのリンゴか八つのペン先か、彼女にはわからないので困ってしまうのである。他の子どもたちは「12−4=8」で納得がついてしまうのだが、こんなわけで、その子にとっては、算数というものはおよそ「納得がいかない」感じを抱かされてしまうものなのである。

あるいは、分析心理学者のユングは、自伝のなかで数学がわからなかった体験を書いている。「$a=b$, $b=c$ ならば $a=c$ である」という命題を彼は納得することができなかった。「a は b とは異なる何物かを意味し、従って別のものであり、b と等しいとはできない。c はもちろんのことである」とユングは考えるのである。「$a=b$ は、私にはまっかなうそ偽りのように思えたのである」というわけで、彼は数学だけが、他の教科はよくできたにもかかわらず、できなくなるのである。

ここに「数学ぎらい」の例を二例あげたが、考えてみると、ここに示されたような疑問に答えようとすると、「数とは何か」、「加減とは何か」、「等しいとは何か」など数学の本質にかかわってくる問題について説明しなくてはならなくなるであろう。したがって、「数学ぎらい」になる子どもは、きわめて「数学的」な問題にかかわっているのだと言うこともできる。

これに対して『シリーズ　授業3　算数』の討論会の中で渋谷さんが言っているような「お姉さんの部屋には窓が二つあります。妹の部屋には窓が三つあります。掛けるといくつですか」という問題に対して何の疑問も感じないで答を出してしまう生徒とを比べてみると、どちらが「数学的」かということになってくる。

ここに算数を教えることの難しさがある。算数を教えるとき、いったい「何を」教えているのか、あるいはその目標は何か、という問題にさえなってくる。たとえば、分数の割り算を例にとれば、それを誤りなく早く計算することを目標とするならば、「分数の割り算はひっくりかえして掛ける」と覚えさせて、その例題をつぎつぎとやらせることで、その目標は達せられるであろう。しかし、子どもたちは「分数」について、また「分数の割り算」についての意味などは、まったく不問にしてしまわねばならなくなるし、数学的にものごとを「考える」ことなどは、むしろ答を出すのに妨げになると思うだろう。

この問題をもうひとつ難しくする事実として、「受験」ということがある。結局長い目で見ると、自分の納得のいくように考えてみることが大切だと思うが、早く正しく「答」を出さねばという焦りが、「受験」のことを考えると作用してきて、小手先だけの方法を身につけることに重点がかかってくる。そうなると、むしろゆっくりとやれば「数学ぎらい」にならなかった子ども、言うなれば数学の本質について疑問を持ったような子どもを、「落ちこぼれ」にしてしまうことにもなるのである。

二　納得するとはどういうことか

それでは納得とはどういうことであろうか。考えてみると、心理療法家という筆者の仕事は、納得ということを特に大切にしている、ということができる。たとえば、子どもが夜尿をして困るということで来談した母親に会っていると、母親の言動から考えて、母親のあまりにも厳しい態度が子どもに対して悪く作用していると推察される。ところが、そのようなときに、「お母さんがもう少し子どもにやさしく接して下さると」などと忠告しても、よほど軽いときでもない限り効果がない。なかには、われわれの忠告に対して「私もそう思います」と同意する人がある。しかし、それにもかかわらず以後の母親の態度を見ると、それは何の効果もなかったことがわかる。知的に理解しても行動につながらないのである。

ここで母親がその態度を変えるためには、自分の子どもに対する接し方が厳しすぎることを自ら納得することが必要なのである。したがってわれわれ心理療法家は、いかに正しい知識を伝えるか、ということではなく、むしろ来談した人が「自ら納得する」過程を共に進んでゆくのにはどうすればいいか、に努力を払うのである。

そのためにはどうすればよいかについては後に述べるとして、ここに忘れてならないことは、知的理解が行動を変えることもあるという事実である。たとえば、家庭で新しい電気器具を買ったときなど、操作の方法が変るわけだが、それは手引きを読んで理解することによって、別に大した苦労もなく、自分の行動――つまり操作の方法――を変えるわけである。こんなときに大げさに「納得」が必要とか何とか言いたてることもない。それほど単純な例でないにしても、たとえば何かの食品が健康に害があると知って、それを食べるのをやめるときもある。つまり、このような場合、われわれは知的理解に基づいて、自分の行動を修正、変更している、と言ってもいいのである。

これに対して、「わかっちゃいるけど、やめられない」という言葉があるように、知的理解が行動に結びつかないこともある。これらから考えて、「わかる」「納得する」ということにはレベルの差があり、それが行動の変化に結びつく程度に関係してくることがわかるのである。

次にもうひとつ重要なことは、これまでの関係を逆転して、行動の変化によって納得に至る場合もあるという事実である。わかったから行動する、とは限らず、行動することによってわかる、という面もある。子どもがかわいいからとか、愛さねばならないから、ほほえみかけるというのではなく、ほほえみをかわしているなかに、かわいいと感じたり愛が生じてきたりする。このことは、数学においても言えることで、微分を習っても何のことやら納得がゆかないながら、微分の計算や積分の計算をしているうちに、だんだんと微分の意味がわかってくる、というところがある。

これらのことは、人間がひとつの閉じた体系をもつ機械ではなくて、あくまでも開かれた存在であり、しかも、それは知・情・意という異なる在り方を包含しつつ、ある程度のまとまりをもったものとして存在している、という複雑さから生じていることである。人間が行動を変えるといっても、それまでの「ある程度のまとまり」つまり人格の統合性を保持してゆかねばならないし、知的な面だけではなく情動の面に至るまでの変化がなければ、行動の変化に結びついて来ないのである。

12−4=8という式は単純だが、アナトール・フランスの小説の主人公のように、八つの帽子やハンカチなどに愛着を感じたとしたら、この式を成立させるためには、「愛着を断つ」というきわめて情緒的な仕事をすることが必要なのである。数学の公式や考え方が自分の体系のなかにはいりこんでしまっている人にとって、それを円滑に動かすことはまったく簡単なことであるが、そうでない人にとっては、その簡単な仕事の遂行のために、相当な情動体験が必要であり、その苦痛に耐えられないときは、その簡単な仕事に「納得がいかない」と感じるのである。数学を教える者にとって困難なことは、自分にとっては自明であったり、簡単であったりすることが、人によっては大変な苦痛をもたらすことになっていることに気づきにくい、ということである。数学の教師はこのことをよく知っていなくてはならない。

英語の realization《リアライゼーション》という言葉は、「認識する」という意味と「実現する」という意味をもっている。すでに述べてきたように、人間は認識するためには何らかの実現を必要とし、実現してゆくためにはそれを支える認識がなくてはならないとも言える。この両者の微妙な関係を感じさせてくれる言葉として、リアライゼーションはまことに適当なものと思う。算数の計算も一種のリアライゼーションなのである。その方法を知ってしまった教師にとってどれほど容易に見えることでも、それを新しく学ぶ子どもにとってはひとつの「実現」として重荷を背負っていることを、教師は心得ていなくてはならない。このことを心得ていないと、どれほど熱心でも——あるいは熱心にやればやるほど——無用な算数の落ちこぼれをつくることになってしまうのである。

三　納得とドラマ

「納得してもらう」ためにはどうすればいいのか。これは難しい課題である。われわれ心理療法家の場合で言えば、いちばん大切なことは、本人が自ら納得する「とき」を待つということであろう。たとえば、子どもが学校へ行かないということを嘆いて母親が相談に来る。それに対してわれわれは簡単に忠告を与えたりはしない。ともかくその話されるところに耳を傾けて聴く。「待つ」と言っても何もしないのではない。話を真剣に聴くことはずいぶんと心のエネルギーを使うことである。

話を聴いていると、最初は子どもが登校しないことを嘆いてばかりいた人が、自分の生き方、夫の生き方などについても話が及び、結婚以来まったく家族のことをかえりみない夫への攻撃が高まったところで、両者の対決が生じる。夫婦というものは意外に相互的なもので、妻から夫への攻撃に対して、夫は夫で妻に対しての言い分がある。そのような対決を通じて相互に相手に対する認識が生じ、それは何らかの新しい実現に通じてくる。つまり、リアライゼーションが生じるのである。そして、不思議なことに、そのような過程のなかで子どもが学校へ通いはじめるようになる。

ここは心理療法のことを語る場ではないので、簡単に抽象化して語ってしまったのだが、ここに述べたことと類似の現象が、算数の授業のなかにも生じていると言うことができる。

たとえば、分数の引き算の例で考えると、最初のうちは、誤りの答が優勢である。これは「十進法」という「旧秩序」が分数の世界を支配しているので、そこから誤りが生じているのである。それに対して、「折り紙」という道具を用いることによって、何だかおかしいということがわかってきて、結局のところ、分数の「分母」というものの重要性を認識し、十進法というものの繋縛から逃れることができることによって解決に至る。これはまったくドラマそのものである。わかりやすい西部劇に比べることができるほどである。

人間は「ある程度のまとまり」をもって生きている。子どもたちにとって、数の世界をまとめるものとして十進法は絶対的なほどの強さをもっている。そのような旧秩序を破り、新秩序の分数の世界を「納得」して受けいれるためには、ドラマが必要なのである。ドラマを体験してこそ納得がいくのである。このことは、先に示した夫婦の場合も同じである。夫は仕事、妻は家庭と分担を明確にすることによって維持してきた旧秩序を新秩序に変えるためには、家庭のドラマが必要であり、その起爆力として子どもの不登校ということが作用しているのである。

典型的なドラマは四幕ものである。(1)場面の提示、(2)発展、(3)頂点に達する、(4)解決、というような過程をたどって、ドラマが終結する。もちろんここからいろいろな派生した型ができるのであるが、このような四段階の過程は、人間が何か新しい、あるいは不可解な現象に遭遇し、それを納得したものとするときにたどるものと言っていいだろう。道を歩いていると、(1)空の一点に変なものが見える。おやっと思ってみていると、(2)それはだんだん大きくなってくる。(3)不安な気持が高まり、どうしようと思うところで、それが飛行船だとわかる。(4)そして、その日デパートの売出しがあり、その広告のための飛行船だとわかる。こんなことは日常ありふれた体験である。しかし、細かく分解してみるとこのように分けられるのであり、その間に、おやっと不審に思うところ、不安が高まってくるところ、やがて収まるところ、という情動の変化も段階的に認められるのである。

このときに、未知の現象がその人の知識体系や人生観などに単純に収まらないときは、不安は大きくなるし、それを「納得」するためには、知識体系や人生観をそれに合うように改変しなくてはならないので、全体の過程は本質的には同じにしろ、複雑になるし長くもなってくる。そして、その過程には危機が訪れることがある。

子どもたちは成長の途上にあり、柔軟さもあるので、つぎつぎと新しい知識を吸収してゆくのだが、やはり、新しいことを学ぶということは、生徒たちを一種の危機に陥れることである、と言わねばならない。それだからこそ、「学校」という、社会からは少し隔離されたところで、守られて勉強をすることになっているのだ、ということができる。そのような守られた場で、いろいろなドラマを体験し、それらを身につけた上で社会に出てゆくことになるのである。

四　納得の過程と教師の役割

日本語には「納得がいく」という表現があり、納得ということが運動(行く)のイメージと結びついているのは示唆深いことである。そこには何らかの「動き」が生じるのである。「腑に落ちる」という表現にも「落ちる」という運動のイメージがある。何かが心のなかで動いて収まるところに収まる、という感じがするのである。その過程をドラマの進行という形で示したのだが、算数の学習のときに、このようなドラマの過程を未消化のままで、あるいは時にすっとばしたままで、「正解」が与えられる、ということはないであろうか。

たとえば、分数の引き算のとき、子どもたちのまちがった解答に対して、教師がすぐに「それは誤り」と判定し、他に誰か、というわけで、正答を示した子に「よろしい」と言う。その上で、「分数の引き算には通分が必要だ」とか、「分母の値に注目しなさい」などということを口を酸っぱくして教えると、子どもたちは失敗をしなくなってくるだろう。このようにしても、結局、子どもたちの成績は、ということにのみ注目するならば、どのような教え方をしてもあまり変らないかも知れない。しかし、納得の過程を体験した者としない者とでは、理解の深さが変ってくるだろう。

これは、算数の計算で乗除を加減に先行させるという授業の場合も同じことが言えるだろう。まちがった計算法をした者に対しては、教師が大声で叱ったり、馬鹿にしたりする。あるいは、皆に笑われる。そして、正答者は賞賛される、ということを繰り返すなら、生徒たちは「正しい」方法を覚えていき、誤りは減っていくだろう。しかし、その際も、納得の過程を体験しないだろう。

数学の授業によって、「正しい」方法を身につけることのみを目標とするのなら、どちらがいいか、どちらが効率がよいか、ひょっとしてわからないかもしれない。しかし、納得の体験の学習を重んじるなら、「折り紙」を使って体験的に知るような授業が望ましいことは当然である。

筆者はこのような納得の体験を重視したいと思っている。それは、そのような体験を多く積むことによって、その人の人間が豊かになり、新しい場面や未知の場面に直面して意味あることを発見してゆこうとする態度が強化されると考えるからである。そのようなことを言いたいために、わざわざ、数学における納得と、人生の他の場面における納得との過程を類比して示したりしたのである。

ところで、このような納得の過程を子どもたちが体験する間の教師の役割についても、考えておかねばならない。教師の態度いかんによっては、せっかく生じかけた納得の過程が崩されてしまったり、あるいは、そもそもそのような動きが生じてこないということもあるだろう。

教師はまず、子どもたちの自由な発言を許す雰囲気をつくりださねばならない。すでにわれわれが見てきたように、誤答からこそ興味ある過程が生じてくるのだから、「どんなことを言っても許容される」雰囲気が大切である。そこでこそ、子どもたちは「自分の」意見をためらわずに言うことができる。そして、そのとき、たとえまちがった意見であっても、教師はそれをすぐに指摘せずに「待つ」ことができねばならない。

そうして教師が「待っ」ていると、大切な過程が生徒全体のなかから生まれてくるのである。この過程について、教師は前もってある程度の見とおしを持っているにしろ、そこに生じてくることは厳密に言えば一回ごとに異なるはずである。最初から誰かが正答を示したとき、誰かが誤答に強く固執したとき、それぞれその展開は異なるし、予想外のことも生じるであろう。そして、そのときに教師の方にとっても子どもの考え方感じ方、あるいは個々の子どもの性格などについての新しい発見があるはずである。

小学校や中学校では教えることの「内容」に関する限り、教師にとって新しいことはない。分数の引き算など何も珍しいことではない。このために、学校で「何を教えるか」だけを考えている教師にとっては、同じことの繰り返しになりマンネリ化してゆくことは避けられない。しかし、すでに述べたように、子どもたちが「いかに学んでゆくか」という過程の方に目を向けると、そこには必ず新しい発見がある。つまり、生徒のみならず教師も新しい体験を共有し、それに関与してゆくことになるのである。そして、そのなかで、教師は教師なりに、納得の体験をするはずである。

算数は正答と誤答が明確に分かれ、きまりきったことを教える、と思われているだけに、下手をすると教師の方は型にはまった授業をしやすくなる危険が大である。しかし、すでに述べてきたように、答の正誤よりもまず、納得の過程の方を大事にしようと心がけると、授業も多彩になり、教師も生徒も学ぶところが多くなるであろう。そして、納得ずくで記憶されたことは、機械的に記憶したものよりも、はるかに本人の身についたものとなることも自明のことであろう。

言葉の表現と国語の授業

一　みのある言葉

国語の授業の様子を今回も見せていただいた。子どもたちが個人として、あるいはグループで意見を述べる様子を見ていると、なかなかよくやっているとは思うものの、どうしてもものの足らなく思う。授業はすいすいと進んでいるように見えるのだが、子どもたちの発言が、どうも腹の底から出ているように感じられない。このような様子を見ていると、筆者は自分たち大人のことをすぐに考えてしまうのだが、日本の大人たちの持っている欠点をそのまま小学生たちが持ち合わせている、と感じてしまう。子どもに対して何かと注文をつける以前に、大人の生き方のほうに問題を感じてしまうのである。

何でもかでも日本人的特性で考えるのもどうかと思うので、その点は後で考えるとして、言語表現ということについて少し述べてみたい。同じようなことを言う場合でも、われわれはその言葉に「みがある」かないかを問題にするし、「みについた」言葉を話すことが望ましいと考える。ところが、教室内で「発表」するとき、子どもたちの言葉はどこか軽くて「みについていない」と感じさせられるのである。

このようなところに「み」という表現が用いられるのが日本語のおもしろいところであるが、確かに言葉にも身体性を感じさせるときと、そうでないときとがある。たとえば、討論の際にも問題になったが、国語の教科書の「斉読」というのをするときは、生徒たちはあまり「み」を入れた声を出していないのではなかろうか。そしてそのような習慣が、一人で教科書を読むときにまで持ちこされたりするのである。それでは言葉に「み」が入るとはどういうことなのか。そもそもここで言う「み」とはどういうことだろうか。

言葉のことではなく、身体のことで考えると、たとえば野球の投手がボールを投げるときに、腕だけで投げてはだめだとよく言われる。体重をかけねばとか、体全体で投げなければなどと言われる。打つほうも同じことで、腕だけふりまわしていたのではいけない。自分の体全体に満ちているエネルギーが一球に向かって一挙に流れてゆく。これと同じことが言葉にも言えそうである。日本語の「み」というのは便利な言葉で、哲学者の市川浩の周到な分析がある（『〈身〉の構造』青土社、一九八四年）が、それを参考にして言えば、言葉に「み」があるとは、自分の存在をそれにかけるということになるだろう。

「この文を読んで、あなたはどう感じましたか」などと尋ねられたとき、「みのある言葉」で答えようとすると、まず、自分の存在をかけた「読み」をしていないとできるはずがない。言葉を生み出してくる母胎としての、その人間存在の体験の重みがないとだめなのである。こう考えると、話はもうひとつ遡って、子どもたちに「みのある」発言をしてもらおうと思うなら、子どもたちの感動をひきおこすような素材を与えねばならない、ということになる。つまり、感想をきくために子どもたちに与える文が素晴らしいものでなくてはならないのである。

先生が、子どもたちに何かの文を読ませようとするとき、まず、自分自身がそれを読んで、「好きだ」とか「よかった」とか感じるようなものであることが先決だ。そのとき教師として子どもたちに教えるのに都合がよいということを先行させてしまうと、教師の全人格がそれにかかわるのではなくなってしまう。「子どもたちには、これが手ごろである」と教師が思うとき、そこには「教師」はいるが「人間」はいない。ともかく人間として、自分が感動する文を選ぶことが先決である。その後に、子どもたちに「教える」上でのいろいろな配慮を必要とするのは当然のことである。

感動したからといって、必ず「みのある」言葉がでてくるとは限らない。ここが言語表現のむずかしいところである。だからこそ言語表現のための練習が必要になってくる。しかし、何といってもその前提として子どもたちの体験があるということは忘れてはならない。さもなければ、表現のための技術にこだわってしまって、それが上手になったとしても、みのある言葉は出て来ないのである。

二　タテマエとホンネ

日本人の言語表現における大きい問題に、タテマエとホンネということがある。公的な場や多数の前ではタテマエのほうを話し、ホンネのほうは隠しておく。ホンネは私的な場や、ごく親しい人にのみ話す。このような傾向を日本人の大人たちは持っているが、小学生の子どももすでにそのような傾向を持っていることが、授業を見ていても感じられる。

日本には欧米で発達した個人主義というのが理解されていない。個人としての自我を明確に確立するという方向ではなく、その場における全体のバランスの上に立って、自分の存在をそこに入れこもうとする。このことは、単純にどちらがよい悪いと割り切ってしまえることではなく、個人と全体とをどのように調和させるかに人間はいつも苦労している、と言っていいわけで、個人主義だから全体のことを考えないとか、日本人は全体のことだけ考えて、自分のことや自分の利益を考えないとかいうことはない。ただ発想の根本姿勢が異なっているのである。

タテマエの意見は、意見としては通りがいいので、ある程度の勢いを持つと全員が賛成する。しかし、そのときも各自がそれぞれホンネをもっており、時にはホンネがタテマエと反対の場合もあることは暗黙の了解事項となっている。したがって、満場一致で可決されたことに、後で従わない者がでてきたりする。これは西洋の論理で言えばおかしいことだが、日本では現実によく生じることである。つまり、日本人は欧米の考え方とは異なる考え方に従って生きているのである。

教室で子どもたちに発言を求めても、彼らはすでに日本人的にその場の「タテマエ」に意識的・無意識的にこだわりつつ発言する。そうなると、どうしても子どもの言葉には「み」がなくなってくる。タテマエのほうに引き寄せられて、自分の身から言葉が離れてゆき、軽くなるのである。討論のときに谷川俊太郎さんがテレビの影響のことを言っておられたが、そもそもテレビというものが「日本文化」の拡大版のようなものだから、上述の傾向がますます日本人に広がる、ということにもなるのだろう。

タテマエという点で、教育に大きい影響を与えているものに、「日本的民主主義」というのがある。つまり、それは個人主義を経験しない民主主義、母性原理による民主主義とでも言うべきもので、個人差の存在を認めない民主主義である。たとえば、ヨーロッパの小学校では落第するところが多く、所定の年数で小学校を卒業するのは全体の三分の一くらいではないかと思われる。わが国の小学校で落第制度を実施するとなると、大変なことになるのではなかろうか。人間の能力には本来は差がないということをタテマエにして教育が行われているからである。しかし、ホンネのところでは差を認めている。

このことから日本の教育を「悪い」というのは速断である。ここはそれを論じるのが本題ではないが、欧米のそれと比較すると、おそらく一長一短と言ってよいくらいのものではなかろうか。したがって、われわれとしては欧米を模範にして努力する必要もないが、それよりも、自分の方法の欠点をよくよく認識しておく必要がある。生徒の発言を聞いて、それがおかしいとかまちがっていると思っても、タテマエ上それを認め、ホンネでは馬鹿にしたり、困ったな、と教師が思っていたりするとどうなるだろう。人間と人間が接しているとき、上位の人のホンネは言語化されなくとも下位の人には伝わりやすいものである。そのような体験をした後で、果してその子どもは自分の「み」を入れた発言ができるであろうか。

こんなふうにして、小学校のときから「日本文化」の継承が行われているのだ、という見方もあろうが、筆者としては、ここで何とか少しでもそれを超えてゆく努力を払いたいと願っている。教育が現状維持に貢献しているばかりではおもしろくない。さりとて、すでに述べたように、よその文化や社会を「模範」にすることもない。とすると、せめて教師が「タテマエ」にも「ホンネ」にもとらわれない、自分の「み」を入れた発言をできる限りしてゆくことを心がけるべきではなかろうか。

木村先生の授業で、めぐみちゃんという子が、つまりながら読むところがあった。ところがクラス全体が集中してそれを聴いている。一年生の子どもたちだったら、普通は「おならうた」など自分が読みたくて仕方ないので、他人の読むのなどにあまり耳を傾けないのだが、ここは全員が聴くことに集中していた。このようなことが可能だということは、木村先生の教師としてのよさと、それまでの教師と子どもたちの関係のよさを反映しているのであるが、ここで、自分が教師だったらどのように発言するだろうかなどということを、真剣に考えてみる必要がある。

自分も子どもたちと一緒になって、めぐみちゃんの読みを聴き、心のなかでエールをおくり、読み終ったときによかったと思う。その体験をこめて「みのある」言葉を言うとなるとどうなるのか。「よく読めました」だけではもの足らないのではなかろうか。

このようなときにいちばんゲンナリさせられるのは、「〇〇ちゃんでも一所懸命にやっているのですから、みんなももっと頑張らないと」というような教訓的発言である。せっかく教師も子どもも一体となる体験をしたのに、そこですぐに「教師」となって上からものを言う。その発言には教師の全人格はかかっていない。このとき、教師が「〇〇ちゃんやった！」と言って握手をしたらどうだろう。他の子にはしなかったのに、ひとりだけ特別に握手したら、民主主義の原則に反するのだろうか。

三　何を伝えるのか

他の子どもたちにはしなかったのに、その子とだけ握手をすると、それはいいことだろうか悪いことだろうか。ここで、この子はうんとほめたらもっと頑張って急によくなってくるだろうなどと期待してそれをするのは、教師のセンチメンタリズムである。現実を認識せずに、自分の感情にまかせることによって事が成就すると考えるのは、甘すぎる。

言語表現をするときには、自分が何を表現しようとしているのかについて、どの程度の自覚があるかが問題となる。後にも述べるように、自分が表現しようとしていることが、自分でも明確でないときがある。たとえばこの際、教師がめぐみちゃんの読みに感激し、そしてクラスの子どもたちの集中力にも感心し、自分もそれに一体となっていたことに気づいたとき、その「体験」そのものは、自分でも明確な言葉にはし難いとさえ感じられるかもしれない。そのときに、すでに述べたように「教師」としての役割も忘れ、大人と子どもという区別も忘れ、上手下手という分類にもとらわれず、「私」という人間がそこに体験したことを何とか表現しようとする。

それが、たとえば握手という行為になって表われたとする。とすると、それは「私」のきわめて個別的な表現でありながら、クラスの子どもたち全体ともつながるものになっているし、嬉しいことに、子どもたちは決して怒らないのである。実のところ、教師はそのような表現をするとき、自分でも明確でないままにするわけだから、それが正しいかどうかはわからない。正しいからするのではなく、自分の判断に賭けるのである。その賭けに対する判断は生徒たちがしてくれる。生徒たちの反応によって、自分の行為がどこまで深いものであったかわかるはずである。

ここに教師のこととして述べてきたことは、子どもたちにも生じることである。子どもが発言するときに、「正しい答」や「タテマエ」などを気にすることなく、自分の「体験」に根ざして表現をしようとする。それはやはり「賭け」であり、その子の存在がそこにどれだけかかっているかが大切になってくる。しかし、そのようなことが可能になるためには、子どもたちが文を読むときに、心を開いて読み、それによって自分を賭けても大丈夫というだけの、クラスの在り方が不可欠のこととなる。このようなクラスの風土をつくりあげるのは、教師にとっての大切な仕事である、と言わねばならない。教師の生きる姿勢そのものが、そのような風土の形成にかかわってくるのである。

何だかむずかしいことを言ってきたようだが、人間の言語表現には、上記のようなこととは別に、「明日は×時×分に、××に集合して下さい」というような場合があることも事実である。このような簡単なことでも、ちょっとした言い方で誤解が生じたりする。文章で知らせるとなると、そもそも文字を正しく書くことからはじめねばならない。このような場合は、表現のための技術の練習が大切になってくるし、教師は「教える」必要がある。といっても、それすらも発見的にするのが望ましいことは、すでに本シリーズの他の個所で論じたとおりであるが(「日本文化のなかの教師・生徒の関係」、『シリーズ　授業1　国語I』)。

ともかく、表現すべき内容が明確にわかっており、そのような情報をそのまま他に伝達するための言語表現と、すでに述べてきたような自分の深い体験を伝えようとするときの表現とでは、その方法も在り方も変ってくる。このことを教師はよく知っていないと、とかく教えようとしすぎて、子どもたちの自由な発想を打ち壊してしまったり、単なる放任に陥って、必要な知識や技術を子どもに修得させるのを怠ってしまうことになる。芸術の世界で言われる、「練習は厳格に、創作は自由に」という標語が、ここでも生きてくることだろう。ただ、実際の授業の場面では、これほど割り切って考えるのはむずかしいのであるが、心構えとしては一応、表現と言ってもそこに質的な差があることを知っておくといいのではなかろうか。

四　「物語」のある授業

討論の際に、佐藤さんが「教室からストーリーが失われたんだ」という大切な発言をしている(『シリーズ　授業1　国語I』)。これはこれまで述べてきた「表現」ということにかかわってくることである。ストーリーが失われたことの非常に大きい要因は、テクノロジーの過信というより、テクノロジーに対する誤った態度であると言っていいだろう。

テクノロジーの発達によって何もかもがあまりにも可能となったので、人間は何でもテクノロジーに頼ればいいと思いはじめたふしがある。テクノロジーによってすべての現象を支配できると思いこみ、言語にもまた人間の思いのままに支配できるテクニックがあるなどと考えるようになったのではなかろうか。ところが、ものごとはそれほど簡単ではない。言語のほうが人間を支配することだってある。スローガンや標語によって、どれほど多くの人間が踊らされたかを思い起こすとこのことはよくわかるだろう。

テクノロジーは、それを操作するものと操作されるものとの間に関係が存在しないことを前提としている。関係が切断されているから、それを「客観的」に観察できるし、誰が操作するかには関係なく、マニュアルどおりにすれば同じ結果が得られる。人間が人間に対する場合も、ある程度はそれが可能である。きまりきったことを教えようとするならば、ある程度は教育テクノロジーも可能であり、能率もあがるであろう。しかし、相手がかけがえのない固有の人間であり、自分と何らかのかかわりがある場合には、テクノロジーは通用しない。このことをわれわれはよく認識する必要がある。

たとえば、「おならうた」のいちばん正しい読み方というものが決定されており、いつ誰が読んでもその正しい読み方をするべきであるのなら、「おならうた」の読みを修得させる教育テクノロジーのマニュアルを作ることは可能だろう。ところが、読み手の個性を反映し、しかもそれが聴き手に対して何らかの意味をもつような読みが望ましいとするのなら、そこにはテクノロジーが通用するはずはない。

テクノロジーが通用しない場合、どのような方法があるのか。たとえば、自分の体験したことの外的な事柄のみを伝えるのではなく、体験に伴う感動などを相手に伝えたいときにはどうすればいいのか。それを伝えるのが、「物語」である。箇条書きにして伝えるのではなく、全体として「ものがたる」ことによってそれは伝えることが可能になる。

私が魚を釣ったとき、その魚のことを客観的に伝えたいのであれば、種類・形状・長さなどを測定し、それらを箇条書きにして示せばよい。しかし、魚を釣ったときの「感激」を相手に伝えたい場合には「物語」が必要になる。その物語によって、相手の心の中にある程度の感動が誘発されることが必要である。
このように考えてくると、授業において、明確な知識を明確に効率的に伝えることに目標をおくときは、ある程度——それもある程度のことだが——科学的な研究が意味を持ってくる。しかし、これまで述べてきたように、個性をもった教師が子どもたちの個性と向き合ってゆくことを目標にすると、教師がストーリーをもつことが必要になるだろう。そして、それを研究する側も、心にストーリーをもって、それに対してゆかねばならない。そもそも、事例研究というのはストーリーをつくることなのである。授業をひとつのストーリーとして読んでゆくことなのだ。そのことによって、教師は次の授業に、また新たな気持をもって臨んでゆけるのである。

ここで誤解のないようにつけ加えておきたいのは、筆者が問題にしているような内的体験の表現においても、技術ということが無関係ではない、ということである。テクノロジーの場合は、技術というよりはむしろマニュアルに定められたとおりを実行すればいいのである。もちろん、そのマニュアルづくりをする人は、技術を生み出すために考えねばならない。しかし、それができてしまってから使用する人にとっては、技術ということは問題にならない。

これに対して、筆者がとりあげているような個性的表現を問題にする場合、本人の体験が大切だとか、個性が大切だとか強調しすぎると、それさえあれば立派な表現ができるように思えてくるが、実はそうではない。体験が深ければ深いほど、それを他に伝えるためには、それなりの技術が必要になってくる。このことをおろそかにすると、ひとりよがりの表現になってしまう。ただし、このときの技術は、単にマニュアルどおりにやればよいというものではなく、自分の「みについた」ものとするためにはそれ相応の練習や修練を必要とするものである。

言語表現の問題を考えているうちに、授業や授業研究の根本問題にまで及んでしまったようである。表現ということはそれほどの深いことであるし、最後に少し触れた「物語」ということも、今後大いに研究するべき課題であると思われる。国語の授業の持つ意味は非常に深いものがあると言わねばならない。

「発見する」授業
——臨床教育学の視点から

1　授業の事例研究

小・中学校において授業の研究ということは、おそらく学校の歴史はじまって以来と言っていいほどで、よくやられていることである。「研究授業」ということもある。授業をどのようにうまく行うかは、教師にとって実に大きい関心事である。

しかし、この「うまく」授業をする、「よい」授業をするというときに、いかにして知識や技術などを効率よく伝達するか、ということに重きを置き過ぎてきたのではないか、と思われる。「授業法」を研究することによって、多くの生徒に対して一斉に効果的に教えるという場合、ややもすると工場の流れ作業のように、一連の計画をたて、その計画に従ってやれば、結果は上出来である、というような考えになってしまい、その一連の流れからはみ出す子どもを「問題児」として考えるようになる。

学校における授業は、一人の教師が多数の生徒を担当し、教えるべき内容もきまっているので、それを効果的に教えることは大切であるし、教師はそのための教授法を身につけることが必要である。ところが、そのことにこだわりすぎると、教師は生徒たちの個性を殺すことになりかねないのである。そして、教師の敷いたきまりきった路線からはみ出す個性を刈り取ってしまったり、そこから脱け出ようとする者を「問題児」扱いするようなことにもなる。もっとも、このように言っても、個性的な子どもがすべて問題児になるわけでもないし、問題児がすべて個性が強いなどと言い切れるものではない。そんなことよりも、ともかく、授業法の研究という場合、これまでのやり方には反省すべきところがあったことを認識すべきであろう。

筆者自身はもともと授業の研究などに関係はなかったのだが、一般に「問題児」と呼ばれる子どもに接することの多い心理療法家という仕事をしているので、教育現場から送られてくる、これらの子どもとの接触を通じて、前述したようなことを学校の授業について考えはじめていた。それに幸いなことに、筆者は常に現場の教師との接触があり、いろいろとその体験を聴かせていただいたり、討論したりする機会が多かったので、ますますその考えが強くなってきた。

このようなこともあって、「臨床教育学」という講座を新しく京都大学教育学部に設立し、その最初の教授になったが、端的に言うと、教育ということを子どもたち「個人」を中心に据えた見方で見てゆこうと考えたのである。臨床教育学がどのような立場に立って教育を見ようとするのかについては、既に他に論じたので(1)繰り返しは避けるが、授業に関して言えば、全体的な効率というよりは、個々の子どもを中心に、その個性を伸ばすという点から見てゆこうとするものである。

ところで、教育学者の稲垣忠彦、佐藤学の両氏は授業の「事例研究」の必要性を主張し、そのような考えによって研究成果を発表して来られたが、その研究を発展させるためには、学際的な協力、および、現場の教師と学者との協力が必要と考え、筆者にもそれに参加するようにとの呼びかけをいただいた。そこで筆者は喜んで参加し、その成果は『シリーズ 授業』として現在刊行継続中である。[2] そのときの経験および、筆者自身のこれまでの現場の教師の人たちとの接触によって得たことなどを踏まえて、議論を展開してゆくのであるが、その前に授業の事例研究ということについて、もう少し述べておきたい。

事例研究は筆者の専門にする臨床心理学の分野で極めて重要なものである。それはあくまで個人を大切にし、クライエントという個人とその治療者としての個人が一回限りのかかわりをもつ状況を丹念に追究するものであり、それによって明らかにされる個性と個性のかかわりを明確に認識することは、次に同様のことを行う人に対して、強力な支えを提供するのである。

これはたとえばテレビの故障をどのように修理するかを知り、それと同じ場合に、習ったことをそのまま適用する、というのとは異なっていることを認識しておく必要がある。テレビの場合であれば「同じ故障」が存在し「同じ修理法」ということが考えられるが、教育の場合、子どもと教師の個性ということを考えると、「同じ」現象は二度と起こらないのである。とすると事例研究は役に立たないではないかと思われるが、そうではない。個と個とのかかわりを詳細に、しかも自分もそれにかかわってゆくようにして知るとき、そこで体験したことは、何らかの意味でその人の姿勢を支え、新しい考えを生み出す原動力を与えるのである。それは「適用」可能な方法を覚えるのではなく、新たな状況に適切に向かってゆく基本姿勢や、豊富な考え方などを提供するのである。つまり、事例研究をする人は、自分の個性によってそれを受けとめ、自分の個性を磨くことにそれを役立てるようにしなくてはならない。画一的教育に反対したいのなら、まず自分自身の個性を問題にしなくてはならないのである。

2　授業における「体験」

授業によって子どもたちは多くのことを学ぶ。しかし、その学んだもののうち何が残り、何がその子にとって役立つかを考えると、教育ということの困難さがよくわかる。

多くのことを急激に学ぶが、それが後に残りにくいものとして受験勉強があるのではなかろうか。もちろん、そのときに学んだ知識が後に役立つことも否定できない。しかし、多くの場合は、それは後に残らない。あるいは、身につかない、のではなかろうか。反対に、受験勉強で苦しんだために、それが後遺症となって、その学問を嫌になることだってある。たとえば、日本の古典には面白いものがたくさんあるが、「国語」の受験勉強として「古文」に苦しめられたので、読む気がしないなどということがある。これなどは、「教育」によって、個人の意欲を減退させる効果を生み出している、というべきであろう。

授業で学んだことが「身につく」というのはどういうことであろうか。ここで「身」ということが表現に用いられているのは示唆的である。「体験」、「体得」などと「体」という字も用いられる。このことは、知識が単に知識としてだけ伝達されるのではなく、本人の知・情・意がすべてかかわり、全人的な体験としてそれを受けいれるときに、はじめて、ほんとうに「体験」したということになり、「身についた」知識となると思われる。そのような意味での「体験」を授業の間に子どもたちがどれだけすることができたかが、重要なきめ手となると思われる。

このようなことに気づいたためもあって、小学校において「体験学習」が重視されることがある。単に知識としてだけ学ぶのではなく、何らかの体験を通じてそれを学ぶ。たとえば、植物の成長について知識として知るのではなく、実際に学校の花壇に種をまき、その成長を観察する。あるいは、学校の外に出て行って、炭焼きを実際にやらせて貰ったり、土をこねて陶器をつくったりもする。このような「体験学習」がなされているが、ややもすると、それがこれまで論じてきたような意味での本来的な「体験」にならないおそれがある。それは、そのことにかかわってゆく子どもたちの根本的姿勢が「やらされて」いる感じが強いために生じてくる。というのも、そのようなことすべてをアレンジする教師の側に問題があるからである。

「体験」の根本にある、その個人の能動的なかかわり。これを生ぜしめるためには、教師の心が十分に開かれていなくてはならない。授業のときに、生徒たちに教師が質問を投げかけるとき、子どもたちは自分の考えや感情などを自由にはたらかせ、それを発表できてこそ、そこに「体験」が生じたと言えるであろう。たとえば、先生が「何でも自由に言いなさい」と口で言っても、心のなかにきまりきった路線をもっていると、子どもたちはそれを感じとってしまう。子どもたちが先生の路線に沿った答を言おうと努力しはじめると、自由はなくなり、「体験」から遠ざかることになる。

『シリーズ 授業』では、いろいろな先生方の授業の実際をビデオで見て、その後で討論をした。そのときに、素晴らしい先生が子どもたちに質問を投げかけられると、子どもの表情が実に生き生きとしてくるのが印象的であった。

一例をあげると、石井順治先生のされた小学校五年生の国語の授業では、漢字の起源について皆で考えることになった。(3) そのなかで「鳩」の字について皆で考えるとき、全体が意味の方にとらわれてしまって、「九」の象形文字の由来などを考えるがうまくゆかない。教室内に緊迫した空気が満ちてきたとき、一人の男の子が、「くっくっく」と鳩の鳴声をまねると、皆が一斉に気づいて喚声をあげるところがあった。見ているわれわれも感激してしまったが、それは「発見」の喜びをクラス全員が体験したような感じがあった。

ここで筆者が感心したのは、石井先生の態度である。授業の最初から子どもたちが誤りをおそれずに自由に発言する。このような自由な雰囲気は簡単につくれるものではなく、まず石井先生自身の長い経験と歴史、それに、学級の子どもたちと共につくってきた学級の歴史などが作用して出来あがってきたものである。そこでは、教師の個性が生き、学級の固有の文化もはたらいている。そのようななかでこそ、個々の子どもたちが自由に発言しつつ、学級全体として「体験」を共有することができるのである。

もうひとつ他の例をあげる。『シリーズ 授業10』の愛育養護学校における「障害児教育」のときであった(4)。夏の校庭にビニールのプールをしつらえて、水を張ってゆく。子どもたちはその中にはいって楽しんでいる子もいるが、水が怖くて近よれない子もいる。そのうち水を怖がっていた子がソロリソロリと這うようにして水に近づきはじめた。その子は何度も立止り、やっと水に近づく、そして、ほんの少し触れてみる。はじめはこわごわだったが、だんだんと慣れてくると、とうとう水の中に自分がはいり、水をはねて喜ぶようになる。この長い時間の間、教師たちはそっと応援のまなざしをおくるが、水に触れるように後押しもしないし、「さあ　頑張ろう」などとも言わない。しかし、この子が水に触れて感激しているところでは、先生方も共感しているのが伝わってくる。

このようなのを見ていると、この子はほんとうに「水の体験」をしたのだな、と思う。われわれは水とは何かと言われると、わかりきったように答えるだろうが、この子が感じたほどに「水」ということを体験したことはないのではなかろうか。ひとりの子が自分の意志で水に近づいてゆく、それがどれほどの時間がかかろうと、その子の自由な意志と行動を全員で支持してゆこうとする教師集団のあり方に、筆者は深く感動した。このようなときに、いかに多くの教師が「教育」とか「指導」という名目で下手に介入し、せっかくの子どもの「体験」を奪ったり歪ませたりしてしまうかを考えていただきたい。

もうひとつ例をあげる。これは小学四年生の算数の時間で、山野下とよ子先生の授業である。[5] 次のような分数の引算をする。

$$5\frac{2}{8}-3\frac{7}{8}=$$

ところが、この答として、$1\frac{5}{8}$ と言う子があり、その賛成者が多数である。そのときに感心したのは、山野下先生が「それはまちがい」とか、「これでよろしいか」と疑問を呈しないことである。まずどうしてそうなったかを訊くと、$5\frac{2}{8}$ を $\frac{52}{8}$、$3\frac{7}{8}$ を $\frac{37}{8}$ として計算しているために、$1\frac{5}{8}$ という答が出てきているのである。山野下先生は分数を教えるときに、折り紙を折って教える方法を採用しているので、折り紙を使うことを提案すると、生徒たちはそれによって具体的に計算するので、$1\frac{3}{8}$ という答が出てくる。生徒の多くは、アレレという表情である。

どうしてこんなことになるのか、ということで子どもたちの関心がぐっと高まるのだが、こういうところを見ていると、筆者は、子どもたちが分数を「体験」していると感じるのである。分数の引算の方法を機械的にかっちりと教えこむと、まちがいなくするようになるにしても、それで子どもたちが分数を「わかった」と言えないのではないだろうか。分数というのは、先程の誤りでもわかるように、なかなか手強いのである。それを紙を折る方法で具体的に知る一方で、何気なく計算してしまうと失敗するぞということを体験的に知る。これによってこそ分数というものが「身についた」知識になってゆくのではないだろうか。

早く正答を与え、できるだけ早く正答に至る方法を覚えさせる。このような方法で教えると、子どもたちは試験の点はよい点をとるかも知れないが、ほんとうに体験したことにならず、それを基にして新しい領域へと進んでゆくときには障害をもたらすことになるのではなかろうか。子どもたちの誤りにじっくりとつき合う教師の態度が、子どもたちの真の体験を支えるのである。子どもたちの示す「誤り」のなかには、その子どもの個性の萌芽が認められることが多い。子どもが誤りを恐れずに発表できるためには、教師がどのようなことでも、まずそれを受けいれてみる態度をもつことが大切である。

3　たんけん、はっけん、ほっとけん

子どもの発表のどのようなことでも、まず受けいれると述べたが、それはすぐに承認したり、同意したりすることにはつながらない。教師が子どもの言うとおり、何にでも同意していたら授業は混乱に陥ってしまうであろう。受けいれながら、子どもを信頼して待っていると、いろいろと感心するようなことが起こるのである。とは言っても、人間には限界というものがあるから、実際には難しいことが生じてくる。そのなかで己の限界を意識し、また、限界への挑戦を試みてゆくことによって教師も成長するのである。授業において「発見」するのは生徒たちだけではなく、教師もいろいろな発見をするのだ。このため、教師は同じ教科内容を毎年教えるとしても、マンネリズムに陥るのを避けることができる。

現場の教師で新しい発見を目指して努力している方々と、雑誌『飛ぶ教室』で対談する企画をし、現在も続行している。最近に行なったものから例をあげてみる。小学校五年生の担任の池田光子先生の経験である。(6) この学校では端午の節句に「鯉のぼり集会」があり、各クラスごとに大きい鯉のぼりをつくり、うろこに各人の願いを

書き、その鯉のぼりを校庭にかかげる。ところが、子どもたちが相談しているうちに、今年は「竜」にしようということになる。先生は驚いたが、「鯉も滝をのぼると竜になるのだからいい」と許容する。子どもたちは「竜のぼり」をつくり、大変気に入って喜んだ。これが学校内でも受けいれられ、先生も嬉しかったが、次の年はどんなことになるかと楽しみでもあり、また心配でもあった。あまり、変わったものをつくられると困るという心配である。翌年、六年生になった子どもたちは、「最上級だから、一年生にもよくわかるのを作ろう」ということになって、普通の鯉のぼりを一所懸命になってつくった。

これには、先生も感心してしまった。子どもたちの発想はどこかで大人の考えより一歩先を行くようなところがある。先生はそのなかで子どもたちの新しい姿を「発見」するのである。ところで、このような子どもの自由な発想が生まれてくるためには担任の教師の開かれた態度が必要であるが、それを支える校長先生および学校全体も関連してくることも忘れてはならない。たとえば、先程の「竜のぼり」についても、校長がそれはやめなさい、と言うとか、職員会議で「あんなのは鯉ではない」という反対がでると、どうすればいいのだろうか。

自分はいつも「よい発想」をするのだが周囲がものわかりが悪いので駄目になる、と嘆いてばかりいる人がある。このような人は、よいことや正しいことなど思いつくのは極めて簡単で、それを実行するにはどれだけの強さや努力などが必要かを知らない人である。ともかく、少しでも新しいことや他と異なることをするには莫大なエネルギーがいることをよく認識していなくてはならない。もし、校長や他の教師が反対するときは、それについて考え、話し合ったり対決したりを繰り返す過程のなかで、また新しい「発見」が生まれてくるのである。

次に紹介するのは、滋賀県の琵琶湖の近くの小学校の井阪尚司先生(7)である。この学校では環境問題を考えるためもあり、学校全体で下水道がどのような仕組で、どのようにして流れてゆくのかを丹念に調べてみることになった。下水道のことを「みぞっこ」と言うので、それは「みぞっこ探険」と命名された。このような名前を思いつくところが素晴らしい。下水の調査をやらされると感じるか、皆で「みぞっこ探険」に出かけてゆこうと感じるか。その姿勢の違いによって「体験」の程度に差がでてくるのだ。「みぞっこ探険」のいいところは低学年は低学年なりのことができるし、高学年は高学年らしいことができる点である。低学年の子どもたちにとって、下水をたどって見てゆくうちに、「こんなところに、ザリガニが居た」と「発見」するのは何とも楽しいことである。高学年になると、ザリガニはどのようなところに住めるのか、などと棲息条件を調べたりする。

「みぞっこ探険」は思いがけない副産物があった。地域の人たちとの結びつきが生まれてきたのだ。みぞっこを調べていると「川処《かわと》」と呼ばれているところがある。すると老人の方が「昔はそこで洗い物をしていた」などと教えてくれる。そんな風にして「みぞっこ探険」に地域の老人たちも参加をはじめたのである。そして、そこから出てくる多くの疑問を解決するために、琵琶湖研究所の嘉田由紀子博士に子どもたちが指導を受けることになってきた。研究者と教育現場とがうまく結びついたのだ。このようにして体験の輪が広がり、それぞれの人がそれぞれの立場で発見を重ねてゆく。このような過程のなかで、井阪先生は面白い言葉を思いつく。それが、「たんけん、はっけん、ほっとけん」である。

これを聞いた筆者は、うーんと唸ってしまった。実にうまい語呂合せである。「みぞっこ探険」に出かけてゆく。どこかにゴミの溜っているところを発見する。「これはほっとけん」ということになって、その原因や除去の方法を考える。人間が「楽しい」と感じるときは、知的な活動に加えて身体や心の深い部分などが共にはたらいているものである。数学の問題を解くときでも、それを「楽しく」やっている人は、それが単なる知的活動でないことを知っているはずである。「楽しい」ことは「体験」として定着しやすいのもこのためである。そこで、教師たちは生徒が「楽しく」学ぶことができるような工夫をすべきである。その点で、この「たんけん、はっけん、ほっとけん」の標語は素晴らしいと思う。子どもたちは語呂合せを楽しみながら、発見する授業の本質を的確に把握することになる。こんな言葉は教師をしていると、なかなか思いつけないものなのだ。

ついでのことであるが、井阪先生は教師になるまでにサラリーマンとして一般会社に勤務していたことがあり、その経験が教育ということを広い視野のなかで見ることに役立っていると話された。私も話し合いのなかで何か「普通の先生」とは違うという印象をもっていたが、なるほどと納得がいった。教育界が狭く堅くなりがちなのを打破る方策として、教師は一年間くらい実社会に出て、研修勤務などするといいのではないか、などと思った。井阪先生の社会人としてのキャリアが、このような地域の人々、研究者、学校全体の交流する「たんけん、はっけん、ほっとけん」の動きを生ぜしめるのにどこかで役に立ったのであろうと思われた。

「たんけん、はっけん、ほっとけん」は臨床教育学の視点に立って教育を考えるときに、常に役立つ言葉のようにも思われる。生徒が間違った答をする。そのときに、「それは間違い」と言ったり、正しい答をすぐに与えたりする前に、なぜそのような答が出てきたのかを「たんけん」する。そのことによって子どもたちの考え方や、ものごとの受けとめ方を「はっけん」する。そこで「ほっとけん」ということになる。そのような過程を教師と生徒が共になってすることによって、「体験」が生まれてくるのである。

もっとも、この「たんけん」を皮相的に取られると困ることを言っておかねばならない。「なぜそんな間違いをしたのか」という教師の追究が子どもにとって重荷となったり、攻撃と受けとめられたりしては何もならない。実は「たんけん」は体験的に行われねばならない。また例をあげてみよう[8]。生活科の学習についての討論のなかで、小学校の牛山栄世先生は、一年生の子と共にガチョウを飼ったとき、K君がガチョウの世話をしようなどとせず、ひたすら抱きあげようと必死になって一か月近く追いまわしたことについて、次のように述べている。

「当初は、ガチョウの世話に努める他の子にくらべ、内心好ましからざるものを感じていた。」「ところが、彼のガチョウへのふれ方が変化するにつれ、この子のその日の記録に、ガチョウへの感じ方や思いめぐらし方が変化している事実を発見してから、私は、彼を見守ることに興味が湧いてきました。そして、もうすぐ彼がガチョウを抱き上げられそうな日が近い頃には、なんとかして抱きたいというちずな彼の気持がひしひしと感じられて、応援する気持で見守る自分になっていました。」

ここで、牛山先生は、K君を呼び出して「なぜ、そんなことをするのだ」などと問いただす方法ではなく、ガチョウを追いかけるK君の気持を共に体験してゆくことにより、体験を通じてK君の心を「たんけん」しているのである。「たんけん、はっけん、ほっとけん」の過程が、ただK君を見守っている外見のなかの牛山先生の内的体験として生じていることに注目したい。

4　教師と学校の役割

「発見する」授業を意図すると、そこにはある種の危険性が生じてくることを認識しておかねばならない。単純な話で言うならば、「みぞっこ探険」をして、子どもが溝に落ちて傷でも受けるとどうなるのか、ということになる。これに対してはいろいろと答があるが、まず第一に言えることは、角力のときによく言われるように、「本当に必死にやっているときは、馬鹿なけがはしない」ということである。少し気を抜いているときに大変なけがをする。従って、「発見する」授業をするときは、学校あるいはクラス全体にはりつめた空気がないといけない。これは堅くなるという緊張ではなく、エネルギーが満ちているという意味での緊張感が全体にわたって存在していることで、この状態をつくり出す力を教師はもっていなくてはならない。これは教師にとっての大きい役割である。

このような緊張感をつくり出すためには、教師はそこに生じるであろう危険に対して、認識し責任をもっていなくてはならない。そしてその予防と、もし起こったときに対する処置について前もって考えておくことである。このような備えなく、安易に行動しようとしても、周囲からの反対に会うか、失敗することになるか、何か事故が起こるか、という結果になる。

授業の場合、子どもの自由を許容することは、教師が計画をもっていないことを意味しない。むしろ、教師としては授業案を持ちつつ子どもの自由を許すところに意味があると思われる。自分の考えていなかったことを子どもたちがするので、あらたな「発見」がある。教師の線と、子どもたちの自由な線が切り結んでとび散る火花のなかに発見がある。このような計画を内在化して教師が臨んでいることに、危険を予防する意義があると思われる。

危険に関しては、学校の制度も大きく関係してくる。たとえば、危険のことのみを取りあげて保護者が学校に訴えに来るとき、それに的確に対応することは、校長の役割である。これまで、子どもの自主性を尊重する素晴らしい教育を行なってきた先生方に話をきく機会がよくあったが、校長がそのことをよく理解しているという事実が多く指摘された。だいたい、いいことには危険性がつきまとう。そのとき、それを守るものとして、校長、教育委員会などが力を発揮することが必要である。

いつか、京都大学名誉教授の森毅さんと雑談していたとき、彼は冗談まじりに「教育界における右傾の法則」というのを話してくれた。文部省内にもいろいろな人が居て幅が広いが、そのなかの右よりの線に各教育委員会は合わせようとする。しかし、教育委員会のなかにも相当な幅があるのだが、各校長先生は、そのなかの右よりの線に合わせようとする。従って、教育界の個々の人を見ているとヴァラエティがあるように見えながら、末端の現実は相当に右よりになる、というのが森さんの意見である。筆者はこれを少しもじって、教育界における「事なかれの法則」とでも言いたいと思う。

危険に対処しつつ「発見」に挑む教育ではなく、ともかく「事なかれ」を第一に教育を考える。もちろん、そのようにして各教師は「大過なく務めを終える」ことになるだろう。しかし、「事なかれ」の教育はすべてを灰色一色にする教育であり、子どもの個性を伸ばすという点では、もっとも悪い方策ではないだろうか。

しかし、実のところこれは教育界のみを責めるべきことではない、と思われる。この「事なかれの法則」は、日本中全体に適用できると言えないだろうか。教育界のみを非難してもはじまらないのは、そのような傾向を助長するように、日本人全体が動いている、と言っていいからである。従って、このことを変革してゆくためには、日本人全体の意識改革を必要とするとさえ言いたいのである。

こんなことを言いはじめると、結局のところ何もできないではないか、と言われそうだが、これだからこそ逆に、教育の現場で、どんなに小さいことでも「発見する」授業に出来るかぎり取り組んでゆくことは、大きく言えば、日本人の意識改革につながるほどの意味をもつと言えるのではなかろうか。そして、それは、強い意志と細心の注意とをもった教師たちによって、現になされつつある。

最近、対談した吉泉和憲先生は、小学校の卒業式に六年生全員で合唱をする、というユニークな試みをされた人である。(9) ここでは省略するが、先生と子どもの個性のぶつかりから、やはり「事なかれ」の枠をつき破ることがどんどん生じてくる。「保護者からの批判はありませんか」という筆者の問いに、最初は少しはあるが、「子どもの成長に親が気づきはじめると、なくなってゆく」どころか応援さえしてくれる、と答えられた。これは素晴らしいことである。親たちは何よりも子どもがよくなっていくことを実感したときには、学校の規則がどうかとか、前例がないとか、にこだわることなく、むしろ協力的になってくれる。このことを教育界に居るものは、よく知っている必要がある。

最後のあたりで、急に話が大きくなりすぎたが、話のはじまりは、授業のひとつひとつの場面における教師のほんの少しの応答の差であった。それは、ともかく、一人の子どもの個性を大切にするという姿勢を教師がもつことがいかに大きい意味をもつか、それを実際に行うのはいかに難しいか、ということであった。

だからこそ、われわれは授業の「事例研究」を行い、時間をかけ、授業の細部にまでこだわって、ひとつひとつの現象について考えようとしたのである。教育の実際場面では、教えるべき内容はたくさんある。それを行いつつこれまで述べてきたようなことも合わせて実行してゆくためには、細部にわたっての検討が必要になってくる。しかし、それは細部だから「小さい」ことではなく、話を広げると、既に述べたように日本人全体の生き方にまでつながってゆく大きいことなのである。そのような点で「事例研究」ということの意義についても示したいと思ったので、後の方では少し話が広がりすぎたとも言うことができる。

われわれが意図しているような授業に対する考えが少しずつでも広まってゆき、子どもたちの個性を生かせる教育として発展してゆくことを願っている。

注

（1）　河合隼雄『子どもと学校』岩波書店、一九九二年。〔本巻所収〕

（2）　稲垣忠彦・谷川俊太郎・河合隼雄・竹内敏晴・佐伯胖・野村庄吾・佐藤学・前島正俊・牛山栄世・石井順治『シリーズ　授

業』全十巻・別巻一、岩波書店、一九九一―九三年。
（3）『シリーズ 授業1 国語I』。
（4）『シリーズ 授業10 障害児教育』。
（5）『シリーズ 授業3 算数』。
（6）池田光子／河合隼雄「わたしの子どもたち 4」、『飛ぶ教室』43、一九九二年。
（7）井阪尚司／河合隼雄「わたしの子どもたち 3」、『飛ぶ教室』42、一九九二年。
（8）『シリーズ 授業6 生活科』。
（9）吉泉和憲／河合隼雄「わたしの子どもたち 5」、『飛ぶ教室』44、一九九二年。

よい授業とは何か

一　授業の文化差

これまで『シリーズ　授業』のいろいろな授業のビデオを見せていただいてきた。非常に興味深く多くのことを考えさせられたが、中でも最後に見たアメリカの授業は衝撃的であった。ずっと日本の授業ばかり見てきた後だったので、彼我の文化差を如実に知らされたわけである。このことによって、今後われわれが目指してゆく「よい授業」とはどのようなものか、それをどのようにして達成させるのか、などについて、また新たな気持で考え直さねばならなくなった。

アメリカの授業と言っても、ビデオを見た後の討論(『シリーズ　授業　別巻　授業の世界』所収)にも述べられているように、伝統的な授業スタイルのところもだいぶあるようで、われわれが見たのは、なかでも革新主義的な考えに立つ授業だったらしいが、それにしてもこのような授業が実際に行われている場面をビデオで見ることができたのは、大きい収穫であった。これを見てまず感じたことは、授業の方法がどうのこうのという前に、教師も子どもも「個の確立」を基本にして動いている、ということである。たとえば、討論のなかで、石井順治さんは「先生たちが、相手が幼児でも低学年でも、べたべたと子どもに接していないという印象を持ちました。日本の教師はにこやかに子どもに接し、大事にしているように見えながら、その実、子どものことをわかっていない場合があるのですが、この記録の教師たちは、べたべたしないで距離をおいて接しながら、子どもたちをしっかり見ている」と発言している。まさにそのとおりで、教師と子どもの間に適切な距離が存在していて、「べたべた」した関係にならないのである。

生徒中心主義という考えが日本にとりいれられると、ともかく生徒を「大切に」と思ってしまう。生徒を大切にしようとすると、教師は「己を失くして」生徒に接近する。そこでは両者の距離がなくなってきて「べたべた」とし、石井さんの言うように子どもの姿が「見えない」という現象が起こる。何かを「見る」ためには、適切な距離が必要である。離れすぎても見えないが、接近しすぎても見えないのである。

人間の「関係」という場合、大まかに分けて二種類の関係が考えられる。ひとつは、分離した二人の人間の間に「関係」をつくる場合で、このときは言語がきわめて有力な手段となる。第二の方は「関係」と言えるかどうかわからないほどであるが、人間と人間の間に何らかの一体感が生じ、両者は融合している形の「関係」である。このようなときは、言語的に表現しなくとも、相手の感じが「感じとられる」、「察しられる」ということになる。日本人は、現代人といえども後者のような関係をまだまだ大切にしている、と言っていいだろう。それに何となく後者のような関係の方が「よい」と思っているところがあり、子どもが大切だなどと思うと、子どもとの融合が生じて「べたべた」しがちになる。

西洋の個人主義はできる限り人間の融合的関係を断ち切って、その後に個対個としての「関係」を結ぼうとする。アメリカの授業を見て、アメリカの子どもたちが自分の意見をはっきりと言うこと、教師と子どもとの間に一対一の対等な感じの対話が成立することに、われわれは感心したが、それも以上に述べてきたような彼我の

「関係」の差を基にしている。日本の子どもたちが皆の前に立って発表するとき(実は大人もそうなのだが)、急に紋切り型になるのは、全体のなかに融合した関係から「切れた」存在として前に立つと、どのような関係においてものを言っていいかわからないので、「紋切り型」にならざるを得ないのである。人から人へと伝わる発言ではなく、その言葉は関係のない空間にまき散らされることになってしまう。

このようにアメリカと日本の授業を比べていると、限りなく「あちらはいいが、こちらはだめ」という話を続けてゆきたくなるが、ものごとはそれほど簡単ではない。それは討論でも述べられているが、アメリカのこのような個人主義の教育を受けた人たちによってつくられている社会が、必ずしもそれほど望ましい社会ではない、ということを考えねばならないからである。西洋の近代に生まれてきた個人主義は素晴らしいものであるが、それはそろそろ行きづまりに来ていると見ていいだろう。とすると、われわれは簡単にアメリカの授業を「模範」として、考えることはできないのである。「模範」にはならないが、大いに参考にすべきである、と筆者は考えている。それでは、それはどのような点において参考になり、どのようにして、われわれはそれを生かしてゆけるだろうか。アメリカの授業を念頭におきながら、次にわが国の授業について考えてみたい。

二 「方法」についての反省

日本の授業はどうしても画一的である。生徒数が多いためだと言う人もあるが、生徒数が少なくなると、ますます教師の統制がゆきわたってしまって、かえって問題を大きくするくらいではなかろうか。牛山さんもそのような発言をしておられる。すでに述べたように一人一人の人間の生き方の根本姿勢が問題になっているのだから、少しくらい制度を変えてみても何ともならないのである。

授業をいかに「よく」するかということは、日本でも熱心に研究され、多くの実践もなされてきた。各教科でいろいろと新しい「教授法」が生まれて、また消えていった。このような「研究」をするとき、誰しも考えたことは、それを「科学的」にしようとすることだったと思う。単なる思いつきや名人芸ではだめで、「科学的」に普遍的で合理的な教授法を開発する。それによって、子どもたちが能率よく学習することができる。このような考えにもとづいて授業の方法が研究されてきた。

「科学的」というとわれわれはどうしても物理学を考えてしまう。それも現代物理学ではなく、近代の物理学を考え、デカルト的切断を前提とした近代科学を模範にする。しかし、それによってほんとうに「人間」が研究できるのであろうか。確かに人間には共通の性格があるだろうし、普遍的な傾向などもある。そのような点に着目し、できる限り個人差をなくするような方法によって、人間を「科学的」に研究することは可能である。こうした方法が人間の「教育」を研究する上で可能であり、ある程度の有効性を発揮することは当然のことである。

このような研究方法は科学的反省の度を強くして、いくらでも精密にできる。教育心理学の研究者となるためには、そのような方法論を身につけるように訓練される。精密な研究によって生まれてきた研究は「科学的」には評価の高いものになろう。しかし、それが科学的に高く評価される研究だからといって現場にそのまま当てはめられると考えるのは性急である。教育現場においては、教師の個性も大切であり、生徒個人個人の個性のちがいを生かすことを考えねばならない。とすると、できる限り個性の差を考えないようにして研究した結果をそのまま適用しようとするのは、間違いであると言わねばならない。現場の教師はそのような研究結果からヒントを得たり、参考になることを引き出したりはできる。だが、何か科学的なよい方法を見つけてそれを全員に適用する、という考えからは脱しなくてはならない。

近代科学は西洋に生まれた。したがって、教育を「科学的」に研究しようとする動きは欧米——特にアメリカ——において盛んとなった。しかし、そのような研究結果を踏まえて実際に教育を実践するときには、教師や子どもたちが個人主義によって個を確立している、ということがうまく防壁としてはたらいた。われわれが今回ビデオで見たような「革新的」な授業においては、子どもの一人一人の個性が尊重されることが見事に行われている。

日本人は一人一人の個性というよりは、すべての人の「平等性」を重視している。それはほとんど没個性的と言っていいほどの平等感である。人間は努力しさえすれば誰でも偉くなれる、という暗々裏の前提に立っている。そのような考えのところに、西洋の「科学」がはいりこんでくると、科学的な「よい方法」、「正しい方法」によって画一的に教えればうまくゆくはずであり、それで出来ない子どもは「努力が足りない」「怠けている」という考え方になりがちである。このような考えが強いので、成績の悪い子どもは、「悪い」子どもであるというような人格的評価がなされる、という傾向が生じる。

日本は欧米に追いつけ追い越せ、と努力を続けてきたが、その中身の中心に、科学とテクノロジーを置き、そのようなものを生み出してきた背景にある宗教や哲学などを置き去りにしてしまったので、近代科学中心主義の弊害を一番強く受けているのは日本である、という自覚を持たねばならない。西洋の場合は長い歴史のなかから近代科学が生まれてきたので、それに対する反省や抵抗も存在し、極端な害が生まれぬように緩和しているところがある。

以上のような点をよく認識しておかないと、授業について「研究」をし、それを現場に適用することに熱心になることによって、かえって教育の本質をぶちこわしてしまうことになりかねないのである。おそらく、このような反省に立って、稲垣忠彦さんたちが授業の「事例研究」ということを思いつかれたのであろう。事例研究も、実際の現象をまず見てみようという点では科学的であるが、教育のような生きた人間が関係してくる領域においては、このようなアプローチこそが研究のはじまりと言ってよいのではなかろうか。それは近代科学の手法による「研究」と相補的な性格をもつものである。

筆者は科学そのものとか科学的方法とかに対して反対しようとしているのではない。それはそれで価値をもつが、それを実際の教育現場においてどう生かしてゆくか、という点での反省を述べた。そして、そのような反省が、特に日本のことを考える場合に重要であることを指摘したのである。

三　授業の目標

科学的な「よい」授業法を見出して、それを全員に適用するという考えが誤りであることを指摘した。それではどうすればよいかということになるが、そのためには授業というものが何を目指しているかについても考えておかねばならない。授業の目標について誰でもわかりやすいのは、一定の知識や技術を子どもたちに伝達する、ということである。各学年、各学期ごとに伝達すべき内容もきめられており、その目標は明確である。したがって、授業というと、そのような学習をいかに全体として効率的に行うかという方に重点を置きがちになる。

ところが、教育の一環としての授業ということになると、子どもたちが社会の一員となるように成長してゆくことを助ける、および、子どもたちの個性の伸長を助ける、ということが授業の目標として加わってくる。このことがあるために、すでに論じてきたように、授業の方法や研究などが一筋縄ではいかなくなってくる。

知識の伝達にしても、単に右にあるものを左に移すような伝達ではなく、その知識が子どもたちの全人格のなかにどのように位置づけられるのか、そのことが子どもの今後の生き方にどう関連するのかなどと考えはじめると、「効率」ばかりを問題にしておられない。討論のなかで佐伯胖さんが言っていると思うが、日本では正しい答をできるだけ早く出す方法を身につけさせようとするが、アメリカでは答を導き出してくる「プロセス」の方を大切にして教えているところがある。そのような思考過程を大切にする教え方では、正しい答をできるだけ早く、という考え方による「効率」は低くなってしまうかもしれない。しかし、教育の本質に戻って考えると、効率の低下を悪いとばかりは言っておれない、ということになる。

ここで、子どもの「個性の伸長」ということを考慮しようとすると、授業はますます難しいものになってくる。正しい答をできるだけ早く見つける子どもをつくる教育をしないと、「受験戦争に勝てない」、したがって「保護者から攻撃される」と言う教師も多い。確かにそのような面は存在する。しかし、それがすべてではない。個性を伸ばし思考過程を大切にするような教育をした場合、その子どもたちは受験戦争に弱いだろうか。それは簡単に言えないと筆者は考えている。しかも、長い目で見た場合の教育の効果となると、ますますわからない。というよりは、人生全般のことを考えた場合には、正しい答をより早くという教育があまり効果がないことはわかり切っている。人生の実際においては、そもそも正しい答どころか、何が問題なのかさえわからないことの方が多いのである。それに対して、他から与えられた問題と正答の結びつきをたくさん知っていたとしても、何の役にも立たないことは明らかである。

授業の目標のなかに、個性の伸長という点をいれこんでくると、これは時には知識を効果的に伝えるという目標と相対立するとさえ感じられるのではなかろうか。たとえば、ゆっくりとものごとを考えるタイプの子に教師がつき合っていると、その間に他の子どもたちは時間を無駄にすることにはならないだろうか。あるいは、子どもの答がまちがっているとき、その誤答に至る考え方を聞き、それについて一緒に考えたりしていると、正しい答を早く知りたい子どもたちがいらいらしたりしないだろうか。

筆者はそもそも人間存在というものが、そのなかに多くの矛盾や対立をかかえ、それをどうするかというなかで成長したり、創造したりするのであり、そこにこそ人それぞれの個性も生まれてくるのではないかと思っている。そう考えると、授業の目標に対立的なものがあるのはむしろ当然であり、それを一方的に割り切ることなく、多くの条件を考えつつ個々の場合に適切な方法を見出してゆくことこそが、「よい」授業なのだと思われる。授業にはきまりきった方法や原理があるのではなく、いろいろな考えや理論を踏まえつつ、個々の場合に応じて発見的に行われるべきである。子どもと教師の個性のぶつかり合いのなかから、新しいものが生み出されるのである。このような「発見する授業」を心がけることによって、教師はたとい同じことを毎年教えているようであっても、マンネリズムに陥ることを避けることができるのである。

四　今後の課題

「発見する授業」という姿勢は、最初に述べた文化差の問題においても大切なこととなるであろう。アメリカの授業に見られたような、「個」を大切にする教育が必ずしも絶対的に望ましいとは考えられないとするならば、日本的な、集団の融合度を強くするようなクラスの在り方を全面的に否定することもないであろう。人間の「関係」を大まかに分けて二種類あると言ったが、分離した後に言語によって関係をもつことも、融合によって感じとる関係もどちらも大切ということになろう。一見両立し難いものを両立させようと努力することによってこそ、人間の成長があると考えられる。

ここで、実際的にどうするかを考えてみると、やはり、日本人はまだまだ個の確立の方が不十分すぎるので、意識的にはそちらを大切にする方向に向かうくらいでちょうどいいのではなかろうか。そのためには、日本の教師は、自分のしている教育がいかに「個」をつぶす方向に向いているものであるかを自覚することからはじめるべきである。日本の教師が当然のこととして言ったり、したりしていることが、実は欧米の人間から見るときわめて奇妙に見えることを知っていなくてはならない。そのような自覚がまったくないままに、「子どもの個性を伸ばす」などと言ってみても、何にもならないのである。

もちろん、このように言っても、日本人として身につけていることはそれほど簡単に変るものではないが、アメリカの授業のビデオを見るだけでも相当に彼我の差がわかるわけだから、意識的な努力によって少しは変化するであろう。ただ難しいところは、すでに述べたように、アメリカの授業が「模範」ではないのだから、いま述べたようなことを意識するとしても、結論のところは一人一人の教師が「発見的」にやらねばならぬということである。

授業が「発見的」であることは、事例研究の重要性につながってくる。普遍的な理論や方法があるのなら、それを知ることが大切であり、わざわざ個別の例を研究する必要はない。あるいは、授業を見るにしても、モデルとなるものを見て、できるだけそれを真似るようにすればよい。しかし、個々の場合に即して「発見的」にするのであれば、個々の例を見ることが非常に大事になってくる。

以上のような考えによると、事例研究によってわれわれが学ぶことは、単なる知識や技術だけではないことがわかるであろう。教師と子どもとの生き生きとしたやりとり、そこに生まれてくる教師の工夫、あるいは子どもの思いがけない素晴らしい姿、それらを見ていると、「よし、自分もやるぞ」という意欲が起こってくる。それは、そこで行われたのと「同じ方法」をやろうというのではなく、自分も新しい意欲をもって取り組んでゆこうとする態度が誘発されるのである。「情報」の伝達ではなく、意欲が起きてくるし、新しい態度が生まれてくる。それは、あくまで自分のものであり、他のものを移しかえたものではない。ここが事例研究のいいところである。それは新しい動きを誘発する。

つまり、Aという知識がそのまま、Aとしてこちらに伝わるのではなく、授業のなかに生じるAという現象が、見るものそれぞれにその人の個性との関連において、A′、A″、というように波紋を起こすところに、授業の事例研究の意味があると思われる。このような波を起こしてゆくためには、事例研究の参加者が自由に、とらわれずに発言してゆくことがきわめて大切である。そこから生じる連想が、時に無関係と思われるようなところに流れても許容するような雰囲気が必要であろう。

これまで授業は、定められた教育内容をいかにして効果的に全体に伝えるかという点に重点をおいて研究されてきたが、そのようなことを重視するあまり、子どもたちの個人としての存在を軽視する傾向が生じないわけではなかった。ここではほとんど論じることができなかったが、子どもの情緒面のことまで考えて、一人一人の子どもについて考えはじめると、授業は非常に微妙な複雑な仕事となってくる。しかし、そのようなことをすべて配慮してこそ、ほんとうの教育と言えるだろう。個人を大切にするという考えも入れこんで授業研究を行なってゆくことは、今後の課題であると考えられる。学級内の子どもの数がこれからは少なくなってゆく傾向にあるのは、よい機会を与えられたものと言わねばならない。これまでどおりの画一的な授業を小人数の子どもに行うと、ますます個をつぶしてしまうことになろう。

このような授業を行い、それを研究してゆく上において、授業の事例研究は今後ますます重要になってゆくであろう。現場の教師と研究者とが共に協力し合ってゆく場として、事例研究の機会を増やしてゆくことも、今後の課題であると思われる。

解　題

■子どもと学校

子どものことも学校のことも、現在の日本の大きい問題である。自分の子どもや孫が何らかの学校教育と関係のある人たちは、日本の教育や学校について一言なかるべからずと考えているだろう。問題は山積している。これを考えてゆくためには、日本の文化、それの世界における位置、日本人の特性などまでに考えを及ぼさないと駄目だと私は考えている。さもなければ、借物の理論で「教育の荒廃」などというスローガンをかかげ、自分に都合のよい改革を叫ぶようなことになってしまう。

最近急増してきた不登校や思春期拒食症なども、よほど深く考えないと表面的な対策に終ってしまう。そして深く考えると、これらの問題のなかにこそ「改革」へのいとぐちが認められるのだ。

このような考えによって、それまでに書いてきたものをまとめ訂正加筆して、岩波新書として一九九二年に出版したものである。

■子どもの「時間」体験

現代人は時計で測定できる時間に縛られすぎている。人間の「時」の実際体験は平板に数量化できるようなことをこえ、厚みや重みをもっている。このことを子どもたちは大人よりももっと生き生きと体験している。そのような子どもの時間体験を知ることによって、われわれの人生も豊かになると思われる。

■学習以前

学習というとすぐに知識のつめこみの方に重点がおかれがちだが、その前に、子どもが「生きる」上において大切なことを身につけることは、広義の「教育」における課題である。このような観点から、子どもの感情体験や、しつけの重要性を指摘した。そしてこのようなことは授業においても取り扱うことができることを示した。

■盗みを犯した子にどう接するか

「盗み」という具体的な行為を取りあげ、それを単純に「悪」とするだけではなく、その行為の意味や、背後に存在する動機などを検討し、実際にどのように子どもに接するべきかを論じた。「盗み」と言っても、それぞれの状況に応じ、盗みをした子どもにいかに注意深く鋭敏な感覚をもって接しなくてはならないかを明らかにした。

■能力主義と平等主義

日本は母性原理の強い社会なので、すべての人間は能力的に平等であると考え、個人差を認めないようなところがある。この考えが「民主主義」とドッキングして日本特有の民主主義ができあがる。

このことが日本の教育に善きにつけ悪しきにつけ影響を及ぼしている。そのあたりのことをもう少し詳細に検討することによって、日本の教育における欠点もよくなるのではないかと考える。一九七五年の発表であるが、当時としては思い切った発言と受けとめられる向きもあった。

■テレビとイメージ

テレビはイメージを提供する。イメージは人間の深層心理にかかわる重要なものであるが、テレビの場合、見る方は極めて受動的になるし、送り手の方はいつ切られるかわからないという不安がある。これらを克服して、いかに意味あるイメージを映し出せるかを考える。

■子どもの「非行」をどうとらえるか

子どもの「非行」について、特に現代における非行の特性、そうならざるを得ない子どもの心の動きなどを説明し、それに親や教師がどのように立ち向かっていくべきかを具体的に論じた。特に、現代における父親の役割について詳しく論じている。

■学校教育相談の今日的意義

学校における教育相談の必要性と、それをどのように行うべきかについて論じた。その根本にあるのは、教師と子どもとの深い関係の確立にあり、それを土台として、子どもたちが新しい可能性を発見してゆくことになるのを明らかにした。

■日本の教育土壌と想像力

真の創造性を高めるためには想像力が大切である。しかし、日本の教育土壌はそのような想像力を育てるのには不適切である。試験問題にしても「正解」が一つだけで、できるだけ早くそれを見つけるのを練習するような教育では困ってしまう。このことを克服する道について考える。

■暴力と人間の心

現代風俗研究会に依頼された講演の要約である。暴力をたましいの直接表現として捉え、直接表現のもつ危険性と、その意義などについて論じた。また、たましいの表現としてのファンタジーと直接行為との差についても論じた。

■日本人と子離れ

「子離れ」の必要なことは、今日では多くの人が知っている。しかし、それを性急に急ぎすぎたり、自立と依存とを単純に反対概念として理解し、依存をなくすことによって自立を図るような失敗をする人がある。そのような「子離れ」に伴う誤解について述べた。

■「ユキコ現象」への一視角

岡田有希子の自殺を契機として、思春期の子どもたちの自殺がよく報じられ、子どもの「自殺防止」が強く叫ばれた。しかし、それは「防止」することに急すぎて、思春期の子どもたちが自殺に至る要因を深く考えていない。大人は現代の思春期の子どもたちの苦悩をもっと理解すべきだと思い、そのことを論じた。

■障害児と「共にいる」こと

岩波の『シリーズ 授業』の討論の一部として寄稿した。障害児に対しては指導とか何とか言う前に「共にいる」姿勢をもつことが大切だ。しかし、それは簡単そうで実に困難なことである。深く考えはじめるとわけがわからなくなるほどの「共にいる」ことについて、できる限り考えを深めてみた。

■ひろがる「授業」の世界

『シリーズ 授業』の基となる研究会は、相当長期にわたって行なったが、それに参加して自分はどのような点を学んだかを具体例によって示した。これによって学校における「授業」の時間が教科を教えるということをこえ、子どもたちの個性の発見の場として、どれほど大きい意味をもっているかを明らかにした。

■生活科と動物

生活科においては、動物を飼うことが多い。しかし、時には子どもたちの親しんだ動物との「別れ」が必要なときもある。人間にとって、教育にとって動物がどのような意味をもつかを論じ、動物を平板な「教材」として扱うことの危険性を指摘した。また、動物との別れに際して配慮すべきことについても考察した。

■算数における「納得」

算数の嫌いな子が、理屈はそのとおりとしても「納得がいかない」と言うことがよくある。いったい納得するというのはどういうことか、納得させるにはどのような方法があるのか、などについて、具体例をあげながら考えてみた。納得の過程とドラマの構成の類似性を指摘し、納得の筋道の在り方を示そうとした。

■言葉の表現と国語の授業

国語の時間に子どもたちがいろいろな「発表」をする。聞いていると、どうも子どもたちの本当の声というよりは、どこかパターン化されたものだと感じる。どうしてこんなことが生じるのか、それは絶対に悪いことなのか、などについて考察する。また、「物語」のある授業をするには、どういうことに留意すべきかについても論じた。

■「発見する」授業

『シリーズ 授業』での研究会の成果を基にして、おきまりのマニュアルに従って「正しい」授業をするというのではなく、授業というものにはその都度の「発見」があり、それを大切にすることによって、子どもの個性も伸ばされることを明らかにした。そして、このような「発見する授業」をするために、教師と学校のとるべき役割についても論じた。

■よい授業とは何か

アメリカの学校における授業のビデオを見ると、日本の状況とあまりにも異なっているので驚く。日米の比較検討を行い、結局は画一的なよい方法を見出そうとするのが誤りで、これからの授業は「発見的」でなければならぬことを強調した。

初出一覧

序説　臨床教育学への道　書下し。

I

子どもと学校　一九九二年二月、岩波書店刊。

II

子どもの「時間」体験　『幼児の教育』一九七一年八月、日本幼稚園協会。『新しい教育と文化の探求』一九七八年十一月、創元社刊に所収。

学習以前　『学習研究』一九七四年十月、奈良女子大学付属小学校学習研究会編。『新しい教育と文化の探求』一九七八年十一月、創元社刊に所収。

盗みを犯した子にどう接するか　『少年補導』一九七五年三月、大阪少年補導協会。『新しい教育と文化の探求』一九七八年十一月、創元社刊に所収。

能力主義と平等主義　『中央公論』一九七五年十月、中央公論社。『母性社会日本の病理』一九七六年九月、中央公論社刊に所収。

テレビとイメージ　『現代詩手帖』一九七八年三月、思潮社。『新しい教育と文化の探求』一九七八年十一月、創元社刊に所収。

子どもの「非行」をどうとらえるか　『大阪教育大学教育研究所報』一六号、一九八〇年。『日本人とアイデンティティ』一九八四年八月、創元社刊に所収。

学校教育相談の今日的意義　『兵庫教育』三七六号、一九八二年七月、兵庫県教育委員会。『日本人とアイデンティティ』一九八四年八月、創元社刊に所収。

日本の教育土壌と想像力　『三省堂ぶっくれっと』四八号、一九八四年一月、三省堂。『日本人とアイデンティティ』一九八四年八月、創元社刊に所収。

暴力と人間の心　『現代風俗』一九八四年十月、現代風俗研究会刊。『対話する人間』一九九三年六月、潮出版社刊に所収。
日本人と子離れ　『女性フォーラム』一五、一九八四年十一月、二十一世紀企画女性フォーラム事務局刊。『対話する人間』一九九三年六月、潮出版社刊に所収。
「ユキコ現象」への一視角　『世界』一九八六年七月、岩波書店。『対話する人間』一九九三年六月、潮出版社刊に所収。
障害児と「共にいる」こと　『シリーズ　授業10　障害児教育　発達の壁をこえる』一九九一年六月、岩波書店刊。
ひろがる「授業」の世界　『図書』一九九一年九月、岩波書店。
生活科と動物　『シリーズ　授業6　生活科　紙を作る・ヤギを育てる』一九九二年三月、岩波書店刊。
算数における「納得」　『シリーズ　授業3　算数　分数・式のたて方』一九九二年七月、岩波書店刊。
言葉の表現と国語の授業　『シリーズ　授業2　国語Ⅱ　詩と物語をあじわう』一九九二年十月、岩波書店刊。
「発見する」授業　『世界』一九九三年一月、岩波書店。
よい授業とは何か　『シリーズ　授業　別巻　授業の世界　アメリカの授業と比較して』一九九三年四月、岩波書店刊。

■岩波オンデマンドブックス■

河合隼雄著作集 7
子どもと教育

1995年1月10日　第1刷発行
1998年6月5日　第2刷発行
2015年11月10日　オンデマンド版発行

著　者　河合《かわい》隼雄《はやお》

発行者　岡本　厚

発行所　株式会社　岩波書店
〒101-8002 東京都千代田区一ツ橋2-5-5
電話案内 03-5210-4000
http://www.iwanami.co.jp/

印刷／製本・法令印刷

ISBN 978-4-00-730316-6　Printed in Japan